北极问题研究

王树春/朱 燕·主 编
崔懿欣/张书华/卢人琳·副主编

时事出版社
北京

本书系 2018 年国家社会科学基金一般项目《中俄共建"冰上丝绸之路"机遇、挑战和对策研究》（立项批准号：18BGJ037）阶段成果。

前　言

　　北极地区作为一片重要的战略区域，拥有独特的地理位置和生态环境。随着全球气候变暖的加速，北冰洋的海冰也逐渐消融，北极资源的开发与利用成为世界关注的焦点。俄罗斯是北极地区的重要参与者，拥有最多的北极领土与资源，对北极地区的发展具有重要影响力。同时，其他北极国家及域外参与者也在积极参与北极事务。面对地区变局，各国的应对措施也在适时调整。因此，厘清北极国家的政策脉络、把握其他国家的参与进程、梳理国际组织的政策演变是研究北极问题的必由之路。

　　本人从事俄罗斯研究已30余年，在漫长的科研生涯中，发现有价值的研究问题是一件充满乐趣的事。北极地区的变化趋势和价值意义聚焦了世界目光，是未来大国竞争的焦点。从对外政策角度入手，是分析北极政策变化的重要方式。面对中俄共建"冰上丝绸之路"的历史机遇，更应该做好这项基础性研究工作。

　　本书汇集了本人多年来研究北极课题的科研成果与教学成果，希望尽可能展现多方视角下的北极态势。希望通过出版本书，做好科学研究的基础工作，在较为详实的资料基础上，给读者提供更广阔的观察视角，以便发现更多有价值的研究问题。本书从多个国家的政策视角来探讨北极问题，在国家战略、对外关系和地缘战略等层次展开研究。本书在内容上包括国家社科基金项目《中俄共建"冰上丝绸之路"机遇、挑战和对策研究》的部分研究成果以及教学实践成果，旨在实现科研与教学的有机结合，用科研成果反哺教学，以教学实践促进科研创新，真正做到知行合一。

本书的具体分工如下：全书的框架设计、论文选题的确定由王树春教授负责；每篇论文由教授本人的课题团队和专题小组具体负责；论文的润色与修改由教授本人带领朱燕博士、崔懿欣博士、张书华硕士和卢人琳硕士负责。

感谢所有给予本人支持与帮助的人！编写这本书不仅需要本人多年来积累的学术成果和教学经验，也离不开那些支持本人教学与科研工作的可亲可爱的学生们！希望这本书能够为北极问题的深入研究拓展视角，让更多热爱探索的年轻人走进北极，也希望本书能够促进同仁间的交流与合作，恳请各位学术同仁批评指正！

王树春

目录
contents

新版俄罗斯北极政策：变化、原因及特点 ………… 朱 燕 王树春 / 1

俄罗斯在北极的军事建设：动因和

  成果 ……………………… 朱 燕 王树春 张 娜 / 24

21 世纪俄美北极博弈的现状与特点 ……………… 王 磊 崔懿欣 / 44

冷战后俄挪北极合作关系研究 ……………………… 彭 晶 张书华 / 65

冷战后俄印北极关系的特点与趋势 ………………………… 叶曼婷 / 83

日俄北极地区合作的特点和动因分析 ……………………… 曹 聪 / 95

中俄共建"冰上丝绸之路"的决策变迁

  考量 ………………………… 朱 燕 王树春 费俊慧 / 111

世界能源格局调整下的中俄北极

  能源合作 ………………………………… 朱 燕 王树春 / 131

社会科学视角下的中国北极问题研究

  （2007—2022 年） ………………………… 伍宸淼 张书华 / 155

中国开发与利用北方海航道研究

  ——基于 SWOT 分析方法 ……………… 王陈生 王树春 / 177

中国与冰岛的北极合作研究 …………………… 陈禧楠　张书华　/　208
冷战后北约对北极地区政策演变：特点、

　　动因及影响 …………………………… 李瑾菡　卢人琳　/　226
21世纪英国北极政策研究：演进、特征、

　　动因及展望 …………………………… 张佳楠　张书华　/　244

新版俄罗斯北极政策：变化、原因及特点*

朱 燕 王树春**

【摘 要】 新版俄罗斯北极政策在威胁和挑战评估、能源开发、交通基础设施建设以及社会人文等方面均发生变化。这些变化主要源于以下因素：北极气候加剧变暖，国际能源格局的变化，西方经济制裁，俄美大国竞争的加剧以及北极开发进程的推进。受上述因素的影响，新版俄罗斯北极政策呈现出本地化、多元化、统一性和战略针对性等特点。这些政策释放出的重要信号，值得我们关注。

【关键词】 俄罗斯 北极战略 气候变暖 北方海航道 能源开发

2020年10月26日，俄罗斯总统普京批准了《2035年前俄罗斯联邦北极地区发展和国家安全保障战略》（本文简称"2035北极战略"），该战略为执行2020年签署的《2035年前俄罗斯联邦北极地区国家政策原则》（本文简称"2035北极原则"）而制定。"2035北极原则"和"2035北极战略"生效后，此前签署的同类文件（"2020北极原则"和

---

* 原文刊登在《中国海洋大学学报（社会科学版）》2021年第5期，第46—57页，题目为《新版俄罗斯北极政策：变化、原因及特点》，内容略有增改。
** 朱燕，广东警官学院侦查系讲师，暨南大学国际关系学院/华侨华人研究院博士后；王树春，广东外语外贸大学国际关系学院教授、博士生导师。

"2020 北极战略"① 失效。新版俄罗斯北极政策重申了其在北极地区的国家利益和政策目标，评估了俄罗斯北极地区社会经济发展面临的风险和威胁，明确了未来15年俄罗斯北极政策的主要任务和实施措施，规定了执行该政策的主要机制、实施步骤和绩效指标。② 以上框架和内容与旧版俄罗斯北极政策基本一致，体现了其北极政策的连贯性和继承性。但是受多种因素的影响，新版俄罗斯北极政策与旧版内容相比也出现了一些新变化。本文将着重解析新版俄罗斯北极政策的变化及其产生的主要原因并总结其特点。

需要说明的是，"2035 北极战略"是为了落实"2035 北极原则"而制定的，与此同理，"2020 北极战略"也是为执行"2020 北极原则"而制定的。③ 因此，在分析新版俄罗斯北极政策的变化时，"原则"与"战略"两个文件应该被视为同一体系，否则容易引起误判，例如，"2020 北极原则"没有提及俄罗斯在北极地区面临的风险和威胁，而"2035 北极原则"对此进行了大量论述，但是不能因此认定这是俄罗斯北极政策的新变化，毕竟，"2020 北极战略"对该问题进行了详细论述。"2035 北极战略"还要求俄罗斯政府在签署该战略后3个月内制定和批准落实该战略和"2035 北极原则"的统一行动规划。④ 该行动规划与俄罗斯政府 2019 年 12 月签

---

① "2020 北极原则"是本文对《2020 年前俄罗斯联邦北极地区国家政策原则及远景规划》的简称，"2020 北极战略"是本文对《2020 年前俄罗斯联邦北极地区发展和国家安全保障战略》的简称。以上两个文件分别于 2008 年 9 月和 2013 年 2 月由俄罗斯总统签署。为了表达方便，以下将"2035 北极战略"和"2035 北极原则"统称为新版北极政策，相应地，"2020 北极原则"和"2020 北极战略"统称为旧版北极政策。

② "Утверждена Стратегия развития Арктической зоны России и обеспечения национальной безопасности до 2035 года," http://www.kremlin.ru/acts/news/64274/2020 - 10 - 27.

③ 为了更好地执行"2020 北极原则"和"2020 北极战略"，俄罗斯政府于 2014 年签署了《俄罗斯联邦北极地区社会经济发展国家纲要》（实施期限至 2020 年），该纲要指出了各北极联邦主体实施北极社会经济政策的具体任务。2017 年俄罗斯出台了新版《俄罗斯联邦北极地区社会经济发展国家纲要》（实施期限至 2025 年），该纲要提出了北极支撑区建设规划，并指出了各北极联邦主体建立支撑区的任务，增加了关于发展北方海航道和研发技术装备的子纲要。2015 年俄罗斯政府批准了《北方海航道综合发展规划》（实施期限至 2030 年）。

④ 2020 年 12 月，俄罗斯副总理特鲁特涅夫宣布，俄罗斯远东和北极发展部向俄罗斯政府提交了旨在执行"2035 北极原则"和"2035 北极战略"的行动规划草案，该草案的实施期限为 2021—2024 年。参见 Лена Березина，"В правительство внесена новая госпрограмма развития Арктической зоны," https://rg.ru/2020/12/25/v - pravitelstvo - vnesena - novaia - gosprogramma - razvitiia - arkticheskoj - zony.html.

署的《2035年前北方海航道①基础设施发展规划》是新版北极文件的一部分，本文进行对比分析时，将考虑其内容。此外，本文在分析新旧两版俄罗斯北极政策时，会结合相关政策实践进行阐述，而非简单地进行文本内容的比较。

一、新版俄罗斯北极政策的主要变化及其特点

（一）将气候变暖视为首要风险和威胁

旧版俄罗斯北极政策在列举"影响俄罗斯北极地区社会经济发展的关键因素"或"俄罗斯北极地区社会经济发展现状存在的风险和威胁"时，皆未提及气候变暖这一因素。"2035北极战略"则将"北极气候剧烈变暖，速度是整个地球的2—2.5倍"视为俄罗斯北极地区发展和国家安全面临的首要风险和威胁。

旧版俄罗斯北极政策对气候变化负面影响的认识有很大局限性：在涉及气候变化对基础设施的影响方面，仅限于初步评估；涉及气候变化对生态的影响方面，只聚焦海洋生物的多样化，基本没有涉及气候变暖对陆地环境和公众健康的负面影响，当然相关措施也无从谈起。与旧版俄罗斯北极政策不同的是，"2035北极战略"在继承前者关注点的同时，还指出"气候变化带来新的经济机会，也给经济活动和环境带来风险"，"气候变化造成的负面生态后果可能给俄罗斯乃至整个世界的经济体系、环境和安全带来全球性风险"。"2035北极战略"针对上述风险还提出了一系列应对举措，包括：使北极地区的经济和基础设施适应气候变化；建立灵活有

---

① 北极地区的东北航道与靠近加拿大沿岸的西北航道以及横穿北冰洋冰盖的北极中央航道共同组成了北极航道。北方海航道是北极东北航道的一个重要构成部分，北方海航道是指从俄罗斯喀拉海峡出发，沿着俄罗斯北冰洋沿海地区向东依次穿过喀拉海、拉普捷夫海、东西伯利亚海和楚科奇海四大海域直到白令海峡的一条连接欧亚地区的海上运输动脉。也有人将北方海航道称为东北航道，但严格意义上讲，北方海航道与东北航道并不完全吻合。

效的信息系统，使当局和民众及时了解与气候变化相关的高危污染物和微生物的有害影响；消除气候变化对经济和人类其他活动对环境造成的不利影响以及给公共健康带来的风险，研究和评估气候变化对相关传染病和寄生虫病源头与传播途经的影响；开发和实施工程和技术解决方案，以确保基础设施在气候变暖影响下的可持续运转。此外，"2035 北极战略"将"确保俄罗斯北极地区的人口和领土免受自然和人为紧急情况影响的主要任务"作为独立标题予以突出，并一一列举了相关任务，其中包括应对气候变暖引起的紧急事态等方面。

（二）加大对外部安全威胁和挑战的关注

在评估俄罗斯实施北极战略面临的风险和威胁方面，新版俄罗斯北极政策的变化不仅在于其对气候加剧变暖这一因素的定位和应对，还在于其首次直接指明了其他国际行为体对俄罗斯国家安全构成的威胁和挑战。

"2035 北极原则"集中列举了俄罗斯在北极地区国家安全面临的主要挑战，包括：多个国家试图修改有关北极经济和其他活动的国际条约的基本规定，并建立国家法律规章制度，而不考虑现存的此类条约和区域合作机制；关于北极海洋空间划界的国际法不完善；外国和（或）国际组织阻止俄罗斯在北极进行合法经济活动或其他活动；某些国家增加在北极的军事存在，增加该地区发生冲突的可能性；抹黑俄罗斯在北极的活动。"2035 北极战略"则两次指出，北极地区发生冲突的可能性增大。2020 年 10 月，梅德韦杰夫在俄罗斯安全委员会维护俄罗斯在北极地区的国家利益问题部门间会议上指出，某些国家，尤其是包括美国在内的北约国家，正试图限制俄罗斯在北极的活动，其采取的方式多种多样，从在俄罗斯边界附近增加军事活动到制裁施压，这对俄罗斯国家安全构成了直接威胁。[①] 可见，新版俄罗斯北极政策所指的安全威胁主要来自以美国为首的北约。当前俄罗斯北极军事建设体现出对美战略针对性：一方面，为了预防美国

---

① "Медведев заявил о попытках НАТО ограничить деятельность России в Арктике," https://ria.ru/20201013/arktika-1579568635.html/2020-10-27.

（北约）利用自身优势对俄罗斯进行远程打击，俄罗斯加紧在北极地区广布防空网；另一方面，其对核潜艇进行更新换代，列装"锆石""匕首"等高超音速导弹，添置作战破冰船，保持对美国的不对称优势，维持战略威慑。①

（三）北极资源开发方式的深刻变化

首先，新版俄罗斯北极政策对重点开发对象进行了调整。随着俄罗斯传统能源产地日益枯竭，寻求新产地成为当务之急。俄罗斯北极大陆架富含油气资源②，旧版俄罗斯北极政策将开发北极大陆架油气资源视为最主要任务，试图在2020年前实现俄罗斯在开发北极大陆架矿产资源领域的竞争优势。③ 为此，俄罗斯积极吸引西方技术和资金，于2011—2013年相继与英国石油、埃克森美孚、意大利埃尼和挪威国家石油等西方能源公司签署北极大陆架勘探和开发协议。但近年俄罗斯改变了这一政策，将北极能源开采的主要区域转向陆地，且以举国之力优先开发液化天然气（主要位于亚马尔半岛和格达半岛）。"2035北极战略"还明确制定了北极液化天然气产量的具体指标，即在2018年生产860万吨液化天然气的基础上，2024年达到4300万吨，2030年达到6400万吨，2035年达到9100万吨。除了液化天然气，储量丰富的煤炭成为近年俄罗斯北极能源开发的重点对象。俄罗斯北极地区煤炭储存量为7800亿吨，占整个俄罗斯煤炭资源的一半，其中810亿吨为焦煤。④ 旧版俄罗斯北极政策没有涉及煤炭开发，但"2035北极战略"对北极煤炭开发进行了详细规划，包括在科米共和国建立煤炭原料深加工和煤炭化工综合体；在克拉斯诺亚尔斯克边疆区建立以

---

① 朱燕、王树春、张娜：《俄罗斯在北极的军事建设：动因和成果》，《战略决策研究》2020年第6期。

② "2035北极战略"指出，俄罗斯北极大陆架拥有超过85.1万亿立方米可燃天然气，173亿吨石油（包括凝析油），是发展俄罗斯矿产资源基地的战略储备。

③ "О Стратегии развития Арктической зоны Российской Федерации и обеспечения национальной безопасности на период до 2020 года," http://government.ru/info/18360//2020－10－27.

④ Конышев В. Н.，"Сергунин А. А. Арктическое направление внешней политики России," Научно－аналитический журнал Обозреватель，No. 3，2011.

利用北方海航道为导向的西泰梅尔煤矿群；在楚科奇自治区开发白令煤矿原料中心。同时，"2035北极战略"对开发有色金属、贵金属和稀土矿物提出了详细的要求和规划，列举出各北极联邦主体内的相关项目或矿产区，包括在新地群岛上建立铅锌矿产资源中心；在科米共和国建立和发展纵向一体化的采矿冶金综合体，用于加工匹热姆矿床的钛矿石和石英砂；在楚科奇自治区开发拜姆金属矿产中心；在萨哈共和国开发世界上最大的稀土矿产地托姆托尔矿床。此外，"2035北极战略"对北极建筑材料、森林资源和生物资源加工也给予特别关注，要求建立相应基地。

其次，新版俄罗斯北极政策对开发主体和合作伙伴的选择有了新变化。长期以来，北极大陆架勘探和开采权被俄罗斯石油公司和俄罗斯天然气工业股份公司两大国企垄断。"2035北极战略"指出要"创建和开发在大陆架上实施经济项目的新模式，以扩大私人投资者对此类项目的参与"，"在北极地区实行特殊的经济制度，促进向循环经济的过渡，对地质勘探实施私人投资"。2020年7月13日，俄罗斯总统签署《国家支持北极地区企业活动的联邦法》，明确了北极地区及其发展特殊管理制度的概念，推出一系列优惠政策和国家支持措施。[1] 旧版俄罗斯北极政策论及在北极地区的经济、科技合作时，其合作对象仅限于北极国家，而新版俄罗斯北极政策明确指出"吸引北极国家及域外国家积极参与俄罗斯北极地区的互利经济合作"。实践中，俄罗斯逐步提升亚太国家在北极能源开发中的地位。新版俄罗斯北极政策出台前，俄韩合资建设造船厂，中俄在亚马尔液化天然气项目、帕亚哈油田项目的合作和中日入股北极液化天然气2号项目，皆表明俄罗斯对亚洲伙伴的重视。未来，亚洲在俄罗斯北极开发中的地位将不断上升，其中，南亚或将是重要方向。2018年俄罗斯已经拉开了从北极向印度供应液化天然气的序幕，目前俄印正在讨论扩大北极能源合作。

最后，俄罗斯北极开发技术导向出现了新变化。在旧版俄罗斯北极政策中，俄罗斯希望引进西方先进技术开发北极能源，而新版俄罗斯北

---

[1] "Федеральный закон от 13.07.2020г. № 193 – ФЗ 'О государственной поддержке предпринимательской деятельности в Арктической зоне Российской Федерации'," http://publication.pravo.gov.ru/Document/View/0001202007130047? index = 1&rangeSize = 1/2020 – 10 – 27.

极政策强调要在国家的支持下，研发用于开发北极油气田的技术以及用于确保生产相关工业产品的技术；对现有海洋工程、设备和造船业以及矿产原料中心进行改造和现代化升级，发展科学密集和高科技产业，力图在执行新的经济项目中使用俄罗斯生产的工业产品。根据"2035北极战略"，到2035年，俄罗斯北极地区将形成石化产业，以及能源和金属矿产深加工工业集群。"2035北极战略"解释北极地区对俄罗斯的重要性时，不仅从资源、航道、环境、原住民和军事五个方面加以说明，还首次强调了落实北极大型投资项目对本国生产科学密集和高科技产品的驱动作用。

总之，俄罗斯对北极资源的主要开发区域从大陆架转向陆地，重点开发对象从油气转向液化天然气，不过这种变化只是为适应市场和形势所做的阶段性调整，俄罗斯力图将北极打造成为未来国家主要能源基地的基本目标没有变化。为了应对西方经济制裁所带来的资金和技术限制，也为了调整本国顽固的能源型经济结构，在大陆架油气勘探和开发方面，俄罗斯将扩大私人投资比例，注重本国技术的研发和本地化生产，试图建立技术密集型的石化加工集群，以油气开发推动基础设施建设。同时，俄罗斯启动了北极煤炭和多个金属矿产开发项目，开始规划对木材和生物资源的深加工，利用本地自然人文特色推动旅游产品的多样化，力图实现北极经济的多元化。

（四）全面推进北极统一交通体系的建设

"2020北极战略"提出要以北方海航道为主体，建设通往该航道的子午线河运、铁路交通以及航空港网络，打造集海河陆空为一体的北极统一交通系统，并使其全年运转。鉴于当时以港口、破冰船队为首的基础设施薄弱，北方海航道的运力有限，通往航道的陆地基础设施建设并非优先任务，因此实现北方海航道全年通航和发展过境运输尚未进入议事日程。而"2035北极战略"不仅勾画了北方海航道发展的路线图，指出了实现全年全段常态化航行和发展过境运输的具体时段，还针对建设通往北方海航道的交通线提出了具体任务。在提高航道运力和扩大航道国际利用的同时，试图在北方海航道实施船舶垄断和集装箱运输服务垄断。

1. 北方海航道发展路线图及垄断性管辖

"2035北极战略"将北方海航道发展划分为三个阶段,在三个阶段中分别规划了北方海航道的发展路线。第一阶段(2020—2024年):重点加快北方海航道西部的开发,建好4艘22220型多功能核动力破冰船、16艘救援船、3艘水文船和2艘引航船;第二阶段(2025—2030年):确保北方海航道全年全段航行,再建成1艘22220型多功能核动力破冰船和2艘"领袖"级核动力破冰船,开始建造转运国际集装箱货物的枢纽港,并开始执行北极地区河运发展方案和科考船建设;第三阶段(2031—2035年):以北方海航道为基础组建俄罗斯在世界市场上具有竞争力的国家运输干线,建成用于转运国际集装箱货物的枢纽港口,再增加1艘"领袖"级核动力破冰船,[①] 完成北极地区航行计划和科考船队的组建。"2035北极原则"还制定了北方海航道在不同阶段的运量。

表1 北方海航道运量规划(单位:万吨)

运量类别	基础值(2019年)	目标值		
		2024年	2030年	2035年
总运量	3150	*[②]	9000	13000
过境运量	70	100	200	1000

资料来源:"2035北极战略"附件。

值得注意的是,"2035北极战略"提到建造转运国际集装箱货物的枢

[①] 根据《2035年前北方海航道基础设施发展规划》,三艘"领袖"级核动力破冰船分别拟于2027年、2030年和2032年交付。参见"Утверждён план развития инфраструктуры Северного морского пути до 2035 года," http://government.ru/docs/38714/。

[②] 2018年5月俄罗斯总统普京发布的"五月令"规定2024年北方海航道的运量为8000万吨。但后来部分能源项目未能按原计划推进,加上新冠疫情的影响,俄罗斯政府内部不少人认为到2024年可能只有6000万吨左右,但并未对原指标值进行修改,不过显然降低了对2030年运量的期望值(根据2019年俄罗斯远东和北极发展部的预测,到2030年北方海航道运量为1.2亿吨,后改为9000万吨)。参见:"Майский указ застрял во льдах: как найти 80 млн т грузов для Севморпути," https://www.rbc.ru/business/16/01/2019/5c3dde2f9a79471715920f53?;"Арктика: чегождатьотновойстратегии Минвостокразвития," https://regnum.ru/news/polit/2766529.html。

纽港，但没有明确货物转运的具体方案。俄罗斯远东发展部副部长克鲁蒂科夫透露了初步方案：俄罗斯将在摩尔曼斯克和彼得罗巴甫洛夫斯克－勘察加各建一个中转港，接收源于欧洲或亚洲的货物，然后将货物集中转移到俄罗斯生产的液化天然气动力集装箱船或者核动力冰级集装箱船上，在俄罗斯国家的担保下经北方海航道运至上述两个港口卸货，再转移到非冰级船上继续航行。① 克鲁蒂科夫的言论表明，俄罗斯有可能想垄断欧亚之间经北方海航道的过境承运服务，且仅限于使用俄籍船。考虑到此前俄罗斯修改《俄罗斯联邦商业航行法》禁止使用外国船舶运输从俄罗斯开采的油气和煤炭，② 我们更有理由相信这一点。

2. 推进俄罗斯北极统一交通体系建设

随着萨贝塔港投入使用，其周边地区的产品找到了通往外界的"跳板"。"北纬通道－1"和"北纬通道－2"在这种情况下成为优先项目。其中东西走向的"北纬通道－1"途经奥布斯卡亚、萨列哈尔德、纳德姆、霍列伊、潘戈德、新乌连戈伊和科罗特恰耶沃，连接北部铁路和斯维尔德洛夫斯克铁路，建成后将为北方海航道增加2300万吨运量（主要货物是沿线地区生产的凝析油和石油）。南北走向的"北纬通道－2"途经奥布斯卡亚、波瓦年科沃、萨贝塔，将连接"北纬通道－1"和萨贝塔港，进而把乌拉尔、俄罗斯西部和中部的货物引向北方海航道，并为开发塔姆贝油气田奠定基础。除了两条北纬通道，俄罗斯还将优先建设因迪加深水港和索斯诺戈尔斯克－因迪加铁路项目（巴伦支科穆尔项目），升级纳里扬马尔海港，疏浚伯朝拉河，修建和改造瑟克特夫卡尔—乌赫塔—伯朝拉—乌辛斯克—纳里扬马尔公路，这将为周边地区的货物拖向北方海航道创造契机。目前，因迪加深水港项目已被俄罗斯政府批准，预计2025年建成，设计吞吐量为8000万吨。该港口旨在转运来自科米共和国、彼尔姆边疆区、乌拉尔、克麦罗沃州，以及哈萨克斯坦、吉尔吉斯斯坦乃至中国的各种货

---

① "Минвостокразвития: функции оператора СМП должны распространиться до Камчатки," https://tass.ru/ekonomika/7053510/2020－10－27.

② "Кодекс Российской Федерации от 30.04.1999. № 81－ФЗ (в редакции от 08.06.2020)," http://ips.pravo.gov.ru:8080/document/639//2020－10－27.

物，将其通过北方海航道运至欧美市场或亚太地区，或者进行反方向运输。因迪加港的优点是冰冻时间短，周围水深达 18 米，且海岸线便利，这些优势为阿尔汉格尔斯克港所不及。但是阿尔汉格尔斯克港互联互通基础条件较好，且该地区人力资源较丰富。近年，通往阿尔汉格尔斯克港的别尔科穆尔项目与通往因迪加港的巴伦支科穆尔项目激烈竞争优先发展权。目前，政府已经批准建设巴伦支科穆尔项目，而别尔科穆尔项目仍处于论证阶段。为解决两个项目的竞争问题，阿尔汉格尔斯克州和涅涅茨自治区行政长官于 2020 年 5 月签署了一项关于共同行动的备忘录，以组建新的联邦主体。[1] 随着北极陆上石油、煤炭和金属矿产资源开发的推进，建设和升级迪克森、杜金卡、季克西和佩韦克港口势在必行。河运方面，打通了北方海航道—鄂毕河—额尔齐斯河航线，从 2016 年起，俄罗斯已经利用这一河海联运的方式完成多次国际运输。[2] "2035 北极战略"还要求进一步扩大北极地区河道的运力，包括白海-波罗的海航道、奥涅加河、北德维纳河、梅岑河、伯朝拉河、鄂毕河、叶尼塞河、勒拿河和科雷马河等。

为了更好地推动北极统一交通基础设施的建设和应对北极地区发展面临的挑战，俄罗斯政府对北极管理制度进行了改革。2019 年，俄罗斯重组国家北极发展委员会，并赋予其更多权力，建立远东和北极发展部，做出了关于将远东发展部的职责扩大到北极地区的决定。2020 年 10 月 21 日，俄罗斯总理米舒斯京公开指出有必要改变多头管理的做法，对北极地区运输基础设施的发展给予整体规划。[3] "2035 北极战略"提出建立管理整个北方海航道所有水域航行的海上行动总部。

---

[1] "НАО и Архангельская область готовятся к объединению," https：//ru. arctic. ru/news/20200513/943192. html/2020 - 10 - 27.

[2] "В декабре в Сабетту придут пять судов," http：//morvesti. ru/detail. php？ID = 59268.

[3] 当前俄罗斯国家原子能公司被赋予北方海航道运营商的职能，仅负责破冰船的援助和航道沿岸港口的发展。北方海航道之外的港口和其他运输基础设施由运输部负责。详见《能源政策背景下的俄罗斯北极地区发展战略》，极地与海洋门户，2020 年 11 月 12 日，http：//www. polaroceanportal. com/article/3422。

（五）显著提升对北极地区社会人文的关注

旧版俄罗斯北极政策体现出政府对北极社会民生问题的关注，但是这一关注度与对军事、能源、航道和环保的重视相差甚远，且关于俄罗斯北极居民生活水平和福利的规定比较宽泛。相比之下，新版北极政策对该问题提出了具体明确的任务，也首次将该地区历史文化遗迹的价值提升到新的高度。

旧版俄罗斯北极政策从能源开发、地区和平与国际合作、生态保护、航道建设四个方面界定了俄罗斯在北极的国家利益，并未提及北极地区社会文化方面。而新版北极政策在继承旧版内容的同时，还直接将确保俄罗斯北极地区居民的高质量生活以及保护原住民的原始栖息地和传统生活方式列为重要国家利益，同时将提高俄罗斯北极地区居民的生活质量作为北极政策的首要目标，并从医疗保健、卫生健康、教育、文化、体育、交通、住房和社保等方面规定了具体措施，将北极地区人口迁移增长率、失业率、新增就业岗位和平均工资作为评价北极政策实施绩效的指标。

表2　评价北极政策实施绩效的指标（民生方面）

指数	基础值	目标值 2024年	目标值 2030年	目标值 2035年
北极地区人口迁移增长率（百分比）	-5.1（2018年）	-2.5	0	2
根据国际劳工组织方法计算的北极地区的失业率（百分比）	4.6（2019年）	4.6	4.5	4.4
北极地区新增企业提供的工作岗位（千个）	——	30	110	200
在北极地区开展活动的组织的员工平均工资（千卢布）	83.5（2019年）	111.7	158.5	212.1

资料来源：俄罗斯"2035北极战略"附件。

"2035 北极战略"从 6 个方面评价了北极地区对俄罗斯的重要性,包括指出"在北极地区生活了 19 个土著民族,其历史和文化遗产具有全球价值",从而将社会文化问题与另外 5 个方面(资源、科技、航道、生态和军事)等量齐观。2018 年 9 月,普京在第四届东方经济论坛上公布了在雅库茨克成立"猛犸象世界中心"的计划。俄罗斯计划投资 590 万美元建设克隆中心,科学家将使用冰河期的 DNA 进行克隆研究,猛犸象复活可能实现。[①] 2020 年,莫斯科国立大学校长表示,为了应对现代挑战,该校 2021 年将开设 11 个全新的教育专业,其中包括北极自然和社会环境、俄罗斯土著民族语言文化结构和语义分析等。同时在 2020 年底选择有前途的科学领域建成 7 个科教学院,包括世界文化和历史遗产保护学院、地球的未来和全球环境变化学院等。

新版俄罗斯北极政策对北极地区社会人文的关注还体现在旅游业方面。旧版俄罗斯北极政策主要涉及与北极自然风光相关的旅游业,包括北极光观赏、乘破冰船游览北冰洋以及参观俄罗斯北极国家公园等。而新版俄罗斯北极政策对该地区文化知识旅游和民俗旅游给予了特别关注,并且分别针对具体项目对北极地区各联邦主体提出任务,包括:在涅涅茨自治区发展文化宗教民俗旅游;在阿纳德尔、佩韦克和普罗维吉尼亚村建立民俗生态旅游群;在卡累利阿共和国的各个城市发展历史文化和生态旅游;在科米共和国发展文化民俗和文化历史旅游群;在萨哈共和国发展科学、文化、民俗和探险旅游集群。

二、新版俄罗斯北极政策变化的主要原因

(一)北极气候加剧变暖

气候变暖既给俄罗斯开发北极带来大好机遇,也给该地区的经济活

[①] 2012 年 8 月,西伯利亚科学家在雅库茨克发现了大量猛犸象遗存,并在猛犸象遗存体内发现了保存完好的"活"细胞,克隆该动物的希望因此大增。雅库茨克不仅以富有钻石闻名,也是远古动物标本保存的良地。

动、生态环境、居民健康带来风险和挑战。这在多个方面皆对新版俄罗斯北极政策产生重要影响。

气候变暖的正面影响一直是俄罗斯开发北极的重要推手。气候变暖将不断降低北极能源开发的难度，并为能源运输带来可行航道。"2035 北极战略"明确指出，由于气候变化，北方海航道作为全球性运输走廊的重要性将提高。新版俄罗斯北极政策推进北方海航道过境运输在一定程度上基于这一预期。随着北极气候加剧变暖，该地区在俄罗斯国家战略中的地位与日俱增，俄罗斯政府将北极视为俄罗斯的未来，决定在该地区扎根。在此背景下，俄罗斯政府显著提升了对北极居民生活水平和福祉的关注，并着手吸引外来人口常驻本地。

新版俄罗斯北极政策将气候变暖视为实施北极战略的首要风险和威胁，并为此采取一系列措施，这主要基于气候变暖产生的负面影响。在制定"2035 北极战略"之前，一系列恶性事件已经让俄罗斯政府深刻认识到北极气候变暖对基础设施、生态环境和公众健康带来的巨大威胁和危害。2016 年夏北极天气炎热，西西伯利亚的冻土层融化，75 年前死于炭疽的驯鹿尸体暴露出来，病毒重见天日，疯狂肆虐，亚马尔地区几千头驯鹿因感染病毒而死亡。当地居民由于接触这些病死驯鹿、食用染病鹿肉或以鹿血为原料的食物而感染炭疽，几十人确诊患上炭疽病，其中 1 名儿童死于该病。[①] 2017 年，亚马尔半岛和格达半岛的地表陆续冒出了 7000 多个鼓起的"气囊"。专家称，这可能是由于当地气温升高，永冻土解冻产生大量的甲烷气体造成的。这 7000 多个"气囊"存在爆炸的风险，途经该地区的基础设施和油气管道处于危险状态。部分"气囊"已经在高温下爆炸，形成火山口状的水坑。[②] 目前，"气囊"和水坑仍在不断增加。2017 年夏，萨列哈尔德－纳德姆公路[③]尚未完成就已经开始破裂，部分路段变得起伏陡峭。亚马尔道路管理局局长马克西姆·佩尔什克夫称，这种现象是近年夏

---

① " «Вернулась через 75 лет». Как борются со вспышкой сибирской язвы на Ямале," https://yamal.aif.ru/incidents/na_yamale_ot_sibirskoy_yazvy_skonchalsya_rebenok/2020 – 03 – 07.

② "На Ямале ждут 7000 подземных взрывов. Ученые ищут, как избежать жертв," https://ura.news/articles/1036272626/2020 – 03 – 07.

③ 该公路位于亚马尔－涅涅茨自治区，是"北纬通道"的一部分，2011 年开始动工，2020 年 12 月全线开放使用。

天高温下永冻土融化造成的。① 2020年5月发生的诺里尔斯克镍业公司漏油事故也源于北极气候变暖：气温上升，永冻土融化，油罐下方的支架塌陷，油罐底部受到巨大冲击而破裂，最终导致柴油泄漏。诺里尔斯克发展局局长马克西姆·米罗诺夫呼吁，要从这本次漏油事故中汲取教训，这与低估全球变暖引起的永冻土的变化有关。② 2020年1月开始，西伯利亚大部分地区气温异常升高，加剧土壤水分蒸发，催生大面积森林火灾。欧洲联盟哥白尼气候变化服务局的数据显示，西伯利亚地区2022年经历了有记录以来最热的6月，气温超过往年平均水平至少5℃。此外，2020年6月中旬以来，俄罗斯西伯利亚和美国阿拉斯加部分地区起火点数量和过火面积都有所增加，导致6月的二氧化碳排放量创下2003年有记录以来的最高值，达到5900万吨。③

北极气候变暖引起的紧急事态推动了该地区陆上交通基础设施建设。俄罗斯政治学家基里尔·伊斯托明指出，亚马尔地区的流行病证实了进一步发展北极地区交通基础设施的必要性。得益于通往博瓦年科沃的铁路线，俄罗斯国防部得以迅速将特种部队和装备转移到炭疽爆发点，并阻止了疾病的迅速传播。否则，邻近的克拉斯诺亚尔斯克地区和科米共和国若受到感染，后果可能更加严重。④ 西伯利亚炭疽病爆发后，俄罗斯政府明显加快了萨列哈尔德-纳德姆公路的建设进度。

俄罗斯强化北极军事建设也受到了气候变化的影响。随着北极气候加剧变暖和冰雪融化，俄罗斯北部边界曾经的天然屏障不复存在，该地区面临的安全隐患增加。同时，随着气候变暖，北极地区的能源、航运和科考价值凸显，域内外国家在北极的各种活动不断增加。2018年10月，法国海军"罗纳"号支援舰在没有预先通知俄罗斯的情况下，经由北方海航道

---

① "Почему главная дорога ЯНАО еще не достроена, но уже требует капремонта," https://ura.news/articles/1036271862/2020-03-07.

② "Восстановление экосистемы после разлива дизтоплива на ТЭЦ в Норильске займет не менее 10 лет," https://tourism.interfax.ru/ru/news/articles/70516//2020-10-27.

③ 《俄西伯利亚林火面积上周显著减少》，新华网，http://www.xinhuanet.com/world/2020-07/13/c_1210698893.htm?rsv_upd=1.

④ "На Ямале погасили вспышку сибирской язвы: «Такой бактериологической угрозы мы не рассматривали»," https://fedpress.ru/article/1668240/2020-03-07.

抵达美国。2019年3月，俄罗斯规定外国军舰穿越北方海航道须提前45天向俄罗斯当局通告，莫斯科保留拒绝穿越的权利。如果外国军舰未经授权擅自通行，俄罗斯武装力量保留对其采取紧急措施的权利，包括扣押或销毁。① 据俄罗斯媒体报道，制定更严格的新规则是因为多国海军在北极的活动加剧。② 因此，尽管俄罗斯已经在北极军事建设上取得显著成就，但其对北极安全问题的担忧和警惕有增无减。俄罗斯希望通过升级军事力量对外形成威慑，加强对该地区的有效控制，确保该地区领土安全和经济安全。

（二）国际能源格局的变化

1. 国际能源格局的变化对俄罗斯北极能源政策的影响

当前国际能源格局的变化表现在多个方面，其中对俄罗斯在北极地区的能源政策产生重要影响的变化集中在以下三个方面：供应增加；亚太能源市场蓬勃发展；能源产品结构发生变化（尤其是液化天然气在世界天然气贸易中的占比大幅增加）。

由于页岩气革命，美国从世界头号能源进口国一跃成为世界头号能源生产国，加上东非能源新产地的发现和中东等地能源项目产能的增加以及新能源的使用，国际能源市场上逐渐出现供过于求的局面，能源价格大幅下跌。能源价格下跌使得开发成本高昂的北极大陆架油气项目不具备盈利空间。曾被俄罗斯政府视为北极资源开发重点的什托克曼气田项目因美国页岩气产量的急剧增长和天然气价格下跌而最终"流产"。2014年以来，受能源价格暴跌影响，北极大陆架油气勘探和开发陷入沉寂。能源价格低迷促使俄罗斯不得不将北极能源开发场地转向开发成本较低的陆地。

---

① "Арктика на замке: Россия ограничила проход по Севморпути," https：//www.gazeta.ru/army/2019/03/06/12226447.shtml/2020-03-07.

② "Минобороны: Иностранные корабли смогут пройти по СМП, только уведомив РФ," https：//rg.ru/2018/11/30/minoborony-inostrannye-suda-smogut-projti-po-smp-tolko-uvedomiv-rf.html?bw-target-blank=1; "СМИ: в России созданы правила прохода Севморпути иностранными кораблями," https：//ria.ru/20190306/1551584202.html/2020-10-27.

页岩气革命不仅使美国实现了能源独立，还使其跻身世界主要能源出口大国。作为能源出口大国，美国与俄罗斯在欧洲市场展开激烈争夺，从美国对"北溪-2"的执意制裁可见一斑。美国成为能源出口商的同时，以中国为代表的亚太地区能源需求量急剧攀升，世界能源贸易重心由西向东转移。国际能源署发布的"2019年全球能源市场展望"指出，新兴市场依然是天然气需求的主要来源，尤其是亚洲。预计到2040年，亚洲发展中经济体的天然气需求增长将占据全球总需求增长的一半。普京总统于2020年6月签署的《2035年前俄罗斯联邦能源战略》指出，中长期内俄罗斯对亚洲能源和煤炭出口将快速增加。[①] 以上是俄罗斯在开发北极能源方面更加重视亚洲市场和亚洲伙伴的重要原因。受地理分割、昂贵运费和需求旺盛等因素的影响，亚洲市场的能源价格长期高于北美市场和欧洲市场，形成"亚洲溢价"现象，这也是俄罗斯偏好亚洲能源市场的又一原因。

进入21世纪，液化天然气迅速发展。随着产能的增加，液化天然气贸易在全球天然气贸易中的地位逐步提升，尤其在管道基础设施薄弱的亚太地区，液化天然气贸易更是占据主导地位。俄罗斯北极地区陆地（尤其是亚马尔半岛）的天然气储量十分丰富，俄罗斯具有在北极陆地开发天然气的悠久历史和传统技术，拥有利用北方海航道这一捷径开展运输的优势，加上北极地区寒冷的气候有助于节约液化成本，俄罗斯在北极液化天然气开发成本上具备明显优势，这就不难理解俄罗斯为什么在能源价格下跌、市场竞争激烈的背景下逆势而上，全力以赴在液化天然气上下注了。

随着新技术的发展、可再生能源应用的增加以及新能源产地的开发投产，加上欧盟对化石燃料的限制，未来世界油气市场向买方转变的大趋势更加明显，能源价格难有大幅提升。而2020年以来的新冠疫情使能源型经济的脆弱性进一步暴露出来。俄罗斯政府越来越意识到能源经济的弊端，决定加速改变经济结构和发展模式。为此，一方面，俄罗斯更加重视北极地区金属矿产、稀土矿产以及其他资源的开发，推进多元经济结构的形成；另一方面，俄罗斯重视研发新技术，利用能源储量优势推动能源经济

---

① "Энергетическая стратегия Российской Федерации на период до 2035 года," http://minenergo.gov.ru/node/1026/2020-10-27.

的升级转型，包括发展氢能和油气深加工，向创新经济过渡。

2. 国际能源格局的变化对北极交通基础设施建设的传导效应

国际能源格局的变化通过作用于北极能源政策而对北极交通基础设施建设产生影响。鉴于能源是北方海航道最主要的货源，[①] 能源出口方向（市场）在很大程度上决定了北方海航道开发的方向。国际能源格局的变化使俄罗斯加大北极能源开发和对亚洲市场的倚重，这就决定了俄罗斯也必须实现北方海航道东段全年通航（航道西段在20世纪70年代末已实现全年通航）。"2035北极战略"提出在2025—2035年间建成3艘"领袖"级核动力破冰船，主要目的是利用此类船只的超级破冰能力战胜航道东部冬春两季的厚冰，实现全季全程航行，保障全年向亚洲地区出口能源。

国际能源格局的变化推动北极能源开发主要场所从大陆架转向陆地，这也推动了陆地交通基础设施建设。俄罗斯天然气工业股份公司修建奥布斯卡亚－博瓦年科沃铁路正是源于对开采亚马尔半岛天然气田的需要。近年来，俄罗斯大力推动"北纬通道－1"和"北纬通道－2"建设同样基于类似的需求：上述两个通道周边富集能源，在传统能源开采地日益枯竭且北极大陆架开发受挫的情况下，开发这些能源迫在眉睫。

（三）西方经济制裁

2014年乌克兰危机爆发以来，西方对俄罗斯发起多轮经济制裁，封堵了俄罗斯向西方融资的渠道，也限制了俄罗斯北极开发技术的获取，对俄罗斯北极能源开发产生重要影响。

一方面，在遭受西方制裁冲击的同时，俄罗斯饱受油价、卢布双暴跌之苦，俄罗斯财政囊中羞涩，不得不转向本国私人投资以及兼具市场和资金优势的亚洲伙伴，尤其是中国这种在西方制裁面前保持独立政策且具备技术优势的国家。另一方面，俄罗斯缺乏开发北极大陆架所需技术，不得

---

① 能源约占北方海航道运量的80%，北极液化天然气2号项目、帕亚哈项目和"东方煤炭"项目全线投产后，能源占北方海航道运量的比例会更高。

不暂停绝大部分北极大陆架勘探。目前，普拉扎洛姆诺耶油田是俄罗斯北极大陆架上唯一一个已经投产的项目。西方经济制裁和上文提到的能源格局变化是当前俄罗斯北极大陆架勘探开发陷入困境的主要原因，也是北极能源开发向陆地转移的主要原因。

面对西方制裁，俄罗斯除了从亚洲国家引进有关技术，还注重开发自有技术，实施进口替代政策，以增加抵抗外在风险的能力。俄罗斯工贸部部长杰尼斯·曼图洛夫指出，2014年，俄罗斯油气行业中设备的对外依存度为60%，到2020年年底会降低到43%。俄罗斯工贸部已经联合诺瓦泰克公司和俄罗斯天然气股份公司分析了2035年前俄罗斯油气行业的需求，并确定了优先领域清单，其实施将使俄罗斯在2023年之前掌握各种液化天然气设备的生产。①

（四）俄美大国竞争加剧

俄罗斯很好地落实了旧版北极政策对军事任务的规定，目前俄罗斯已在北极地区建立了积极运作的海岸警卫队系统和一支由俄罗斯武装部队组成的通用部队（"2035北极原则"指出该部队能够确保在各种军事政治条件下的军事安全）；俄罗斯北极地区现代武器、军事和特殊设备的份额从2014年的41%增加到2019年的59%。由此，俄罗斯已经实现了对北极地区的控制，且在北极的军事存在远胜其他国家，那么，俄罗斯为何当前尤其关注高超音速武器的装备和北极防空建设呢？

这是由俄美结构性矛盾决定的。2013年以来，俄罗斯开始在北极地区进行大规模军事建设。美国为了维护全球霸权，自然不允许俄罗斯在北极的权力超过自己。乌克兰危机爆发以来，俄美双方大国竞争愈演愈烈，都试图在北极地区建立自己的主导权。近年美国在渲染俄罗斯北极威胁的同时，加强了在北极地区的存在，并强化与丹麦、挪威、加拿大等国的盟友关系，力图在北极地区对俄罗斯形成围堵之势。2018年，美国"复活"第

---

① "Энергетическая Политика, Интервью Дениса Мантурова Журналу" https：//minprom-torg.gov.ru/press–centre/news/#!intervyu_denisa_manturova_zhurnalu_energeticheskaya_politika/2020–03–07.

二舰队,将其作战海域扩大到巴伦支海;北约在冰岛重启军事基地,部署反潜巡逻机;美国"杜鲁门"号航母自苏联解体以来首次进入北极海域,随后北约在挪威北极地区举行冷战结束以来最大规模的联合军演"三叉戟接点2018"。2019年5月,时任美国国务卿蓬佩奥参加北极理事会部长级会议时号召该理事会关注俄罗斯在北极的军事行动,认为俄罗斯关于军舰在北方海航道通行的规定是"挑衅行为",是"俄罗斯在北极的侵略行为的一部分",并指出"俄罗斯的领土野心可能伴随着暴力"。[1] 2019年3月,美军一次性出动5架B-52H战略轰炸机,飞跃挪威海逼近俄罗斯西部领土,对莫斯科和圣彼得堡实施了"模拟核轰炸"。2020年5月,美英海军联合舰驶入巴伦支海,这是20世纪80年代以来,美军舰首次进入该海域。几天后,北约空军又在瑞典和挪威领空举行了演习。俄罗斯以一国之力与美国及其盟友在北极展开全面竞争显然不切实际,故俄罗斯选择具有明显优势的领域予以强化,形成和维持对美国不对称优势。这种情况下进行武器的现代化升级,着力发展能够直接威胁美国本土的高精尖装备成为俄罗斯未来北极军事建设的重点。此外,随着俄美矛盾的加剧,俄罗斯在北极对美国的警惕性增强,竭力加强对美国有反导系统和战略导弹的舰船的防范,俄罗斯军事专家认为这一点对俄罗斯的军事安全尤为重要。[2] 普京在2017年的"直接连接"节目中特别提到这一问题:美国的核潜艇在挪威北部执勤,从那里向莫斯科发射导弹只需15分钟即可到达,俄罗斯需要关注其动态,保障边境安全。[3] 这是俄罗斯加快北极防空部署的重要原因。

(五) 北极开发进程的推动作用

新版俄罗斯北极政策的变化不仅受到国内外局势的影响,也与北极开

---

[1] "Помпео: США обеспокоены претензиями России на Северный морской путь," https://tass.ru/mezhdunarodnaya-panorama/6405815/2020-03-07.

[2] "Король Севера: российский флот стал ведущей силой в Арктике," https://ria.ru/defense_safety/20170417/1492426719.html/2020-03-07.

[3] "Прямая линия с Владимиром Путиным," http://www.kremlin.ru/events/president/news/54790/2020-03-07.

发进程密切相关。尽管俄罗斯在北极地区的国家利益、政策目标和重点实施领域等方面没有变化，但基于北极开发所处阶段和政策实施的基础条件与前期不同，新政策必然会作相应调整。

新版俄罗斯北极政策加大对北极社会人文的关注度，显然是受到北极经济开发进程的驱动。首先，当前俄罗斯北极地区的开发处于上升期，一系列新项目的启动需要大批劳动力。而俄罗斯北极地区的贫困和失业率高于全国平均水平，21世纪前15年，该地区人口减少了30万，加上该地区本来已是地广人稀，人口问题成为俄罗斯北极政策实施的严重威胁。在这种情况下，俄罗斯将提高当地居民生活水平和福祉置于重要位置，在与民生密切相关的医疗保健、卫生健康、教育、文化、体育、交通、住房和社保等方面制定和实施了一系列措施。其次，北极人文旅游显然离不开陆地基础设施建设的互联互通，俄罗斯在新版北极政策关注人文旅游的条件是北极统一交通体系取得进展，尤其是在北极陆地的铁路、公路、机场和河运等基础设施方面。

对商船航行的垄断性限制与北极能源开发进程密不可分。俄罗斯政府2004年在《北方海航道发展构想》中明确表达了"使用俄罗斯的交通船发展大规模的出口、过境和沿岸运输"这一愿望。[1] 俄罗斯总统2005年签署的《2020年前俄罗斯联邦交通战略》则强调："使用俄罗斯企业制造的俄籍船只和浮动装置确保北方海航道作为俄罗斯北极地区国家统一的交通干线。"[2] 但此后长达数十年之余，与北方海航道利用相关的北极能源项目进展缓慢，俄罗斯对商船的需求很小，故没有推进商船垄断的必要。但是随着亚马尔液化天然气项目的投产和北极液化天然气2号、帕亚哈油田、"东方煤炭"等项目的确立，短期内的商船需求增加，鉴于这些船只订单不仅带来经济"红利"，还事关造船业这一具有战略意义的产业的发展，俄罗斯政府遂及时修改《俄罗斯联邦商业航行法》禁止使用外籍船只通过

---

[1] Совет по изучению производительных сил РАН, "Проблемы Северного морского пути," ЦНИИМФ. —М.：Наука, 2006.

[2] "Приказ Минтранса РФ от 12.05.2005 №45 'Об утверждении Транспортной стратегии Российской Федерации на период до 2020 года'," https：//legalacts.ru/doc/prikaz－mintransa－rf－ot－12052005－n－45/2020－10－27.

北方海航道运输俄罗斯北极地区生产的油气和煤炭，以便将造船订单留在本国，实现生产的本地化。未来，预计随着北方海航道上集装箱运输的增加，俄罗斯很有可能会宣布对集装箱运输服务的垄断。

装备和利用北方海航道是俄罗斯实施北极统一交通体系建设的前提。考虑到北极地区的交通状况和北方海航道作为主干线的运输地位，没有北方海航道的复兴和发展，北极统一的交通体系难以运转。相反，随着萨贝塔港投入使用，周边地区的产品找到了利用北方海航道的"跳板"。"北纬通道-1"和"北纬通道-2"在这种情况下成为优先项目，这两个项目将乌拉尔、俄罗斯西部和中部的货物引向北方海航道。在利用萨贝塔港的基础上，俄罗斯打通了额尔齐斯河—鄂毕河—北方海航道航线。

三、新版俄罗斯北极政策的主要特点

基于国内外形势的变化和北极开发所处阶段的不同，新版俄罗斯北极政策呈现出本地化、多元化、统一性和战略针对性等特点。

本地化是指推动对本国产品、技术和服务的使用，使北极开发带来的广阔机遇和丰厚利润最大化地留在本国，尤其是俄罗斯北极地区。本地化有两个典型体现：利用俄罗斯对北方海航道的管辖权来垄断该航道的商船供应和集装箱承运；自主研发用于开发北极油气的技术以及用于确保生产相关工业产品的技术，推行进口替代政策。俄罗斯政府当前大力推进本地化进程主要出于以下考量：第一，减少对外依赖、保障国家安全。其中，船舶的本地化生产事关海军实力的可持续性。第二，带动北极地区乃至整个国家的经济增长。第三，创造工作岗位，提高人民生活水平，助推北极劳动力短缺问题①的解决。

多元化是指俄罗斯更加重视资源开发对象和参与主体的多样性，不仅

---

① "2035北极原则"将俄罗斯北极地区人口减少视为国家安全的首要威胁。"2035北极战略"列举"北极地区发展和国家安全面临的威胁和挑战"时，将俄罗斯北极地区人口持续减少排在第二位（排在第一位的是"北极气候加剧，速度是全球的2—2.5倍"）。

开发以液化天然气为首的油气资源，也开始积极推动对煤炭、金属、木材、石材、农产品和旅游资源的开发，且试图向原料深加工方面发展，发展高科技和知识密集型产业。除了鼓励国有大型公司投资北极项目外，还出台法律支持和吸引中小企业参与北极项目开发，鼓励私人投资参与北极大陆架油气开发项目。在国际合作中，明确表明愿与所有国家开展合作，显著提升亚太伙伴的地位。当然，多元化是有重点的多元化，液化天然气生产和化工将是重中之重。

统一性主要针对航道开发，其表现在三个方面：对内利用北方海航道这一横贯东西的北方"大脊梁"，将原来碎片化的海陆空交通线整合起来，打造国家统一的交通体系，推动广大西伯利亚内陆地区与外界的联系；对外推动北方海航道由国内能源外运干线转变为竞争力不断提升的欧亚过境走廊，将北方海航道沿线港口与大西洋、太平洋和印度洋港口连接起来，打造统一的欧亚航线，在维持与欧洲联系的同时，使俄罗斯经济进一步融入生机勃勃的亚太地区，维护俄罗斯经济的可持续发展；为了推动航道的整体规划和统一管理，改革行政机构，优化管理方式。

战略针对性是指随着美国在北极加大对俄罗斯的打压和抹黑，俄罗斯在安全问题上对美国的警惕性增强，其北极军事建设针对美国的意味越发浓厚。近年来，俄罗斯举行史无前例的北极军演规模、进入北美防空识别区的频率、北极战略武器的更新程度，以及防空团的部署进展清楚地证明了这一点。

结　语

综上所述，新版俄罗斯北极政策在威胁和挑战评估、能源开发、交通基础设施建设，以及社会人文等方面发生了变化。以上变化主要源于北极气候加剧变暖、国际能源格局的变化、西方经济制裁、俄美大国竞争的加剧和北极开发进程的推进。随着气候变暖和海冰融化，航道利用及能源开发的经济性提升，气候变化带来的正面影响一直是俄罗斯开发北极的重要动力。但新版俄罗斯北极政策的显著变化主要基于气候变暖的负面影响，这包括破坏基础设施的稳定性，永冻土融化释放病毒和甲烷，威胁公共健康，破坏海洋和陆地生态环境。同时，气候变暖使俄罗斯北极地区曾经的冰雪屏障消失，边界安全问题凸显。尽管俄罗斯已经在北极军事建设上取得显著成就，但其对北极安全问题的担忧仍然有增无减。俄美结构性矛盾也增加了俄罗斯对北极安全问题的关注。随着美国页岩气革命的发展，俄美在能源方面的竞争加大，西方制裁不仅是对乌克兰危机的反应，也是俄美大国竞争（既包括政治军事方面，也包括能源方面）的一个表现和结果。西方制裁对北极能源开发的影响既体现在技术限制上，也体现在资金缺口上。国际能源格局的变化无论是对能源开发还是对航道建设皆会产生重大影响。鉴于俄罗斯北极能源是航道最主要货源，能源开发是航道开发的动力，北极能源政策的调整势必引起航道政策的变化。此外，俄罗斯北极军事建设优先方向的变化、北极统一交通体系的推进以及对北极社会人文关注的增加皆基于前期政策的实施成果和进展状态，以上变化也均受到北极自身开发进程的推动。受上述因素的影响，俄罗斯新版北极政策呈现出本地化、多元化、统一性和战略针对性等特点。

俄罗斯在北极的军事建设：动因和成果[*]

朱 燕 王树春 张 娜[**]

【摘 要】 为了应对气候变化带来的边防挑战，保障北极地缘经济的安全，进一步发挥在北极的非对称性优势以制衡北约和抢占北极地区秩序主导权，尤其是对北方海航道的控制，俄罗斯加强了在北极的军事建设。其建设成绩主要体现在军事基础设施建设的完成、军民两用设施的扩建和强化、指挥机制的完善、战略武器的现代化等方面。中短期内，俄罗斯加强北极军事建设对中国而言利大于弊。

【关键词】 俄罗斯 北极 军事建设

20世纪90年代，随着国际形势的变化和国内经济的衰落，俄罗斯在北极地区实行了战略收缩政策，停止了战略轰炸机和核潜艇的巡航，关闭了一系列军事基础设施。2008年批准的北极战略文件《2020年前俄罗斯联邦北极地区国家政策原则及远景规划》[①]对北极军事建设提出具体要求，此后俄罗斯国防部积极筹备北极军事建设。继2013年普京总统签署

---

[*] 原文刊登在《战略决策研究》2020年第6期，第41—59页，题目为《俄罗斯在北极的军事建设：动因和成果》，内容有增改。

[**] 张娜，海南大学外语系讲师，广东外语外贸大学西方语言文化学院博士。

[①] "Об Основах государственной политики России в Арктике на период до 2020 года и дальнейшую перспективу," http://government.ru/info/18359/，该文件本文简称"2020北极原则"。

《2020年前俄罗斯联邦北极地区发展和国家安全保障战略》[①] 以来，俄罗斯北极军事建设进入大规模实施阶段：这一年以"彼得大帝"号巡洋舰为首的10艘军舰在4艘核动力破冰船的引航下向北极投送大量军用装备和材料，在此基础上开建多处军事基础设施；同年，俄罗斯还恢复了在北极上空的定期巡逻，重启了核潜艇在北冰洋水下巡逻。2015年，俄军在北极地区启动了437个军事基础设施建设，其中绝大部分已于2016年初完成。[②] 2017年底，俄罗斯防长宣布基本完成北极大规模军事基础设施建设。俄罗斯在北极加速推进港口、破冰船、通信导航和监控等军民两用设施建设的同时，重点扩大防空建设，加快战略威慑力量的部署。2019年，普京总统在国防会议上指出，俄罗斯海军力量的增强在很大程度上取决于计划改装使用"锆石"高超音速巡航导弹的护卫舰和潜艇的入编，而这类最新精锐武器皆优先分给北方舰队，并于两年内相继进入该舰队服役。继2014年底北极联合战略司令部开始正式运作后，普京总统于2020年6月签署法令，将北方舰队升级为"第五军区"。本文试图探讨的问题是：俄罗斯加强北极军事建设的原因何在，其军事建设的具体进展如何。

一、俄罗斯北极军事建设的动机

俄罗斯在北极地区开展大规模军事建设既深受气候变暖和国际形势的影响，也与北极地区地缘经济地位的提升密切相关。具体而言，俄罗斯在北极地区开展大规模军事建设主要基于以下几方面的考虑。

[①] "О Стратегии развития Арктической зоны Российской Федерации и обеспечения национальной безопасности на период до 2020 года," http://government.ru/info/18360/，该文件本文简称"2020北极战略"。

[②] "В Арктике создали шесть военных баз," https://rg.ru/2015/12/09/arktika.html.

（一）应对气候变化带来的边防挑战

进入21世纪，北极气候进一步变暖，北冰洋冰雪加速融化，俄罗斯北部边界曾经的天然屏障难以为继，该地区面临的安全隐患增加。考虑到俄罗斯在该地区的海岸线漫长，幅员辽阔[①]，人烟稀少，俄罗斯北极地区的边防任务更是任重道远。特别是20世纪90年代，俄罗斯在北极地区实行了战略收缩政策，停止了战略轰炸机和核潜艇的巡航，关闭了一系列北极军事设施，北极地区的安全风险与日俱增。在这种情况下，俄罗斯越来越清楚地意识到北部边界"开放"的危险性。[②]

"2020北极原则"将捍卫和保护北极地区国家边界视为实施北极政策的主要目标之一，为此提出以下要求：发展俄罗斯北极地区的边防基础设施，更新边防机构的技术装备；在国家边境口岸进行边防检查，在俄罗斯北极地区实行行政区划边制度，对北方海航道途经海峡、河口和三角洲流域组织技术检查等；建立高效的俄罗斯安全局岸防体系，提高与邻国边防部门在打击海上恐怖主义、走私活动、非法移民及保护水生物资源等方面的协作效率。[③] 2014年4月，普京总统在安全委员会扩大会议上强调，俄罗斯必须加强北极边界的安全，包括增加俄罗斯安全局边防军的海军比例，还应该加强军事基础设施，特别是在北极地区建立一个基于最新水面舰艇和潜艇的统一系统。[④] 2020年3月，普京总统签署《2035年前俄罗斯联邦北极地区国家政策原则》（本文简称"2035北极原则"），将保护俄罗

---

① 俄罗斯在北极地区的海岸线绵延2万多公里，占据整个北冰洋海岸线58%。领土面积约为300万平方公里（陆地领土约220万平方公里，领水近80万平方公里），占整个北极地区的44%。参见《俄罗斯在北极的财产》，塔斯社，2017年3月28日，http://tass.ru/info/2505058。

② Песцов С. К., "Стратегия и политика России в Арктике//Национальные стратегии освоения Арктики и будущее Арктического региона (По материалам круглого стола)," выпуск информационно-аналитического бюллетеня «У карты Тихого океана»№45 (243). ИИАЭ, ДВО, РАН. 2016.

③ "Об Основах государственной политики России в Арктике на период до 2020 года и дальнейшую перспективу," http://government.ru/info/18359/.

④ "Заседание Совета Безопасности по вопросу реализации государственной политики в Арктике," года. http://kremlin.ru/events/president/news/20845.

斯的国家边界作为北极政策实施的独立领域凸显出来，要求对边境机构进行技术改造，建造具有航空综合设施的现代冰级舰船，并更新航空机队。①

鉴于俄罗斯边界地区出现的新安全挑战，加上俄罗斯应对外界威胁的能力提高，2018年4月25日，普京总统签署新版《俄罗斯联邦国家边界政策原则》，这是俄罗斯自1996年以来第一次修订边界安全政策。该原则强调从六个方面加强边防设施建设，其中"在北极和远东地区建设社会和边防基础设施"排在第二位。该原则还指出，俄罗斯担忧"若干外国"对其领土的觊觎，以及恐怖分子和极端分子向其渗透的意图。令起草者同样忧心的还有边境附近存在"社会政治和军事紧张情绪策源地"，以及与之相关的爆发边境冲突事件的风险。此外，俄罗斯个别地区"因人口稀少和社会经济发展水平低下以及交通运输不发达"，面临遭到他国经济和人口扩张的风险。② 以上风险和威胁皆直接涉及北极地区，为了捍卫北部边界，维护国家领土完整，俄罗斯有必要在辽阔的北极地区建设和升级边防机构，大规模布置军事基础设施。

（二）保障北极地缘经济的安全

俄罗斯在北极的军事基础设施建设很大程度上是为了保障该地区的经济安全与发展，包括保护北极水域和大陆架的自然资源及有关设施，维护北方海航道的航行安全，为经济发展创造和平稳定的环境。从"2020北极原则"和"2035北极原则"等文件可以看出，俄罗斯已经将北极开发提升到国家战略高度，希望将该地区打造成和平合作的区域，③ 吸引国际投资以推动大型能源项目的顺利实施和北方海航道的开发利用。为此，俄罗

---

① "Владимир Путин подписал Указ 'Об основах государственной политики Российской Федерации в Арктике на период до 2035 года'," http://www.kremlin.ru/acts/news/62947. 注：上述诸多任务由俄罗斯海岸警卫队完成，俄罗斯海岸警卫队隶属于俄罗斯安全局边防军的海上警卫巡防部队，负责保护俄罗斯海上专属经济区、大陆架、内湖和领海等的渔业、边界利益。

② "Указ Президента РФ от 25 апреля 2018 г. №174 'Об утверждении Основ государственной пограничной политики Российской Федерации'," http://www.kremlin.ru/acts/bank/43004.

③ 注：从2010年起俄罗斯开始举办两年一度的"北极–对话区域"国际北极论坛，该论坛旨在将北极打造成开展对话、倡导合作、保持和平的区域，论坛题目即说明问题。

斯不希望在该地区搞军事化，坚决反对任何企图将政治对抗和军事对峙因素带入北极、将该地区整体国际合作政治化的行为。① 2011—2013 年，俄罗斯先后与多家世界能源巨头签订协议，建立合资公司共同开发北极大陆架。2013 年，俄罗斯北极能源开发进入项目实施阶段，俄罗斯历史上第一个北极大陆架资源开发项目——普拉扎洛姆诺耶油田投产。与此同时，俄罗斯对北方海航道的投入和装备相应增加。俄罗斯北极军事基础设施建设的进度和规模基本与上述经济活动的增加相一致。② 俄罗斯防长绍伊古指出，北极地区军事基础设施的建成将有助于控制北方海航道，保障俄罗斯在北极地区经济活动的安全。③ 提到组建北极联合战略司令部的目的时，俄罗斯前海军总司令弗拉基米尔·科罗廖夫强调，北极是 21 世纪最重要的资源基地，对俄具有战略意义，俄罗斯近 11% 的收入和 22% 的出口源于此，因此，对北极海域大陆架、北方海航道和西北部通道进行防御对俄罗斯具有特殊意义。④ 圣彼得堡国立大学政治学教授科内舍夫和谢尔古宁指出，俄罗斯发展北极地区的军事基础设施的主要目的是确立对海陆空的系统性控制，并最大程度地促进北极经济开发任务的完成。⑤

　　北极地区对俄罗斯经济可持续发展和保持国际影响力的战略意义要求与之匹配的军事投入。北极地区的油气资源十分丰富。美国地质勘探局和丹麦地质勘探局联合完成的研究报告指出，世界 22% 的尚未发现但技术上可采的油气资源（包括 13% 的未探明石油储量、30% 的未探明天然气资源，以及 20% 的未探明液态天然气）储藏在北极地区，且大部分都位于俄

---

① "Концепция внешней политики Российской Федерации（утв. Указом Президента РФ от 30 ноября 2016 г. № 640），" https：//www.garant.ru/products/ipo/prime/doc/71452062/.

② 确切地说是大规模开展军事建设比实施能源大项目稍微先行一步，以保证能源及其开发设施处于受保护状态。

③ "Шойгу: новые объекты Минобороны в Арктике помогут контролировать Севморпуть," https：//glavportal.com/materials/shojgu-novye-obekty-minoborony-v-arktike-pozvolyat-kontrolirovat-sevmorput/.

④ "Мухин В. Минобороны берет Арктику под особый контроль," www.ng.ru/armies/2015-01-19/1_arctic.html.

⑤ Конышев В. Н., Сергунин А. А., "Арктическое направление внешней политики России. Научно-аналитический журнал Обозреватель," No. 3（254），2011.

罗斯近海海域。① 随着气候变暖和技术进步，该地区的能源开发条件日臻成熟。对于超级能源大国俄罗斯来说，能源不仅是国民经济和地区发展的命脉，还是实施地缘政治目标的有效工具，事关经济模式转型的成败。而传统矿产地经前期大规模开发后日益枯竭，俄罗斯迫切需要开发北极地区的能源，将该地区打造成国家未来主要的战略资源接替区。2017年3月，普京在与民众直线对话中解释北极对俄罗斯的重要性时指出，到2050年，俄罗斯开采的碳氢化合物将有30%源于北极地区。② 同年9月，绍伊古断言："今天的北极开发是明天俄罗斯独立的保证。"③ 此外，在气候变暖和北极能源开发的推动下，北方海航道的战略价值愈加突出。北方海航道不仅有潜力成为解决俄罗斯北极地区能源及其他产品外运和出口的交通动脉，也将作为欧亚之间最短的海上走廊成为有竞争力的国际航线。因此，发展北方海航道既能带动俄罗斯国内地区经济发展，又能带来丰厚的过境收入。

除了该地区对俄罗斯未来发展的战略意义，其他国际行为体对俄罗斯开发、扩展北极大陆架的阻挠以及域外国家对北极开发的关注也推动了俄罗斯在北极地区的军事建设。

2007年10月1日，时任俄罗斯自然资源和生态部部长尤里·特鲁特涅夫指出，俄罗斯所申请的罗蒙诺索夫海岭可能给俄罗斯带来50亿吨标准燃料。④ 2001年，俄罗斯提出的北极大陆架扩张申请被驳回，2015年再次提交，至今尚无定论，而美国明确表示反对俄罗斯的相关申请。"2020北极战略"指出，国际政治的注意力将长期集中在能源获取上，其中包括巴伦支海大陆架和北极其他地区的能源，未来能源争夺可能会演变成军事对

---

① Donald L. G., etal. "Assessment of Undiscovered Oil and Gas in the Arctic (Published in Science Magazine, May 2009)," http：//www. energy. usgs. gov/GeneralInfo/EnergyNewsroomAll/TabId/770/ArtMID/3941/ArticleID/713/As sessment of Undiscovered Oil and Gas in the Arctic. aspx.

② "Прямая линия с Владимиром Путиным," http：//www. kremlin. ru/events/president/news/ 54790.

③ "Шойгу: освоение Арктики сегодня – гарантия независимости России завтра," https：//tass. ru/obschestvo/4524513.

④ "Хребет Ломоносова может принести России до пяти млрд тонн топлива," https：//ria. ru/economy/20071001/81793929. html；"Трутнев: выход к хребту Ломоносова это дополнительно до 5 млрд т. топлива," https：//rg. ru/2007/10/01/trutnev – anons. html.

立，不排除使用武力解决问题的可能性。"2020 北极战略"规定：要全面做好必要的战斗和征兵准备工作，回击针对俄罗斯及其盟友的军事欺压和挑衅，保护俄罗斯北极主权和俄罗斯在北极专属经济区和大陆架所有活动的顺利进行。①

2012 年 8 月，"绿色和平组织"成员乘船登上俄罗斯天然气工业股份公司属下的普拉扎洛姆诺耶钻井平台，并驾船试图阻止该公司人员前往钻井平台作业。2013 年 9 月 18 日，"绿色和平组织"30 名积极分子搭乘"极地曙光"号破冰船抵达北极伯朝拉海域。俄罗斯媒体称，该船试图登上普拉扎洛姆诺耶钻井平台，抗议其石油开采破坏北极生态，其间与俄罗斯边防人员发生冲突。次日，俄罗斯边防直升机空降该船并扣押了船上成员。普京称，以上活动者的行为使钻井平台陷入危险状态。②关于"绿色和平组织"的上述行动，部分俄罗斯学者指出，西方国家默许入侵俄罗斯普拉扎洛姆诺耶钻井平台的经济恐怖行动，把环保标准作为谋取地缘政治利益的工具。③"2035 北极原则"明确将"外国和（或）国际组织阻止俄罗斯在北极进行合法的经济活动或其他活动"视为俄罗斯在北极地区面临的五大国家安全挑战之一。④

2007 年北冰洋海底"插旗"事件后，国际上围绕北极大陆架划界和北方海航道法律地位的议论搅动了北冰洋的平静，北极国家为扩大权益展开博弈。同时，北极地区自然环境的变化为域外国家进入该地区提供了依据和机会，2005 年以来，域外国家在北极的活动不断增加，俄罗斯对此十分警惕。

---

① "О Стратегии развития Арктической зоны Российской Федерации и обеспечения национальной безопасности на период до 2020 года," http：//government.ru/info/18360/.
② 《普京回应俄在北极扣押绿色和平组织船只事件》，中国新闻网，2013 年 9 月 25 日，http//www.chinanews.com/gj/2013/09-25/5323144.shtml。
③ Татаркин А. И.（под ред.），"Российская Арктика：современная парадигма развития," Российский гуманитарный науч. фонд. - Санкт - Петербург：Нестор - История，2014. С. 19 - 20.
④ "Владимир Путин подписал Указ 'Об основах государственной политики Российской Федерации в Арктике на период до 2035 года'," http：//www.kremlin.ru/acts/news/62947.

(三）制衡北约

根据北极战略文件的规划和俄罗斯北极军事基础设施启动的时间不难发现，俄罗斯北极军事建设的进度和规模与能源开发的进度、航道利用的规模相一致。可以说，俄罗斯北极大规模军事建设的推进与北极经济开发相协调，二者皆在很大程度上按照多年前的规划进行。但正如俄罗斯北极经济开发受国际能源格局变化和西方制裁的影响而不得不作出调整一样，俄罗斯北极军事建设也同样受到国际形势的影响。

乌克兰危机爆发后，以美国为首的北约把俄罗斯视为主要威胁，不仅进一步从西部、东部和南部打压俄罗斯，还在北极地区与俄罗斯针锋相对。美军潜艇时不时在北冰洋破冰而出，美军大批战机已在北极展开试飞。其他北极国家也纷纷增加对北极的军事投入。不仅如此，美国还联合其他北极国家协调立场和行动合伙打压俄罗斯，甚至非北约成员国芬兰和瑞典在乌克兰危机后也进一步向北约靠拢。2014年，两国同北约签署"东道国协定"，允许在紧急情况下同北约军队举行联合训练和演习。2016年，北约获准在征得瑞典允许后向该国派遣驻军。同年6月，芬兰首次以东道国身份参加了北约"波罗的海-2016"海上联合军演。面对北约的军事压力和北极地区的新形势，俄罗斯增加了在北极的军事活动，加快相关军事部署。原计划于2016年成立的北极摩步旅提前至2015年建成，并于第二年增署了第二个北极旅。同时，原计划于2017年成立的北极联合战略司令部于2014年底成功组建，比原计划提前了3年。[①] 2015年俄罗斯加快了北极军事基础设施建设，同年在法兰士约瑟夫地群岛、新地岛、北地岛、施密特岛、楚科奇自治区、弗兰格尔岛和新西伯利亚群岛的科捷利内岛开建了437个军事基础设施，其中绝大部分已于2016年初完成。这一年，俄罗斯国防部为陆上作战力量配备了快速雪地汽车、雪地沼泽地多用途履带步战车、"DT-3P"水陆两用装甲车，以提高机动作战能力。

---

① 《俄罗斯的北极：现代化还是军事化》，极地与海洋门户，2016年2月25日，http://www.polaroceanportal.com/article/748。

随着俄美矛盾的加剧，俄罗斯在北极对美国的警惕性增强。防范美国有反导系统和战略导弹的舰船也是俄罗斯加强北极军事建设的题中之意，俄罗斯军事专家认为这一点对于俄罗斯的军事安全来说尤其重要。① 普京在2017年"直线连接"节目中特别提到这一问题：美国的核潜艇在挪威北部执勤，从那里向莫斯科发射导弹只需15分钟即可到达，俄罗斯需要关注其动态，保障边境安全。②

俄罗斯防空导弹部队前司令亚历山大·戈里科夫中将表示，从美国到俄罗斯最短的飞行距离是经过北极，因此这里需要可靠的用以抵御战略飞机和巡航导弹的防护系统。苏联解体后，北极的雷达网出现漏洞，在俄美矛盾加剧的背景下，俄罗斯也对来自空中的威胁加强了防范。2015年组建了北方舰队第45空防集团军，2016年俄罗斯开始强化在北极的防空建设。2017年，俄罗斯特意通过胜利日阅兵展示了用于北极地区作战的"道尔-M2DT"防空导弹系统和"铠甲-SA"防空系统。2018年俄罗斯成立了一支新的防空师，与此同时，部署在法兰士约瑟夫地群岛、新地岛、北地群岛和新西伯利亚群岛的无线电技术部队进入战斗值班。2018年俄罗斯国防部将带有人工智能元件的"共振-N"移动式雷达系统编入北方舰队，以防止对手从北极地区向北方舰队发起突袭，甚至对乌拉尔、西伯利亚地区以及俄罗斯中部地区实施打击。③ 2019年12月俄罗斯国防部称，将在俄罗斯边界周围建立全覆盖雷达场，包括"集装箱"型超视距雷达站，这种新雷达站已在莫尔多瓦④进入战斗值班。新雷达站能够跟踪距俄罗斯西部和南部边界2000公里远的飞机大批量起飞、巡航导弹发射或超音速飞行器的发射。"集装箱"型超视距雷达站的总设计师米哈伊尔·彼得罗夫表示，下一个这种类型的超视距雷达站应覆盖北极上方，目前俄罗斯国防部正在

---

① "Король Севера: российский флот стал ведущей силой в Арктике," https://ria.ru/defense_safety/20170417/1492426719.html.
② "Прямая линия с Владимиром Путиным," http://www.kremlin.ru/events/president/news/54790.
③ 《俄罗斯在北极部署新雷达》，俄罗斯卫星通讯社，2019年1月22日，http://sputniknews.cn/military/201901221027425452/.
④ 莫尔多瓦共和国是俄罗斯联邦主体之一，位于东欧平原的东部。

积极考虑这一规划。①

在北极，俄罗斯既有防守的一面，也有主导谋局的一面。相对于美国，北极是俄罗斯少有的具有多重潜在军事优势的地区。俄罗斯在北极开展大规模建设的另一个重要考量在于强化在该地区的军事优势，使用不对称优势反制美国，维护战略平衡。随着俄美结构性矛盾加深，美国通过北约东扩和在波兰、罗马尼亚部署天价反导系统，从西部、南部强化了对俄罗斯的战略挤压。②但在北极，俄罗斯的核潜艇、核动力破冰船和特种部队令美国望尘莫及，这些军事力量能够对美国产生直接威胁。俄罗斯第四代核潜艇"北风之神"级和"亚森"级皆优先编配给北方舰队。2019年12月，普京总统在第十四届国防会议上表示，近期俄罗斯海军力量的增强在很大程度上取决于计划改装使用"锆石"高超音速巡航导弹的护卫舰和潜艇的入编，并特别指出，向海军提供高超音速武器对于维持战略稳定极为重要。③相比之下，最新高超音速巡航导弹"锆石"在北方舰队列装最多最频繁。北方舰队不仅在已服役的"亚森"级核潜艇和22350型护卫舰列装和试射"锆石"，还对核动力巡洋舰"纳希莫夫海军上将"号和"彼得大帝"号进行改装以配置该导弹。可见，"亮剑"北极是俄罗斯反制美国和维护战略稳定的重要手段。

（四）争夺北极地区秩序主导权

随着气候变暖和科技进步，北极地区的能源地位、航道价值和军事战略价值将进一步凸显。俄罗斯专家称，21世纪的北极有潜力成为古代的地中海、汉萨时代的波罗的海和地理大发现时期的大西洋。④俄罗斯在北极

---

① 《俄国防部：俄将建立能够探测敌飞机的全覆盖雷达场》，俄罗斯卫星通讯社，2019年12月2日，http：//sputniknews.cn/military/201912021030147722/。

② 2020年5月25日，俄罗斯卫星通讯社网站报道，美国国防部正在认真考虑在波兰部署核武器。美国驻波兰大使称，不排除将部署在德国的核弹转移至波兰的可能性。

③ "Владимир Путин отметил роль гиперзвукового оружия в обновлении ВМФ，" https：//flot.com/2019/344710/? sphrase_id=580256.

④ Татаркин А. И. （под ред.），"Российская Арктика：современная парадигма развития，" Российский гуманитарный науч. фонд. – Санкт – Петербург：Нестор – История, 2014. С. 16.

开展大规模军事建设既针对现实,也着眼未来。俄罗斯北极军事建设的要义还在于把控战略高地,主导北极局势,在未来的地缘竞争中处于不败之地。

北极高踞世界屋脊,距世界军事强国的平均距离最近,被军事专家视为"战略制高点"①。从北极发射的导弹几乎可以辐射整个北半球,具有强大的军事威慑力。北冰洋厚厚的冰盖为战略核潜艇等武器提供了天然掩护。早在1935年,美国将军比利·米切尔在美国国会的一次演讲中作此论断:"阿拉斯加是世界上飞机最集中的地方。谁控制了阿拉斯加谁就控制了世界。"② 此后不到10年,美国空军上将亨利·阿诺德回应了这一点:如果第三次世界大战爆发的话,北极将成为战略中心。③ 以上两个论断虽然在当时引起争议,但却指向了无可争辩的事实,即北极在全球战略中的地位。

在气候变暖和北极能源开发的推动下,北方海航道作为连接欧洲与东北亚、北美西部最短的距离,有望成为未来全球贸易的"黄金水道",并将改变全球贸易格局。2005年,卫星显示东北航道全程被短暂打通后,该航道引起国际社会的广泛关注;2008年,东北航道和西北航道同时冰融,引起世人开发北极航道的热望。随着北极气候继续变暖,北方海航道作为欧亚贸易最短交通线的潜力必将进一步得到发挥,各国对该航道的通航预期激发了其参与开发利用该航道的热情,然而北方海航道的法律地位悬而未决,多国对俄罗斯垄断北方海航道管辖权和对外国航行提出苛刻要求的做法大为不满。而美国为了一己之利至今拒签《联合国海洋法公约》,坚持其军舰、核潜艇在北冰洋的航行自由。俄罗斯对于一些国家提出的北方海航道"中立"地位深感不安,力图加强军事存在以巩固对北方海航道的

---

① Tang Guoqiang, "Arctic Issues and China's Stance," CIIS, March 4, 2013, http://www.ciis.org.cn/english/2013 03/04/ content_5772842. htm.
② Swarztrauber S. A., "Alaska and Siberia: A Strategic Analysis," Naval Review (U. S. Naval Institute), 1965, p. 1, quote from Willy Østreng, "The Northern Sea Route: A New Era in Soviet Policy?" Ocean Development & International Law, Vol. 22, No. 3, 1991, p. 263.
③ Gould L. M. The Polar Regions in Their Relations to Human Affairs (New York: American Geographical Society, 1958), quote from Willy Østreng, "The Northern Sea Route: A New Era in Soviet Policy?" Ocean Development&International Law, Vol. 22, No. 3, 1991, p. 263.

控制。俄罗斯对外国破冰船进入北极也表示担忧。2018年8月，绍伊古在一次国防部部委会议上指出，"北极已成为一系列国家领土、资源和军事战略利益之争的目标，该地区的冲突风险可能增加"，"目前，在北极不仅有俄罗斯的破冰船，还有韩国、瑞典、德国、美国和中国的破冰船"。①2019年3月，俄罗斯政府发布正式文件对外国军舰进入北方海航道提出严格限制，甚至表明对不遵守规定的船只不排除使用武力。②

未来，随着北方海航道通航能力的进一步提升，围绕该航道进行的地缘政治竞争在所难免。现有航线的拥挤、海盗和沿岸政局不稳等因素推动北方海航道常态化运输的进一步发展，加速其潜在价值的实现，这种情况将产生全球性后果。如果该路线发展成世界主要的海上航道，就可能出现紧张局势，将北极定义为"人类共同遗产"的一部分的国际压力可能会增加，不同寻常的结盟可能会发挥作用。历史上，哪里集聚船队，哪里就有军舰随之而来，运输路线的改变会导致海军部队的重新部署，进而导致国际格局的变化。北方海航道的开通将把多国重大利益引向欧亚大陆的高北地区，历史将一如既往地再现。③ 美国海军军事学院战略学副教授詹姆斯·霍姆斯断定，气候变化对地缘政治的影响与其对经济的影响一样重大，甚至更为重大。当地理环境扩大带来一个新的内陆海，列强争相谋取更大利益之时，可能出现新的战略联盟。各国海军将向北冰洋派遣部队，以避免这里发生海上争夺战。④ 善于地缘政治博弈和全球战略谋划的俄罗斯，显然会强化其在该地区的军事部署，以便牢牢把持航道的控制权，在未来竞争中抢占先机。

2019年12月俄罗斯政府批准了《2035年前北方海航道基础设施发展计划》，该规划要求发展北方海航道水文导航、气象、救援、通信和信息

---

① "Шойгу: Арктика стала центром интересов ряда государств, что может привести к конфликтам," https://tass.ru/armiya-i-opk/5509944.

② "Холодная волна: иностранцам создали правила прохода Севморпути. Известия," https://iz.ru/852943/aleksei-kozachenko-bogdan-stepovoi-elnar-bainazarov/kholodnaia-volna-inostrantcam-sozdali-pravila-prokhoda-sevmorputi.

③ Margaret Blunden, "Geopolitics and the Northern Sea Route," International Affair, Vol. 88, No. 1, 2012, pp. 115 – 129.

④ James Holmes, "Open Seas: The Arctic is the Mediterrraneanof the 21st Century," Oct. 29, 2012, https://foreignpolicy.com/2012/10/29/open-seas/.

基础设施；建立北方海航道统一的运输调度中心并组织定期运输，在此基础上开发高效灵活的集中管理系统，实现北方海航道全年全段通航。① 国家原子能公司北方海航道管理局副局长马克西姆·库林科指出，俄罗斯正致力于使北方海航道自2025年起进入全年通航阶段。② 随着2027年"领袖"级核动力破冰船的服役，北方海航道在2030年前实现全年全段通航将成为现实。在世界经济政治重心进一步东移和俄罗斯大力推进向东看战略的背景下，北方海航道全年全段通航不仅对俄罗斯加强与亚太地区的经济联系具有重要意义，也将推动其在该地区扩大军事影响力。鉴于俄罗斯积极采取措施推动北方海航道全年全段通航，且北方海航道冰情逐年减轻，连通东西两大舰队将成为现实。为了便于将北极问题纳入远东发展部的职责范围，使两个地区的发展产生协同效应，2019年俄罗斯将俄罗斯远东发展部更名为俄罗斯远东和北极发展部。相应可以预测，未来北方舰队与太平洋舰队的互动和接应也将趋于频繁，两大舰队的实力也将产生协同效应，俄罗斯在大西洋和太平洋的潜在实力将同时因此而上升。今天俄罗斯在北冰洋增加军事实力相当于为明天在太平洋增加军事影响力做准备，其在北极的优势预示着未来俄罗斯在世界上的海权地位，其在北冰洋的布局将为其成为世界性海洋大国铺平道路。

二、俄罗斯北极军事建设的成果

2013年以来，俄罗斯在北极地区的军事建设取得以下成果：

---

① "Утверждён план развития инфраструктуры Северного морского пути до 2035 года," http：//government. ru/docs/38714/.
② "Максим Кулинко: Впервые утверждены этапы создания круглогодичной навигации на Севморпути," http：//pro - arctic. ru/13/01/2020/expert/38778.

（一）完成大规模军事基础设施建设

2013年，俄罗斯开始推进北极军事基础设施建设，此后进一步加大建设规模，加快建设进度。2017年底，绍伊古宣布基本完成大规模军事基础设施建设。2018年2月，绍伊古在国防部部委会议上指出，2013年以来，俄罗斯已经在北极地区建造了545处设施，总面积超过71万平方米。除了俄罗斯，全球没有一个其他国家在北极地区进行如此规模的建设。[1] 2016年，位于亚历山德拉岛（隶属法兰士约瑟夫地群岛）上的"北极三叶草"军事基地投入使用。基地面积1.4万多平方米，其核心是一座集居住、办公为一体的五层大楼，这座大楼可满足150名官兵在18个月内在此执勤和生活。基地补给依靠来自纳古尔斯科耶机场的飞机，俄罗斯计划在北极地区建造13座空军基地。根据类似的设计方案，俄军还在科捷利内岛（隶属新西伯利亚群岛）和季克西港口建造了另外两个"北极三叶草"军事基地，并计划在鲁道夫岛（法兰士约瑟夫地群岛的最北端）和弗兰格尔岛上各建造一个同类基地。以上军事基础设施的设置有力地增强了俄罗斯在北极的军事实力，对于捍卫北极边界和保障北方海航道的安全具有重要意义。[2]

（二）军民两用设施加强

2013年出台的"2020北极战略"明确指出将借助军民两用技术解决国防和安全任务，其中，破冰船更新换代是俄罗斯"重返北极"的迫切任务。目前，俄罗斯现役破冰船有40多艘，其中核动力破冰船有4艘（"亚马尔"号、"泰梅尔"号、"万加奇"号和"胜利50年"号），这些破冰船将根据新船加入的时间分阶段退役。其中，"胜利50年"号服役时间最

---

[1] "Шойгу сообщил о самом масштабном военном строительстве в Арктике среди стран мира," https://www.interfax.ru/russia/601479.

[2] "Король Севера: российский флот стал ведущей силой в Арктике," https://ria.ru/defense_safety/20170417/1492426719.html.

短，将至少持续到 2038 年退役。2012 年和 2014 年俄罗斯国家原子能公司先后订购 3 艘 22220 型核动力破冰船以实现破冰船的更新换代，其中，首舰"北极"号已于 2020 年交付使用，第二艘（"西伯利亚"号）和第三艘（"乌拉尔"号）已分别于 2017 年和 2019 年下水，并分别于 2021 年和 2022 年交付。2019 年 8 月，俄罗斯国家原子能公司追订了第四艘（"雅库特"号）和第五艘（"楚科奇"号）22220 型核动力破冰船。① 俄罗斯还决心打造新一代"领袖"号超级核动力破冰船以扩充核动力破冰船队，实现北方海航道全年全段通航。"领袖"级核动力破冰船在破冰能力、机动性和速度方面远胜其他破冰船。此类破冰船将安装新一代 RITM－400 核反应堆，其动力足以击破 4.5 米厚的冰层，能够从任何方向越过北极。普通破冰船在 2 米深的冰区只能以 2 节的速度航行，"领袖"级核动力破冰船在同等条件下的航行速度高达 14 节。"领袖"级核动力破冰船首舰已在远东"红星"船厂开工，拟于 2027 年 12 月交付使用。② 第二艘和第三艘分别拟于 2030 年和 2032 年交付。③ 届时，淘汰退役的破冰船后，俄罗斯国家原子能公司还将拥有 9 艘核动力破冰船。俄罗斯破冰船的建造规模和节奏主要根据现有破冰船的老化程度和能源开发的规模而定，这些破冰船一般履行非军事功能，但在必要时，可以协助北极驻军运送补给或为战舰提供引航。据俄罗斯媒体报道，"领袖"级核动力破冰船还能够安装带有反潜装置、导弹或大炮武器的作战模块，可作为战舰使用。④ 此外，其他军民两用设施建设取得新进展，这包括港口、铁路交通设施，技术服务基础设施，搜救中心，水文气象和通信导航系统等，这些基础设施也可以发挥军事功能。

---

① "Универсальныйатомный ледокол проекта 22220," http：//www. rosatomflot. ru/flot/universalnyy－atomnyy－ledokol－proekta－22220/universalnyy－atomnyy－ledokol－proekta－22220/；"Утверждён план развития инфраструктуры Северного морского пути до 2035 года," http：//government. ru/docs/38714/.

② "Атомный ледокол проекта 10510 «Лидер»," https：//aif. ru/politics/russia/atomnyy_ledokol_proekta_10510_lider_infografika.

③ "Утверждён план развития инфраструктуры Северного морского пути до 2035 года," http：//government. ru/docs/38714/.

④ "Елена Березина，Евгений Гайва," Лед тронулся. Северный морской путь ждет грузов. Российская газета－Федеральный выпуск No. 266，2019.

（三）指挥机制逐步完善

2014年12月1日，北极联合战略司令部正式运作，该司令部在北方舰队基础上组建，目的是保护俄罗斯在北极地区的利益，具有防御性和威慑性。北极联合战略司令部主要管辖俄罗斯在北极地区部署的所有部队，涉及俄罗斯现有各个兵种，作战范围覆盖北极全境。根据普京的命令，北极联合战略司令部归俄罗斯国防部国家指挥中心管辖，相当于俄罗斯的"第五军区"。为了实现对海军陆战兵团的最佳指挥，北方舰队于2017年组建了第14集团军，下辖第80独立摩步旅（驻摩尔曼斯克州阿拉库尔季村）和第99战术群（驻科捷利内岛）。以上举措相当于对北方舰队进行升级，俄罗斯军事专家维克多·穆拉霍夫斯基指出，升级后的北方舰队的责任范围仍然是西北和北极，但其地位和行政能力得到提升，这种提升可能表明北极地区被俄罗斯国防部视为优先方向。[1] 2020年6月6日，俄罗斯总统普京签署法令，自2021年1月1日起，北方舰队将与西部、南部、中部和东部一起成为独立的军事行政单位，进而获得"第五军区"的地位。这是俄罗斯历史上第一次将一支独立的舰队等同于一个军区，这一创举将提高解决北极地区国防问题的协作水平。[2]

（四）战略武器不断升级

在导弹列装方面，俄罗斯不仅计划增加"口径"巡航导弹的数量，还将装备"锆石"高超音速巡航导弹。"锆石"高超音速巡航导弹是世界上第一种海军高超音速武器，也是世界上第一种成功完成试射的海基高超音速导弹。目前俄罗斯海军正在使用855型核潜艇和22350型护卫舰对"锆石"高超音速导弹进行测试。2018年11月，俄罗斯国防部宣布将首批北

---

[1] "Флоту повысят статус," https://rg.ru/2019/08/07/reg-szfo/severnyj-flot-sdelaiut-piatym-voennym-okrugom-rossii.html.

[2] Рафаэль Фахрутдинов, "Статус Северного флота: в России появится пятый военный округ. Северный флот станет пятым военным округом," https://ria.ru/20200606/1572550063.html.

极专用的"道尔－M2DT"近程防空导弹系统交付北方舰队。2019年俄军开始组建配备机动式"棱堡"岸防导弹系统的北极岸防导弹巡逻队，目的是确保俄罗斯北极海岸免遭敌人登陆威胁。据报道，俄罗斯岸防导弹部队正在淘汰老旧的"多面堡"和"边界"岸防导弹系统，并在2021年前完成了换装新型"棱堡"和"舞会"岸防导弹系统。目前，俄罗斯已在北极地区部署了"棱堡"系统。①

在新型核潜艇列装方面，955型战略核潜艇（"北风之神"级）和855型攻击核潜艇（"亚森"级）近年优先列装北方舰队，能够对美国产生直接威胁。2013年，955型首舰"尤里·多尔戈鲁基"号战略潜艇进入北方舰队服役。2020年5月，该舰从白海向勘察加齐射4枚"布拉瓦"洲际弹道导弹，均击中目标。同月，955A改进型核潜艇"弗拉基米尔大公"号列装北方舰队。②855型核潜艇继首艇"北德文斯克"号于2014年加入北方舰队后，855M改进型"喀山"号和"新西伯利亚"号分别于2021年和2022年交付使用。③如今，855M改进型核潜艇进入量产，同类潜艇"阿尔汉格尔斯克"号和"克拉斯诺亚尔斯克"号正在建造中。"北风之神"级战略核潜艇是俄罗斯核威慑力量的重要组成部分，维系着俄美核威慑与核打击的战略平衡，是俄罗斯重塑大国形象的有力保障。"亚森"级多功能核潜艇主要用于反舰、反潜、布雷、护航和对岸攻击，是俄罗斯未来远洋作战的中流砥柱，对维持俄美战略平衡具有重要意义。④

在现代化水面战舰的入编和改装方面，2018年新一代大型登陆舰首舰"伊凡·格伦"号进入北方舰队服役，同年交付北方舰队的还有第一艘配

---

① 《俄军组建配备"棱堡"系统的北极岸防导弹巡逻队》，新华网，2019年8月13日，http://www.xinhuanet.com/2019-08/13/c1124869782.htm。

② 俄罗斯原计划建造8艘"北风之神"级战略核潜艇，目前，4艘在役（2艘列装北方舰队，另外2艘分别于2015年和2016年移交太平洋舰队），4艘在建。后来增加2艘，并于2020年同时开建。

③ "АПЛ «Новосибирск» и перспективы серии «Ясень – М»," https://topwar.ru/184812-apl-novosibirsk-i-perspektivy-serii-jasen-m.html? ysclid=lo1n7xxuyt541089438; "Первая подлодка проекта 885М 'Ясень' прибыла на Тихоокеанский флот," https://ria.ru/20220928/podlodka-1820030245.html? ysclid=lo1njyaump812260471。

④ 张强：《量产后的白蜡树-M级将成俄未来远洋作战中流砥柱》，《科技日报》2020年1月23日第6版。

备"口径"巡航导弹的护卫舰"戈尔什科夫海军元帅"号。"戈尔什科夫海军元帅"号是22350型护卫舰首舰，其姊妹舰"卡萨托诺夫海军元帅"号已于2020年7月交付北方舰队，第三艘22350型护卫舰"戈洛夫科海军元帅"已于2020年6月下水。① 22350型护卫舰配备了通用型反舰导弹发射器，可以发射"口径"巡航导弹、"缟玛瑙"反舰导弹和"锆石"高超音速巡航导弹，是一种具有隐身功能的多用途军舰，可以有效地应对水面、空中和水下敌人，并能对距地面和沿海目标超过1.5公里的区域进行打击。未来，该型号护卫舰将成为俄罗斯远洋水面作战主力。目前，北方舰队正在对俄罗斯现役唯一的航空母舰"库兹涅佐夫海军元帅"号和核动力巡洋舰"纳希莫夫海军上将"号进行升级改造。"纳希莫夫海军上将"号将装备"锆石"高超音速巡航导弹，成为有地缘政治意义的军舰，该舰已于2021年下水。② 随后还将使重型核动力导弹巡洋舰"彼得大帝"号改装"锆石"高超音速巡航导弹。同时，新型运输舰、补给舰、直升机登陆舰和多功能舰等已得到或即将得到相应配备。2018年春季，兼具引航和补给功能的"伊利亚·穆罗梅茨"号破冰船和多功能后勤支援船"厄尔布鲁斯"号交付北方舰队。③ 2020年，俄罗斯计划开建两艘直升机登陆舰，分别编入北方舰队和太平洋舰队，用于保护北方海航道和南千岛群岛（日本称北方四岛）。④ 近年俄罗斯开始打造23550型多用途巡逻破冰船。2019年10月，首艘破冰巡逻舰"伊万·帕帕宁"号在圣彼得堡下水，并于2023

---

① "Фрегат 'Адмирал Касатонов' в июле примут в состав ВМФ，" https：//ria. ru/20200706/1573926805. html？ ysclid = lo1ns55djp585869119；"Фрегат 'Адмирал Исаков' планируют спустить на воду в 2024 году，" https：//ria. ru/20230920/fregat – 1897600803. html？ ysclid = lo1o9j60r1965710807；"Приказ «Адмиралам»：фрегаты с «Цирконами» усилят Тихоокеанский флот，" https：//iz. ru/1019812/aleksei – ramm – roman – kretcul – bogdan – stepovoi/prikaz – admiralam – fregaty – s – tcirkonami – usiliat – tikhookeanskii – flot.

② "Атомный ракетный крейсер 'Адмирал Нахимов' вернется на флот в 2024 году，" https：//ria. ru/20230227/nakhimov – 1854515850. html？ ysclid = lo1ojmwxjc53421798.

③ 2019年，由"戈尔什科夫海军元帅"号护卫舰、"厄尔布鲁斯"号支援船和"尼古拉·奇克尔"号救援拖船组成的编队完成了环球航行，其间在大西洋进行为期数月的远航训练，还参加了4月23日在青岛举行的中国人民解放军海军成立70周年纪念活动。

④ "Попов：новые российские вертолетоносцы встанут на защиту Курил и Северного морского пути，" https：//politexpert. net/202615 – popov – novye – rossiiskie – vertoletonoscy – vstanut – na – zashitu – kuril – i – severnogo – morskogo – puti.

年交付。该舰配有 AK-190 型自动火炮、反舰导弹、舰载直升机位和高速巡逻艇等，兼备战舰、拖船、巡逻船、科考船和破冰船之功能，主要用于北极科考，护送和拖拽滞留船只到港，保护通过北方海航道的船只，参与救援和运输特殊货物。① 第二艘 23550 型多用途巡逻破冰船"尼古拉·祖波夫"号于 2017 年开工，暂定 2024 年交付。两艘冰级巡逻破冰船列装北方舰队后，俄罗斯北极地区的开发和安全将得到进一步保障。②

防空方面，俄军在新地岛和季克西港口分别部署了装备 S-400 防空导弹系统和"铠甲-SA"防空系统的独立团，并全天处于战备值班状态。俄罗斯基本完成北极空中打击力量的梯次配备，在摩尔曼斯克部署了米格-31 战斗机，升级后的图-160 战略轰炸机提高了北极巡航频率。③

此外，俄罗斯近年来在北极地区的军事行动更加活跃，不仅强化具有威慑性的常态训练和尖端武器试验，还举行一系列大规模的军事演习。俄罗斯北方舰队司令亚历山大·莫伊谢耶夫海军中将表示，2019 年俄罗斯北方舰队共完成约 4200 次战斗训练测验活动，其中过半为实际使用武器的战斗练习，全年共举行 187 场演习。北方舰队潜艇的总在航率超过计划指标的 41%，而水面舰艇超过 3%，与前几年相比，训练强度在不断提高。④

结　语

俄罗斯在北极的军事建设主要为了维护本国在该地区的国家利益，包括：捍卫边界，维护主权和领土完整；保护能源和经济活动的顺利开展；控制北方海航道和维护俄美战略平衡。无论基于以上何种意图，威慑理念

---

① "В Петербурге спустили на воду головной корабль проекта 23550 «Иван Папанин»," https://tass.ru/armiya-i-opk/7045321.
② "«Иван Папанин» и проект 23550. Военный корабль для мирной работы," https://topwar.ru/164104-ivan-papanin-i-proekt-23550-voennyj-korabl-dlja-mirnoj-raboty.html.
③ 倪海宁、李明：《北极军事化趋势堪忧》，《解放军报》2016 年 2 月 12 日第 3 版。
④ 《俄北方舰队 2019 年进行 4200 次战斗训练规模全面提升》，参考消息网，2019 年 12 月 9 日，http://www.cankaoxiaoxi.com/mil/20191209/2397331.shtml。

始终贯穿其中，其威慑对象既包括海盗、恐怖分子、偷猎者、试图非法闯入俄罗斯管辖水域或者破坏俄罗斯北极经济活动者，也包括对俄罗斯保持领土完整、利用北极资源和管辖北方海航道产生威胁的国家或者国际组织，还包括对俄罗斯进行军事挑衅、破坏全球战略稳定或可能从北极对俄罗斯领土或军事基地发起进攻的国家或国际组织。

乌克兰危机爆发前，俄罗斯在北极地区的军事基础建设基本按"2020北极原则"和"2020北极战略"出台前后的拟定计划实施，其建设规模和节奏大体与气候变化带来的威胁以及经济开发的投入相匹配，与科技进步和军备现代化的进程相适应，与俄罗斯北极地区的领土面积及其在俄罗斯未来发展中的战略地位相协调。但乌克兰危机爆发后，随着俄罗斯与以美国为首的北约矛盾愈演愈烈，俄罗斯北极军事建设适时调整，优先向北方舰队部署战略核武器和高超音速巡航导弹，加强防空建设，体现出对美国的防范和制衡，并主动利用在北极的军事优势突破战略困境。

尽管俄罗斯持续强化在北极的军事能力，但不希望该地区出现紧张局势。俄罗斯在北极地区大规模部署军事基础设施，有利于保障能源开发的顺利进行和北方海航道的航行安全。与此同时，随着气候变暖和超级破冰船投入使用，北方海航道在2030年实现全年全段通航几乎不存在悬念。

21世纪俄美北极博弈的现状与特点

王 磊 崔懿欣[*]

【摘 要】 新千年以来,随着全球气候变暖,北极冰川加速融化,俄罗斯、美国在该地区的博弈逐渐展开。总体来看,俄美在北极地区的博弈分为:2000—2007年的战略静默期、2008—2013年的战略初始期、2014—2022年的战略进击期以及2022年之后的全方位战略升级期四个阶段,俄美北极博弈具有渐进性、将气候问题作为合作公约数、冲突的局部性与低烈性的特点。未来俄美两国的博弈强度会持续升级,但总体属于可控范围,在气候、科考等领域的合作有望继续开展。

【关键词】 俄罗斯 美国 北极地区 北极博弈

根据地理区域的定义,北极地区是指北纬66°34′北极圈以内的区域,总面积约为2100万平方公里,其陆地面积约为800万平方公里,年平均气温约为-20℃[①],常年严寒,人类活动较少,因而21世纪以来的很长一段时间该区域并未受到世界大多数国家的重视。但北极地区作为全球气候变化最敏感的区域之一[②],因环境变化迅速以及环境变化涉及国家众多而受

---

[*] 王磊,广东外语外贸大学国际关系学院国际政治专业2020级本科生;崔懿欣,广东外语外贸大学西方语言文化学院俄语言文学专业2022级博士研究生。
[①] 北极问题研究编写组:《北极问题研究》,海洋出版社2011年版,第215—216页。
[②] 陆龙骅、卞林根:《极地大气科学考察与全球变化》,《自然杂志》2008年第5期。

到许多科学家的重视①。随着全球气候变暖，冰层加速融化，原本寒冷的北极逐渐"热起来"，以俄罗斯为代表的北极国家在该地区日益活跃，进行着航道开辟、资源开采、科学考察等活动，北极地区以外的国家也逐渐认识到该地区的重要性。特别是作为北极地区的两个大国——美国和俄罗斯，在该地区由起初更多强调合作逐渐转向博弈与合作并行，甚至是博弈多于合作的局面，该地区日益成为两国博弈的角逐场。

一、俄美北极博弈现状

俄罗斯和美国，作为实力最强大的北极国家，21世纪以来在北极地区事务中由最初的"较少涉足"转为"积极参与"，展开对该地区的主导权争夺，相继出台了各自的北极政策以彰显自身在该地区的存在，两国在北极地区之外的博弈逐渐外溢到北极事务上来。总体上，俄美新千年以来的北极博弈分为：2000—2007年的战略静默期、2008—2013年的战略初始期、2014—2022年的战略进击期以及2022年之后的全方位战略升级期四个阶段。

在战略静默期，美国对北极地区事务仅保持"有限关注"。美国作为北极八国之一，在21世纪初以来的大部分时间对该区域的重视程度并不高，因为一直以来美国都未将北极地区视为自己的战略重心。但随着北极地区大国博弈态势加剧，美国一改先前政策，逐渐将视线转移到该区域，并将其作为自身全球战略的重要组成部分。在美国出台的多份有关北极的政策文件中，俄罗斯被提及的次数偏高。具体到议题选择上，其内容主要集中在环境保护、资源开采、航道开发、军事安全和战略竞争等方面，对俄罗斯的态度也由起初的"较少关注"转变为"密切注视"，主要关注点是俄罗斯在北极地区的影响力变化以及各种军事建设活动的进度。借助这

---

① 邹小伟、杨堤益、田彪、张雷、孙维君、李昭、丁明虎：《北极冰雪表面能量平衡研究进展》，《极地研究》2023年第1期。

些信息的完善与更新，美国可以更好地在北极地区事务上做出应对举措。

俄罗斯始终对北极地区事务"保持参与"。拥有北极"超级大国"之称的俄罗斯作为传统的北极大国，一直以来都将北极地区视作自己的战略大后方，对于他国在北极地区的一系列活动保持"谨慎态度"。北极作为俄罗斯的战略重点，在已经出台的俄罗斯北极政策文件中均强调该地区在国家安全中的重要地位。2001年俄罗斯出台了第一份关于北极的战略文件《俄罗斯联邦北极国家政策基本原则》，这表明俄罗斯已经开始重新注意北极地区事务，但由于当时经济实力的限制，该地区并未成为其战略优先项。2007年8月，俄罗斯科考船在北极海底插上俄罗斯钛合金国旗，这是一次试探性的主权宣示活动，试图彰显俄罗斯对北极地区的主导地位。自此，俄罗斯打响了重回北极的枪声。2008年第二份北极战略《2020年前俄罗斯联邦北极地区国家政策原则及远景规划》的出台[1]，标志着俄罗斯正式重返北极。在议题选择上，俄罗斯出台的北极政策以北极资源开发为核心，以航道建设、军事安全、战略竞争与环境保护等为支点。作为北极大国，俄罗斯在北极一直拥有"统治级地位"，并将该区域作为其"创新探索的边疆"。自"插旗"事件发生以来，俄罗斯一直保持在北极地区的活跃度，进行着军事设施建设以及航道开发等活动，并不断加强在该区域的军事存在，在资源开发与环境合作领域持续发力。

（一）战略静默期：合作为主的博弈萌芽

美国在2000—2007年战略静默期间，对于北极的重视程度较低，并未出台北极相关的具体文件，而是更多地将目标集中在打击"9·11"事件后的恐怖主义上，将反恐作为国家优先战略。美国的主要关注地在中东以及阿富汗地区，将国家战略目标调整为"打败恐怖主义网络、彻底保护美国国土、塑造处于战略十字路口国家的选择、防止敌对国家和非国家行为体获得或使用大规模杀伤性武器"[2]，仅象征性地展示其在北极地区的军事

---

[1] 陆俊元：《近几年来俄罗斯北极战略举措分析》，《极地研究》2015年第3期。
[2] The White House, "National Security Strategy 2002," Sept. 17, 2002, https://georgewbush-whitehouse.archives.gov/nsc/nss/2002/.

存在。

2004年底美国开始在北极建造第一个陆基"战区高空拦截弹"发射基地，并试图部署多枚高空反弹道导弹，但是工程的建造速度较慢，美国国内并未充分重视该基地建设。2006年9月，美国决定关闭凯夫拉维克空军基地以减少在北极地区的经费支出。

俄罗斯此时虽然一改传统保守主义立场，逐渐将北极议题纳入外交政策，但由于经济实力限制，该时期具体举措较少。在2001年出台的《俄罗斯联邦北极国家政策基本原则》中，俄罗斯虽然划定了在北极的政治、经济等利益，但这些政策缺少实践执行。2006年，俄罗斯颁布了《俄罗斯联邦北极地区发展纲要》，正式地将北极地区纳入俄罗斯的战略考虑范围。

该阶段俄罗斯与美国的分歧主要针对北冰洋200海里的划界问题。俄罗斯主张在中北冰洋、白令海、巴伦支海等海域享有200海里以外大陆架权利[1]，美国则主张将划界案依据《联合国海洋法公约》规定实施。美国起初反对俄罗斯的划界提案，但由于该阶段两国关系处于上升期，因而并未对俄罗斯的行为产生过激反应，逐渐默许了俄罗斯海底自然延伸的划定方法。俄罗斯此时也未将美国视为北极地区的竞争对手，美国在该区域对俄罗斯的军事威胁较小。

俄美两国此时更多地将合作作为该阶段的主基调。合作范围包括在北极理事会下的生态保护、科学研究和渔业捕捞等。因此在2003年，俄罗斯科学院和美国国家与海洋管理局签署了一份基地研究和海洋备忘录，这促成了两国长期的地区普查组织的成立。该组织从2004年开始在白令海以及其他海域展开科学研究合作。[2]

2007年8月"插旗"事件发生以后，北极各国对该地区高度关注，这标志着北极成为新的地缘政治博弈舞台。但总体上对于俄美两国而言，竞争态势并不明显，且美国对该地的兴趣相较于俄罗斯更低，此时的北极仍未受到美国的特别重视，两国对该地区的重视程度不对等，仅仅出现博弈萌芽。

---

[1] 吴迪：《北极地区200海里外大陆架划界法律问题研究》，《极地研究》2011年第3期。
[2] 牛艺博、张树良、赵纪东、熊永兰、吴秀平：《2010—2016年国际极地研究综合评价分析》，《冰川冻土》2017年第5期。

（二）战略初始期：合作与冲突并存的博弈渐显

俄美两国在2008—2013年出台的一系列有关北极的政策文件中，美国总体上对北极航道开发、破冰船建造方面落后于俄罗斯表示担忧。2008年经济危机的爆发使得美国自顾不暇，因而对北极地区仍缺乏关注。2009年小布什政府颁布"第66号国家安全总统令"和"第25号国土安全总统令"，强调美国在北极地区的国土安全和能源开发利益，并试图提高自身的地区影响力，推进北极治理工作。[①] 2012年，美国成立了阿拉斯加北极政策委员会，在该区展开调研并撰写北极政策报告，以加强对北极地区的科学考察和政策研究。2013年5月，美国声称保护北方海航道的航行自由，并发布了《北极地区国家战略》，其中明确了维护美国在北极地区的安全利益、担任负责任的北极保护者、促进国际合作提升的三大目标，并强调北极地区是和平稳定、零冲突的地区[②]，但同时也对传统军事安全领域愈加重视，这标志着美国的北极战略正式确立。美国在该阶段始终未将国家战略重点放在北极地区，未选择加强军事抗衡，对俄罗斯在北极军备建设保持冷漠，认为该行为是俄罗斯应对边疆防务空虚的合理诉求，并倾向于通过文书上的倡导以及多边安全机制对俄罗斯形成约束。

俄罗斯则在该时期不断探索如何加强在北极地区的影响力与主导。2008年俄罗斯颁布《2020年前俄罗斯联邦北极地区国家政策原则及远景规划》，拉开了进军北极的序幕，并继续主张120万平方公里大陆架的领土主权。2013年起，俄罗斯开始将北极地区纳入战略规划，并开始重建北极军事基地，共建造了475处军事设施，总面积超过71万平方公里[③]。俄罗斯在北极地区的持续输出显示在该区域的"存在"，并以安全防御为目标，积极改建、升级苏联时期的基础设施以达到北极安全防御目标。

---

① The White House, "National Security Presidential Directive/NSPD – 66," Jan. 9, 2009, https://irp.fas.org/offdocs/nspd/nspd – 66.pdf.

② The White House, "National Strategy for the Arctic Region," May 10, 2013, https://obamawhitehouse.archives.gov/sites/default/files/docs/nat_arctic_strategy.pdf.

③ Sliwa Z, Aliyev N, "Strategic competition or possibilities for cooperation between the United States and Russia in the Arctic," Journal of Stavic Military Studies, Vol. 33, No. 2, 2020, pp. 214 – 236.

俄美在北极地区日益增加的博弈并未使两国放弃合作，在环境保护、航道开发等非传统安全事务中双方仍保持合作态势。奥巴马政府在第一任内坚持维稳政策，倡导使用清洁能源，对北极资源开采兴致不高，并倡导改组北极理事会以更好地为合作铺路。俄罗斯则围绕气候问题、划界、航道开发、安全防御等方面与美国继续保持着合作，以建设性合作的方式加强和美国的军事对话，并就北方海航道建设发出合作信号。

（三）战略进击期：火药味十足的博弈加剧

2014年乌克兰危机爆发后，北极地区变得"热闹"起来。美国改变之前对北极地区相对"漠视"的态度，开始正式加强在该地区的影响力，连同其他北极国家抵制俄罗斯参加地区合作机制，例如地区发展水平最高的合作机制——北极理事会。鉴于经济危机带来的负面影响，时任美国总统奥巴马自第二个任期开始，便开始重视北极地区的重要性，不仅颁布了正式的《北极地区国家战略》，还将"安全、繁荣、价值观和国际秩序"确定为美国应该优先追求的国家利益。[1]

特朗普上台后，持续加速推进美国北极开发以获取美国在北极的主导权，大国竞争迅速蔓延到北极地区。2017年美国《国家安全战略报告》出台，美国在这份报告中将俄罗斯视为其在北极发挥主导作用的主要阻碍，决定同俄罗斯展开军事竞争，联合盟友对俄罗斯实施军事包围，并计划出台北极战略，加强改进落后的基础设施。2018年，美国《国家利益》杂志刊发文章认为，为保障美国国家利益，有必要制订北极战略，建造破冰船，并计划于2040年前在格陵兰建设美国海军第二舰队总部。[2]

在该时期，美国特朗普政府加强了与北约的联合，旨在提高对北大西洋扇区的控制力，因为该地区的军事存在、军事活动以及北方海航道航行

---

[1] 韩召颖、黄钊龙：《对冷战后美国大战略的考察：目标设置、威胁界定与战略实践》，《当代亚太》2019年第5期。

[2] Walter Berbrick, Rebecca Pincus, "10 Big Ideas to Up Americas Game in the Arctic," Sep. 22, 2018, https://nationalinterest.org/feature/10-big-ideas-%E2%80%98-america%E2%80%99s-game-arctic%E2%80%99-31622.

自由对美国具有重要意义，成为该时期美国的主要关注点。美国还重组第二舰队，频繁地与盟友合作，有目的地开展实际的军事演习，构建北大西洋扇区的防御链。① 此外，美国还设置"格陵兰领事馆"加强与当地的联系，以利用图勒空军基地的地理优势建设防御堡垒。从2019年开始，安全议题频繁出现，北极竞争态势急剧上升，美国国防部公开强调"限制俄罗斯的胁迫性外交以实现其战略目标"。在随后国防部的北极战略以及海岸警卫队、空军、陆军等出台的涉北极文件中，均提到对北极地区的开发利用，强调加强北极地区军事存在的意义，设立北极安全研究中心——泰德·史蒂文森北极安全研究中心，部署先进军种、武器以提升应对该地区风险的能力。

俄罗斯也不甘示弱，与美国针锋相对。在2014年之后发布的涉北极文件中，安全建设与加强军事化迹象明显。2014年底组建北极联合战略司令部，负责北极地区的防务安全，并于2015年退出《欧洲常规武装力量条约》，北极地区武装的限制被解除，在该区域还抓紧部署"北风之神"级战略核潜艇、新型T-80BVM主战坦克等进攻性武器以及S-400防空导弹系统用于防御。② 此外，俄罗斯还更新老化的破冰船、加快新型港口的打造以满足军事、民用需要。2017年，为提升北极地区在国家战略中的重要地位，俄罗斯确定了八个北极发展支撑区。针对美国连同盟友在该区域的包围圈建设以及频繁的军事演习，俄罗斯方面也以实弹军事演习作为回应，并在2019年规定以"未提前45天申请而闯入俄罗斯限定海域内的外国军舰将会被击沉"作为威慑。③ 俄罗斯还在2020年连续颁布了《2035年前北方海航道基础设施发展规划》《2035年前俄罗斯联邦北极地区国家政策原则》等一系列北极战略文件，将美国设定为北极地缘战略的主要竞

---

① Luke Coffey, Daniel Kochis and James Di Pane, "Arctic Security Is Not About Preparing for War, But About Preparing for the Future," Heritage Foundation, Jan. 22, 2020, https://www.heritage.org/defense/report/arctic-security-not-about-preparing-war-about-preparing-the-future.

② The barents observer, "New radars to protect Norther Fleet against supersonic attack," https://the barents observer.com/en/securty 202002 new-radars-protec-norther-eet-against-supersonic-attack.

③ The Maritime Executive, "Russia tightens control over Northern Sea Route," https://maritime-executive.com/article/russia-tightens-control-over-northern-sea-route.

争者。①

为了进一步提升北极地区军事打击与反应能力，俄罗斯于 2021 年 1 月 1 日将北方舰队升级为"第五军区"，成为独立的军事行政单位，配备海军、独立联合纵队、海岸警卫队等多位一体主体，恢复 13 个航空基地，建造了近 500 个军事设施来应对北极可能会遇到的军事安全挑战，北极地区局势变得紧张。②

该时期两国虽然在军事安全对峙上持续蓄力，但仍然保持部分领域的合作。俄美继续在气候领域维持合作势头，尽量避免因地区局势紧张而打断气候领域合作，造成北极地区生态环境破坏。奥巴马基本延续第一任期政策，对北极地区的合作表示支持。2015 年 10 月北极海岸警卫队论坛成立，该论坛维护了俄美等北极国家的关系，保证政治通道不闭塞以及安全方面的务实合作，将北极海岸警卫队的搜救合作作为维系关系、防止局势恶化的突破点。

俄罗斯则通过北极理事会等沟通方式向美国发出合作信号，主张保持外交沟通渠道以及气候变化领域合作。2015 年发布《俄罗斯联邦安全战略》，其中未在北极问题上提及美国，尽量避免乌克兰危机外溢。2020 年 7 月，俄罗斯海上救援局参加美国威尔逊国防学者中心主办的"关于白令海峡地区合作"网络研讨，并提议进行美俄联合演习。③ 2020 年 8 月，俄罗斯安全局北极东部地区边防分局与美国海岸警卫队在白令海的俄罗斯边界地区进行联合巡逻和训练。④ 拜登上台后，重提奥巴马提出的"恢复北白令海气候适应区"倡议，双方都尽可能降低因局势误判而导致冲突的可能性。

---

① "Основы государственной политики Российской Федерации в Арктике на период до 2035 года," http://www.scrf.gov.ru/security/economic/Arctic2035/.
② 《俄在苏丹建军事基地，"北极熊"全球基地布局逐步复苏》，澎湃网，2020 年 11 月 9 日，https://www.thepaper.cn/newsDetail_forward_10051765。
③ "Морспас РФ предложил Береговой охране США провести осенью учения посвязив Арктике," https://tass.ru/obschestvo/9063089/2021-01-16.
④ "Пограничники Россиии США провели патрулирование в Беринговом море," https://ru.arctic.ru/international/20200811/960374.html/2021-01-16.

(四) 全方位战略升级期：持续加码的北极博弈

自 2022 年 2 月俄乌冲突爆发以来，北极地区局势迅速恶化，俄美双方在北极地区展开进一步的较量，北极地区成为俄乌冲突外溢的首要区域。美国对俄罗斯的表述更加负面，完全将俄罗斯设定为秩序的破坏者，试图将俄罗斯排除在既有的合作机制之外。

2022 年 3 月 3 日，除俄罗斯外的北极国家通过北极理事会发布了关于俄罗斯入侵乌克兰后北极理事会合作的联合声明[1]，声称仅在不包括俄罗斯的领域进行有限合作，俄罗斯则以退出波罗的海国家理事会作为回击。与此同时，美国在 2022 年 10 月的《北极地区国家战略》中，强调"与俄罗斯合作再无可能"，并且主张在北极理事会的框架下重启与盟国的合作并限制俄罗斯在该机制中的影响力，成立北极战略部门专门负责北极事务的管辖。此外，美国还派遣北极无任所大使以推进战略实施。

俄罗斯也做出了相应反击，例如，加速组装新型战略核潜艇以及更新其他基础军用设施，试图阻止以美国为首的西方国家在北极地区的军事动作等。2022 年 9 月俄罗斯为回应西方的北极军事训练展开配备核动力潜艇、地对防空系统等先进武器的军事演习。在 2023 年俄罗斯对外战略文件中，俄罗斯将消除敌对国家在该地区的军事化路线作为第二优先选项[2]，作为对以美国为首的北约国家将俄罗斯排挤在北极之外行为的回应。

俄美两国在北极地区更加频繁的军事对抗活动并非零和博弈，因为两国仍致力于将北极地区打造为和平而非冲突的区域，气候问题仍然是合作的纽带。普京指出，俄罗斯将"准备协助所有感兴趣的国家和公司开发北方海航线"，拜登政府也讨论了如何确保北极成为"一个合作而不是冲突

---

[1] The U. S. Department of State, "Joint Statement on Limited Resumption of Arctic Council Cooperation," Jun. 8, 2022, https：//www.state.gov/joint-statement-on-limitedresumption-of-arctic-council-cooperation/.

[2] "Министерство иностранных дел Российской Федерации, Концепция внешней политики Российской Федерации (утверждена Президентом Российской Федерации В. В. Путиным 31 марта 2023 г.)," https：//www.mid.ru/ru/foreign_policy/official_documents/1860586/.

的地区"①，继续保持传统的科学合作。为了防止局势误判，美国国防部已与俄罗斯国防部于2022年3月建立了一条新的热线，以防止出现"误判、军事事故和升级"。

二、俄美北极博弈特点

（一）博弈具有渐进性

通过对比21世纪初以来俄美出台的北极政策文件能够发现，两国并非一直处于敌对的博弈状态，而是分阶段式的渐进博弈，且博弈的紧张程度有阶段性差异。2007年之前，两国都对北极地区的重视程度不够，仅仅存在着因军事动作而出现的局部焦虑和因划界问题而产生的分歧。此时，俄美两国关系处于上升期，在北极地区事务也多以协商化解分歧。

"插旗"事件发生之后，两国在北极问题上由蜜月期转为争论期，此时俄罗斯已表现出对北极的浓厚兴趣，该地区对美国来说仍不是首要关注点，未得到充分重视。但美国仍派破冰船驶往北极海域，并试图组建北极舰队。小布什政府于2009年颁布"第66号国家安全总统令"，界定了美国在北极的国家安全、资源开发等利益。②该时期美国对设施落后于俄罗斯表示担忧，并倡导航道航行自由，对俄罗斯形成一定挑战，双方相较于前一阶段，对立情绪有所增加。

乌克兰危机爆发之后不久，俄美基本维持前一段时间的稳定政策。2015年俄罗斯发布的《俄罗斯联邦安全战略》，并未提及北极的美国威胁，尽量避免因乌克兰危机外溢北极影响与美国在北极的合作。美国则加速推动与沿岸国家递交合作协定的步伐，2015年7月推动北极五国（美国、加

---

① 《不应该将冲突对抗带入北极》，人民网，2022年9月6日，http://world.people.com.cn/n1/2022/0906/c1002-32520450.html。
② The White House, "National Security Presidential Directive/NSPD - 66," Jan. 9, 2009, https://irp.fas.org/offdocs/nspd/nspd-66.pdf.

拿大、俄罗斯、丹麦、挪威）签署《防止北冰洋中心海域不规范公海捕鱼的联合声明》，对渔业捕捞进行限制。①但此时北极治理的核心机构北极理事会陷入短暂停滞，以美国为首的北极国家排斥与俄罗斯继续在北极合作。

特朗普上台后奉行"美国优先"战略，出台新的国家战略报告强调北极的重要性，并称要与俄罗斯在北极进行竞争，防止其势力过度膨胀，双方在北极由低频度对抗转向高频度的对抗。双方在军事部署、航道开发、主导权问题上全面竞争，军事火药味持续加浓，北极成了冰冷的"热土"，甚至有学者认为该地区的热度比肩中东。②

2017年5月，俄罗斯计划在北极设置一个军事研究和测试中心，以提升北极地区的军事研究以及装备研发水平。③从2018年开始，俄罗斯在北方舰队编制内组建两个防空师，实现了2014年提出的将现代化装备水平从41%提升至59%的目标④，还部署了当今世界最先进的岸基反舰导弹系统——"棱堡"岸防导弹系统。

2017年5月，美国参议院对外关系委员会发表的《北极必要性：加强美国第四海岸战略》指出，美国需要加强北极地区战略投入以保障美国利益⑤，并在2017年12月发布的《国家安全战略报告》中，将俄罗斯定义为"挑战美国利益的修正主义国家"。⑥在2019年北极理事会部长级会议

---

① The White House, "U. S. – Nordic Leaders'Summit JointStatement," May 13, 2016, https://obamawhitehouse.archives.gov/the – press – office/2016/05/13/us – nordic – leaders – summit – joint – statement.

② "France Compares the Arctic to the Middle East, Claims Regions to No – One," Hight north news, Oct. 1, 2019, https://www.hightnorthnews.com/en/france – compares – arctic – middle – east claims – region – belongs – no – one.

③ "Russia Is planning to Build an Arctic Military Research Center to Further Its Polar Buildup," http://www.businessinsider.com/russia plans – build – arctic – military – research – center – 2017 – 5.

④ 《俄罗斯加强北极地区的军事部署》，新华网，2020年2月29日，http://www.xinhuanet.com/mil/2020 – 02/29/c1210494569.htm。

⑤ Peter Buxbaum, "CFR: US Should Increase Strategic Commitment to Arctic," Global Trade, May 27, 2017, http://www.globaltrademag.com/global – logistics/cfr – us – increase – strategic – commitment – arctic.

⑥ The White House, "National Security Strategy of the United States of America," Dec. 8, 2017, http://www.whitehouse.gov/wp – content/uploads/2017/12/NSS – Final – 12 – 18 – 2017 – 0905.pdf.

上，美国政府拒绝就任何提及气候变化或《巴黎协定》的联合声明进行合作。在北极文件中，美国海岸警卫队于 2019 年 4 月发布了其北极战略展望，强调了北极意识，并视俄罗斯为其最重要的"战略竞争对手"。该政策在特朗普时期制定，进一步加强了北极地区的实际行动[1]，例如，加强破冰船建设、海军基地建设以强化北极军事部署。[2] 在"美国优先"的总体战略下，特朗普政府更多地以竞争而非合作态势对待北极事务。

俄乌冲突爆发后，俄美在北极的博弈更加剧烈，俄罗斯被排除在北极相关合作机制之外，国际北极科学委员会关闭了"2022 年北极科学峰会周"的俄罗斯参会渠道。2022 年 4 月，法国政府发布《平衡极地：面向 2030 年的法国极地战略》，宣布"停止与俄罗斯在 2023 年即将共同主办的第四届北极科学部长会议的计划"。[3] 美国海军在 2022 年 10 月和 11 月，将 P-8"波塞冬"海上反潜巡逻机频繁降落在挪威北极圈内的安岛军用机场参加训练，俄罗斯对此反应强烈。双方在北极地区由低限度博弈逐渐转换成了全方面军事博弈。

（二）将气候问题作为合作公约数

气候问题贯穿俄美北极博弈始终，无论是博弈激烈期或是缓和期，气候治理领域的合作一直没有中断。预防北极气候变化的恶劣影响一直是美国、俄罗斯在北极理事会和国际海事组织等国际机构中进行的环极地合作的核心。根据国际北极科学委员会的调查结果，北极地区的气温上升幅度是其他地区的 3 倍，联合国政府间气候变化专门委员会的报告指出，这一

---

[1] United States Department of Defense, "Report to Congress Department of Defense Arctic Strategy," June 6, 2019, https://media.defense.gov/2019/Jun/06/2002141657/-1/-1/1/2019-DOD-ARCTIC STRATEGY.PDF.

[2] The White House, "Memorandum on Safeguarding U.S. National Interests in the Arctic and Antarctic Regions," Jun. 9, 2020, https://trumpwhitehouse.archives.gov/presidential-actions/memorandum-safeguarding-u-s-national-interests-arctic-antarctic-regions/.

[3] Pauline Baudu, "Revitalizing France's Sight on the High North: Arctic Environmental and Security Elements of the New French Polar Strategy," The Arctic Institute, May 24, 2022, https://www.thearcticinstitute.org/revitalizing-france-sight-high-north-arctic-environmental-security-elements-new-french-polar-strategy/.

区域是全球变暖最快的地区之一，平均气温增幅超过全球平均水平的2倍，增温幅度高达1.2℃，并出现了"北极放大"的效应。[1] 此外，数据表明，2020年秋冬北冰洋的海冰覆盖一度降到了有卫星数据记录42年以来的第二低水平。[2] 自1980年以来，北极地区的冰川不断融化并消失，这种趋势不仅导致天气变得极端，还有大量的温室有毒气体被释放进入大气层，对环境造成了极大的污染，对全球气候变暖起到加速作用。

同时，生物多样性也会受到影响，北极熊、白鲸等物种可能濒临灭绝。北极气候变化影响的是全球，任何一国都不可能独善其身，因为北极生态环境保护具有公共物品的属性，仅凭单个北极国家的力量难以应对北极地区生态问题与风险，需要各国的共同努力减缓气候变化对北极生态的破坏。美国与俄罗斯出台的多份北极政策文件中都涉及加强气候治理、保护和合作。

2013年5月，在俄美两国合力推动下，北极理事会颁布《北极地区应对海洋石油污染的预防和应对合作协定》。借助北极理事会，两国在气候领域展开的合作不断深化，北极理事会已发展成为北极地区开展环境保护和可持续发展领域合作的"核心基石"。在环境保护和养护管理战略方面，美国将北极环境和海洋生态系统作为一个整体，强调需要以协调的方式应对日益严峻的共同挑战。2015年10月，美国以北极轮值主席国的名义邀请北极其余七国在安克雷奇召开会议，充分讨论了气候变化问题以及相关合作事宜。[3] 2017年北极八国和相关参与方签署《加强北极国际科学合作协议》，以加强气候、地理等方面的永久性合作。[4] 拜登上任第一天采取的

---

[1] 武丰民、李文铠、李伟：《北极放大效应原因的研究进展》，《地球科学进展》2019年第3期。

[2] Juha Käpylä & Harri Mikkola, "On Arctic Exceptionalism, Critical reflections in the light of the Arctic Sunrise case and the crisis in Ukraine," The Finnish Institute of International Affairs (Working paper 85), 2015, pp. 1–22.

[3] "In Anchorage, U. S. holds first meeting as chair of Arctic Council," The Arctic Council, http: //panarcticforum. org/home/2015/10/26/in–anchorage–u–s–holds–first–meeting–as–chair–of–arctic–council/.

[4] "Arctic Council Ministers Meet, Sign Binding Agreement on Science Cooperation, Pass Chairmanship from U. S. to Finland," The Arctic Council, http: //www. arctic–council. org/index. php/en/our–work2/8–news–and–events/451–fairbanks–04.

行动之一是恢复北白令海气候适应区来应对变化中的自然环境。俄美日内瓦峰会上，时任美国国务卿布林肯与俄罗斯外交部部长拉夫罗夫均表示，理事会应专注于在环境问题、海上安全和该地区土著人民福祉方面的和平合作。

（三）冲突的局部性与低烈性

俄美在北极地区博弈态势的加剧受到了地缘政治回归和国际形势的双重影响，即两国都担心对方获得北极事务主导权而进行了一系列"动作"，但并非主动寻求冲突。两国虽然近年来不断在北极地区展示军事存在，部署各种先进的攻击型、防御型武器，但是两国基本都守住了底线，为防止冲突升级而选择相对克制的态度。

在特朗普政府高调介入北极事务之前，面对俄罗斯在北极恢复军事基地、部署攻击性武器，美国采取维稳政策，对北极地区事务插手较少。即使在高调介入以后，美国在北极地区的投入相对亚太、中东地区也较少。俄罗斯不断打造北极军事力量是为了拓展新的发展空间，发展军事力量是为航道领域开发以及保卫本土安全，俄罗斯一直在为融入西方世界做出努力，不愿在北极地区起冲突而彻底与西方断绝联系。

俄美双方都在北极政策文件中多次表示出合作的意向，对于冲突的定义只是加强军备以增强自卫能力的手段。双方都积极运用既有的安全合作平台加强沟通，防止误判形势。北极安全部队圆桌会议于2011年在各国倡议下成立，每年都会进行北极地区军事议题讨论，尽管因乌克兰危机一度陷入停滞，但以美国为首的北极国家仍试图恢复该机制，探讨海岸警卫队以及军队问题。北极海岸警卫队论坛的正式成立，将海岸警卫队作为准军事力量，对军事化有一个很好的映射。海岸警卫队的主要职责是搜救遇险船只和演习防止恐怖势力介入，俄美两国在该任务的合作不断加深，体现出海岸警卫队的非军事性质。为此，两国需要制定合适的计划，确保及时有效地应对各种情况。

俄罗斯作为北极"超级大国"，一直以胁迫性与务实性外交相结合处理对美北极问题，双方的博弈主要集中在军事、航道开发以及主导权领域，对经济发展、科考研究等众多领域涉及较少。博弈具有针对性，以一种胁迫性的外交方式可以迫使美国考虑冲突成本，反而能有效控制冲突。

两国在军事不断对峙的同时也在寻求军事安全对话，建设制度化对话机制以减缓军事集结。同时，双方通过沟通欲建立北极安全对话论坛，制定北极军事行为守则，提高透明度和减少误判风险，最终缓解安全困境。虽然双方的博弈态势总体上看是上升的，但双方也在寻求解决困境的做法来降低冲突可能，维护北极地区安全。尽管俄乌冲突爆发导致两国原有联系几乎被中断，但军事冲突并未蔓延到北极地区，总体保持着低烈度的对峙状态。

三、俄美北极利益诉求

（一）俄美两国在北极的国家利益推动

俄美两国在北极地区拥有各自的国家利益。出于安全与经济因素的双重考虑，两国虽在环境保护方面达成有限共识，但在安全与经济方面竞争依然激烈。

1. 安全利益

安全利益一直以来都是俄罗斯对外政策最基础、最根本的利益，确保国家安全是俄罗斯对外政策的首要目标。北极地区作为俄罗斯创新探索的"新边疆"，在保障俄罗斯的安全方面发挥着不可或缺的作用。近年来，随着北约的不断东扩，特别是乌克兰危机以来西方国家持续挤压俄罗斯的生存空间，北极地区成为俄罗斯保障国家安全的重要后方。自 2001 年以来，俄罗斯在多份有关北极的政策文件中都强调了安全问题。自 2008 年俄罗斯颁布《2020 年前俄罗斯联邦北极地区国家政策原则及远景规划》以来，北极地区在其国家战略中的地位日益凸显。除此之外，俄罗斯还在北极地区设立了独立军区。总之，俄罗斯的地缘安全需求使得北极的安全利益成为俄罗斯北极政策的重中之重。

美国在北极地区同样有着安全利益的考量。"插旗"事件以来，各国在北极地区的博弈日益升温，地缘政治竞争进入了新阶段。不断升级的北极博弈态势使得奥巴马政府逐渐重视北极的安全利益，并联合海岸警卫队、国防部等部门展示维护北极安全利益的决心。在2017年出台的《国家安全战略报告》中，美国明确表示北极事务事关国家安全利益，将会加速北极地区的战略布局。美国同时以北极为突破口增强美国在北极地区的影响力，并以此维系美国的全球霸权。2022年，美国出台新版《北极国家安全战略》，提出了五个指导原则以及四个目标，将安全定为核心目标并以此布局北极地区的安全架构，维护美国国家安全。[①]

2. 经济利益

丰富的自然资源以及航道开发价值，使俄罗斯自21世纪以来愈发重视北极地区的开发。北极地区的矿物储量极高，占俄罗斯石油资源的60%、天然气资源的95%，极大地缓解了俄罗斯能源产量下降问题。北极地区的油气开发将成为俄罗斯新的经济增长点。作为传统能源输出型大国，俄罗斯依靠能源创造的经济价值占其国内生产总值的20%，而北极地区的开发价值约占国民收入的10%、出口总额的20%，具有较大的发展空间。《2020年前俄罗斯联邦北极地区发展和国家安全保障战略》强调要将北极地区打造成重要的战略资源基地，使之成为俄罗斯经济发展的新引擎。此外，全球气候变暖使得北极航道的开发价值凸显，俄罗斯大力发展北极航道以打造新的世界航线，获取海上贸易收益。据统计，2023年北极航道货运量为3410万吨，超计划运输210万吨。[②] 因此，经济利益的考量成为俄罗斯不断加强北极存在的重要原因。

美国在北极地区同样具有较大的经济利益。气候变暖导致冰川融化，

[①] The White House, "Implementation Plan For the National Strategy for the Arctic Region," Jan. 1, 2014, https://www.arctic.gov/uploads/assets/imp_plan_for_natl_strategy_for_arctic_region.pdf.

[②] 《2022年北极航道货运量达3410万吨》，中华人民共和国商务部官网，2023年2月27日，http://khabarovsk.mofcom.gov.cn/article/jmxw/202302/20230203393641.shtml.

资源开发的成本降低，丰富的资源能带来巨大的经济效益。2021年1月，特朗普举行了北极国家野生动物保护区的石油租赁权竞拍，以租赁方式获取较大的石油开采收益。① 美国在2022年《北极地区国家战略》中强调发展阿拉斯加州经济的必要性，并将可持续经济发展、改善民生、发展地区经济作为北极活动的支柱。通过发展新兴经济及与盟友合作的方式加大投资，以保障美国在北极地区的经济收益。同时，北极航道的开发也受到美国的极大关注。通过北极航道的美国西部航段，阿拉斯加州与欧洲的货物运输距离大幅缩短，减少了航运成本，还能促进该区域国际贸易的兴盛。俄美在北极地区博弈局面形成，呈现出以气候为核心的合作趋势。军事化不断升级与两国的利益诉求紧密相连，双方激烈竞争的核心是海洋与北极冰盖区的主导权，但两国都致力于在气候治理、环境保护领域发力，并以此为依据强化在该区域的参与度。

美国方面，维护国家安全利益、获得北极航道航行自由权、保护北极生态环境是其重要的利益诉求，并希冀以此为契机获得北极地区主导权。在2017年出台的《国家安全战略报告》中，美国明确表示北极事务事关国家安全，加速北极地区战略布局的构想，同时以北极为突破口增强在北极地区影响力维系美国全球霸权。俄罗斯方面，主导北极航道及资源开发，获得北极地区事务主导权以及生态环境保护是俄罗斯的核心诉求，在俄罗斯出台的多份北极政策文件中表现出其对北极气候治理以及获得主导权的重视。自2008年俄罗斯颁布《2020年前俄罗斯联邦北极地区国家政策原则及远景规划》以来，俄罗斯不断提升北极在国家战略中的地位，设立独立军区确保本国北极事务安全，以气候为撬点保持与美国的合作，从而弥补自身实力不足的气候治理困境。

（二）域外国家的深刻影响

俄美在北极地区的博弈不仅受主导权争夺及环保需求的影响，印度、

---

① "Trump Administration Conducts First ANWR Coastal Plain Oil and Gas Lease Sale," Department of the Interior Bureau of Land Management, Jan. 6, 2021, https：//www.blm.gov/press-release/trump-administration-conducts-first-anwr-coastal-plain-oil-and-gas-lease-sale.

韩国等非北极国家的影响因素也不容忽视。早在21世纪初，印度就显示出对北极的浓厚兴趣，并于2022年3月17日出台《印度的北极政策：建立可持续发展伙伴关系》，提出了六大支柱作为印度推进北极战略的目标与进路，其中就包括了北极的科研、气候和环境保护、经济与人类发展、交通和连通性、北极的国际治理和国家能力建设。[①] 2022年4月，印度的改造印度国家研究院和俄罗斯远东和北极发展部在新德里举行了会议，并就此后5年的北极合作目标交换了意见，两国致力于在经济、贸易、投资等领域展开协作。同时，印度还积极参与北极理事会的活动，关心气候治理，为北极地区注入了更多合作因素。

韩国在2013年正式成为了北极理事会观察员国，获得了参与北极事务的机会。文在寅总统上台后对北极事务的关注度逐渐提升，将能源、北极航道等内容纳入到韩国"新北方政策"的"九桥战略"中。"新北方政策"出台以后，北极航道开发成为韩国北极战略的核心项目，以减少海运贸易的成本[②]，同时韩国还将北极的能源合作、环境保护等议题纳入合作轨道。

俄美之外的北极国家也对该地区不断增加的博弈态势表示担忧，并试图同美国一道给俄罗斯施压，防止其进一步加强在该地区的军事优势。但俄美之外的北极国家也在降低军事冲突、加强气候合作方面表现出极大的诚意，促进了该区域的气候合作。

俄罗斯在乌克兰危机爆发后遭到西方严厉的经济制裁，原本被其设定为内部事务的北极地区活动因开发资金不足而不得不做出改变。在2023年10月18日第三届"一带一路"国际合作高峰论坛的开幕式致辞中，普京特别提到了北方海航道，并邀请其他国家一起来进行北方海航道的开发。[③]

---

① "India's Arctic Policy: Building a Partnership for Sustainable Development," Ministry of Earth Sciences, Mar. 17, 2022, https://www.moes.gov.in/sites/default/files/2022-03/compressed-SINGLE-PAGE-ENGLISH.pdf.

② "Region-Specific Strategies: Western Region Western Russia, Ukraine, and Belarus," The Presidential Committee on Northern Economic Cooperation, Sep. 9, 2017, http://www.bukbang.go.kr/bukbang_en/vision_policy/strategy/#west.

③ 《普京：邀请感兴趣的国家参与北方航道开发》，观察者网，2023年10月18日，https://www.guancha.cn/internation/2023_10_18_712453.shtml。

北极地区的全球属性愈加凸显，北极的"公共属性"以及气候敏感性使得世界其他国家密切关注北极的动态，不愿意将北极变成冲突的前沿阵地，因而"劝和"的多于"主战"的，客观上对俄美保持克制寻求合作创造了条件。

四、未来俄美北极博弈发展态势

（一）冲突爆发可能性较小

俄美在北极的博弈近年来变得越来越常态化，但总体来说两国爆发冲突的可能性很小，仍存在缓和关系的可能，并拥有较大的合作空间，停滞的北极地区合作未来有望重新启动。北极地区作为对气候变化最敏感的区域之一，爆发冲突会对生态环境以及气候造成难以挽回的后果，并连带地对自身的国家利益造成损害，因而两国都强调气候保护的重要性，表达出强烈的环保合作欲望。

未来两国会在气候领域继续保持合作态势，并以此为跳板撬动其他领域合作。根据目前的北极地区发展态势来看，冲突的"烈度"相对较低，对于采取军事斗争手段较为克制。在海岸警卫队下的深化合作、北极理事会下的机制协调与法律约束将成为打破两国北极博弈的钥匙，2021年5月北极理事会仍在通过的《北极理事会战略发展计划（2021—2030）》中重申将继续推动关于地区重要议题的认识、理解和行动。[①] 美国威尔逊国际学者中心为2023年慕尼黑安全会议-北极安全圆桌会议发布报告，希望北极国家间进行政策对接与有限合作。[②]

---

① "Arctic Council Strategic Plan 2021 to 2030," Arctic Council, May 20, 2021, http://oaarchive.arctic-council.org/bitstream/handle/11374/2601/MMIS12_2021_REYKJAVIK_Strategic-Plan_2021-2030.pdf?sequence=1&isAllowed=y.

② Karsten Friis, Elana Wilson Rowe, Mike Sfraga and Ulf Sverdrup, "Navigating Breakup: Security realities of freezing politics and thawing landscapes in the Arctic," Norwegian Institute of International Affairs, 2023, p. 62.

(二) 短期内军事集结与地区紧张程度会增强

总体来说，短期内北极的军事博弈会更趋白热化，未来在军事对峙领域的紧张程度会不断增强。俄乌冲突的危机外溢始终会对两国关系产生难以磨灭的影响，使两国产生更大裂痕，因而美国对于俄罗斯在北极的一系列活动都保持警惕，并认为此举是威慑他国的有意行为。为了防止俄罗斯独霸北极以及掌握北极主动权，美国短期内会持续在北极地区展示存在。受乌克兰危机影响，俄罗斯方面更加迫切地需要北极地区作为其新的发展点，在该地区会不断加强军力以防美国主导北极事务。同时，为了本土安全，俄罗斯也会不断增加该区域的军备建设以及基础设施的投入，针对美国的咄咄逼人行为，俄罗斯很可能采取强硬措施应对。

(三) 合作仍是主要基调

虽然俄美两国的地缘政治博弈不断加剧，但是未来两国仍会保持低政治领域合作。两国的对峙仍继续保持在相对克制的区域，双方将不断寻找新途径建设军事对话机制，防止形势误判。俄罗斯将继续进行航道开发活动，两国在航道领域的分歧会持续，北极地区在两国的国家战略中的重要性将不断提升。航道领域和气候领域的合作将继续得到开展，双方会尽力寻找合作领域加强沟通。此外，域外国家将不断融入北极事务，尽可能以合作的方式降低两国的博弈激烈程度。北极地区未来将保持合作与竞争双重特征，但合作仍是主要基调。

结　语

21世纪以来俄美在北极的一系列行动表明，北极地区已经逐渐成为两国在全球博弈的热点。两国在该区域以军事手段为主的博弈具有低烈性特征,其状态呈阶段式螺旋上升。总体来看,俄美在北极地区的博弈分为:2000—2007年的战略静默期、2008—2013年的战略初始期、2014—2022年的战略进击期以及2022年之后的全方位战略升级期四个阶段,俄美北极博弈具有渐进性、将气候问题作为合作公约数、冲突的局部性与低烈性的特点。

俄美两国在北极地区拥有各自的国家利益。出于安全与经济利益的双重考量,两国虽在环境保护、气候变化、科学考察等方面达成有限共识,但在安全与经济方面竞争依然激烈。域外国家的合作和参与也将降低北极地区爆发冲突的可能性。俄美两国的合作,也在客观上推动了北极的开发与保护。未来俄美两国的博弈强度可能会继续升级,但总体上仍在可控范围。虽然俄美两国的地缘政治博弈不断增加,但是未来两国仍会保持低政治领域的合作。

冷战后俄挪北极合作关系研究

彭 晶 张书华[*]

【摘 要】 冷战结束以来,俄罗斯和挪威在北极政治、经济、安全防务、生态保护及人文领域达成了丰富的合作成果,保持良好且稳定的北极合作关系。俄挪北极合作关系呈现出合作领域广泛、重低政治领域而轻军事、环保意识突出,以及双边合作与多边合作并举的特征。俄挪北极合作既存在必要性,也面临一定阻力。研究发现,俄挪北极合作关系在基于两国利益交集及互补、北极治理理念及政策的协同性等影响因素形成的同时,也被诸如美国、北约和俄乌局势此类外部因素所制约。短期来看,俄乌局势对俄挪北极合作造成一定负面影响,导致俄挪北极关系产生波动。但从长期来看,由于俄挪在北极的共同利益才是决定双方合作的关键因素,在两国共同利益不发生根本性改变的前提下,俄挪北极合作的总体趋势仍将保持稳定。

【关键词】 北极 俄挪合作 气候变化 俄乌局势

引 言

全球变暖使北极成为国际社会日益关注的焦点之一。随着科技发展和

---

[*] 彭晶,广东外语外贸大学国际关系学院外交学专业2020级本科生;张书华,广东外语外贸大学国际关系学院国际关系专业2022级研究生。

国际局势的变化，无论是北极国家还是非北极国家，皆积极参与到北极事务中来，争取在北极地区获得优势。但鉴于北极地理环境的特殊性和主权事务的复杂性，各国难以对其独占，合作也就成为各国开发与治理北极的首要途径。长期以来，北极国家凭借地理优势在北极地区抢占先机，并且积极在该地区开展国际合作。俄罗斯和挪威作为北极国家中的重要成员，在北极地区长期和平相处，有悠久的合作历史和传统，双边关系总体保持着良好水平。冷战结束后，俄罗斯和挪威的双边关系改善并不断深化。两国在商业、教育研究、防务等领域开展了前瞻性合作，建立起诸多北极合作机制，还在海洋划界问题上取得重大突破。2014—2023 年，俄挪双边关系受俄乌关系影响有所波动。在这一阶段，俄罗斯和挪威的北极合作受阻，尤其是减少了在高政治领域的对话，但仍然保留重要合作。总体而言，冷战后俄挪北极关系经历了"发展深化期"和"波动期"两个阶段。

挪威作为与俄罗斯接壤的北约成员国，也是五个北极圈内国家之一，具有独特的身份和地位。一直以来，挪威为北极事务尤其是在资源环境保护、海上安全议题方面贡献颇多，在北极地区的实力不容小觑。俄罗斯则凭借其优越的地理位置和雄厚的国家实力，成为北极核心国家之一。挪威和俄罗斯不仅将北极议题置于本国政策的优先地位，亦重视彼此在北极的共同行动，两国在政治、经济、安全防务、生态保护及人文等领域联系密切。当前，在大国对抗和全球紧张局势日益加剧的情况下，俄罗斯和挪威的北极合作受到一定程度的冲击和挑战，双方合作进程缓慢甚至出现停滞的情况。但基于共同利益诉求，俄挪北极合作仍具有稳定且广阔的前景。

目前，学界已有大量关于北极国际合作与开发的研究，但是过往研究以北极国家间的多边合作或是北极国家与非北极国家之间的双边合作为主。除了俄美北极关系外，少有研究北极国家之间的双边合作。俄罗斯和挪威作为北极地区重要的行为体和北极开发的先行者，两国在北极地区的合作成果颇丰。为了弥补研究空白，本文将从现状、特点、原因及前景四个方面对俄挪两国的北极合作关系进行分析。

一、俄挪北极合作的发展成果

冷战结束以来，俄罗斯和挪威在北极地区的合作不断深入，两国从冲突逐渐走向合作，始终维持良好的联系与合作关系。两国在政治、经济、安全防务、生态保护、人文交流领域取得了不同程度的合作成果，在保持俄挪双边关系稳定发展的同时，也为其他国家在北极地区的合作提供了经验借鉴。

（一）政治合作

冷战结束后，俄罗斯和挪威从怀疑、矛盾、对抗逐渐转向信任、接触与合作。1993年，挪威在摩尔曼斯克设立领事馆，随后俄罗斯也在希尔克内斯设立了领事馆，这是两国在冷战结束后政治关系破冰的标志。

俄罗斯和挪威获得最令人瞩目的政治成果是在难以解决的划界问题上达成了一致。俄罗斯和挪威围绕巴伦支海域的划界问题进行了长达50年的博弈，经过双方的不懈努力，两国于2010年9月签署了《俄罗斯联邦与挪威王国关于在巴伦支海与北冰洋的海域划界与合作条约》。该条约明确了俄罗斯和挪威在巴伦支海的主权界线，增强了俄罗斯和挪威之间的政治互信，进一步扫除了两国在北极地区进行合作的障碍。[1] 2019年，俄罗斯与挪威又签订了从瓦朗厄尔峡湾延伸到克罗克山边境点的陆地边界协议。

此外，2011年2月，挪威与俄罗斯签署了现代化伙伴关系宣言。仅在2017年、2018年，两国就开展了11次政治会议，双边对话不断增加。[2] 2018年4月，挪威总理索尔伯格与俄罗斯总统普京会晤，实现了11年来

---

[1] 孟颖会：《俄罗斯在北极地区的国际合作研究》，黑龙江大学2015年硕士学位论文。
[2] 《挪威外交大臣瑟雷德访问俄罗斯：挪威的外交政策不会改变》，极地与海洋门户，2019年4月18日，http://www.polaroceanportal.com/article/2629。

两国政府首脑的首次双边会谈。①

尽管政治合作成果瞩目，但2022年俄乌冲突爆发后，俄罗斯与以美国为首的西方国家的关系日渐紧张，俄挪关系也随之波动。挪威在跟随欧盟对俄罗斯进行制裁后，被俄罗斯政府列入不友好国家和地区的名单中，②一些相关的政治合作和会议被搁置。

（二）经济合作

在经济领域，俄罗斯和挪威的合作主要集中在渔业资源和油气资源的开发上，且两国在这些方面保持着长期、稳定的合作关系。在渔业合作方面，早在20世纪70年代，俄罗斯与挪威就签署了一系列有关渔业合作的协定。1976年，俄罗斯和挪威在此基础上成立了联合渔业委员会，该委员会制定了渔业捕捞配额协议。根据协议，俄挪将通过科学评估来确定巴伦支海每年的总允许捕捞量，两国分享约80%的可捕量，其余分配给历史上拥有该地区捕鱼权的其他国家。至今，俄罗斯和挪威在北极地区的渔业合作已形成了机制化的合作模式，即通过定期会晤机制分配双方每年的渔业捕捞份额，共同将北极海域中丰富的渔业资源转化为经济利益。在油气资源开发方面，俄罗斯和挪威的石油公司通过建立合资企业，③联合勘探和开采北极海域的油气资源。例如，在巴伦支海域什托克曼气田开采项目中，俄罗斯天然气工业股份公司和挪威国家石油公司进行共同开发，实现互利共赢。

另外，两国在双边贸易方面的合作也成果颇丰。2010年，促进俄罗斯和挪威北方跨界贸易的发展，两国就当地的边境交通许可协商一致，为居住在挪威和俄罗斯边境附近的人和企业提供了跨境联系的便利。这促进了俄罗斯和挪威北方跨界贸易的发展，俄罗斯也成为许多挪威北部公司重要

---

① 《挪威外交部长谈俄罗斯：政治距离拉大》，极地与海洋门户，2019年8月28日，http://polaroceanportal.com/article/2818。
② 《俄政府批注不友好国家和地区名单》，俄罗斯卫星通讯社，2022年3月7日，https://sputniknews.cn/20220307/1039777099.html。
③ 韦进深、朱文悦：《俄罗斯"北极地区开发"国际合作政策制定和实施效果评析》，《俄罗斯学刊》2021年第3期。

的海外市场之一。冷战结束后，俄罗斯和挪威之间的双边贸易额不断上升。但2014年乌克兰危机爆发后，俄挪经贸关系受到冲击，紧密性下降。2022年，挪威向俄罗斯出口总值达2.4亿美元[1]，进口总值达18.2亿美元[2]。但是，俄挪双边贸易额在两国对外贸易总额中的占比并不突出，这意味着两国在经贸领域仍具有较大合作空间。

（三）安全防务合作

俄罗斯和挪威在安全防务领域的合作主要涉及海上搜救、联合反恐、边防警卫等事务。2006年，挪威与俄罗斯签署了关于加强挪威海和巴伦支海的海事安全合作的谅解备忘录。2010年和2011年，俄罗斯和挪威两度进行代号为"波莫尔"的联合海上演习，以保障北冰洋海域的安全。目前，俄罗斯与挪威的海岸警卫队和边防警卫队也已经建立起双边合作机制，挪威海岸警卫队与俄罗斯安全局于2019年在巴伦支海海域举行联合搜救演习。

除了上述方面，两国还根据1990年双边海上事件协定定期举行磋商，成立了挪威-俄罗斯核安全委员会，以保障北极地区的安全与稳定。自2001年以来，俄罗斯和挪威不仅制定了年度双边军事活动计划，还建立了一条存于挪威联合作战总部和俄罗斯北方舰队之间的沟通渠道，避免双方之间不必要的误解，防止军事活动升级。虽然乌克兰危机使挪威暂停了许多双边军事活动，两国也不再推动高北地区安全对话论坛等工作，但是双方始终维持着涉及海上安全、空域安全及北方稳定方面的重要合作。[3]

---

[1] "Norway Exports to Russia," Trading Economics, https://tradingeconomics.com/norway/exports/russia.

[2] "Norway Imports from Russia," Trading Economics, https://tradingeconomics.com/norway/imports/russia.

[3] 《挪威和俄罗斯国防当局鲜少接触》，极地与海洋门户，2021年4月12日，http://www.polaroceanportal.com/article/3627。

(四) 生态保护合作

由于地理位置的临近性和自然资源的重要性，生态保护一直是俄罗斯和挪威两个北方国家在北极地区开展合作的优先领域。首先，俄罗斯和挪威在污染防范方面展开了密切合作。1991 年，俄罗斯和挪威进行首次联合演习，旨在预防和应对海洋石油污染，并在演习后制定了应对污染事故的共同计划。为了更好地保护北极环境，两国于 1992 年 2 月签署了在环境领域开展合作的协议，并在协议的基础上成立了挪威－俄罗斯环境保护联合委员会。此外，两国不仅成立了挪威－俄罗斯核安全委员会以处理废核燃料问题，还建立瓦尔德航海研究中心以扩大海上安全、应对漏油事件的合作，[1]并通过组建联合探险队等方式对北极环境展开监测，为北极的生态保护作出了重要贡献。

其次，俄罗斯和挪威十分注重北极资源保护，尤其是致力于北极渔业资源保护与管理。长期以来，俄挪联合打击巴伦支海的非法、无管制和未报告的捕捞活动，其共享鱼类种群长期管理战略也取得了良好效果。2010 年《俄罗斯联邦与挪威王国关于在巴伦支海与北冰洋的海域划界与合作条约》强调了保护海洋环境的重要性，确保俄罗斯和挪威需要负责任地保护、管理和开发海洋资源。2015 年 12 月，挪威－俄罗斯环境保护联合委员会还在保护北极熊和大西洋鲑鱼资源问题上达成共识，联合管理、监控和研究巴伦支海的北极熊种群。时至今日，两国关于资源保护的合作仍在有序开展中。

(五) 人文合作

跨境文化合作是俄挪北极合作的一个关键领域。挪威与俄罗斯以 2004 年文化合作协议、2009 年文化部联合声明为基础，开展了俄挪文化论坛、

---

[1] Trude Pettersen, "Nautical studies in Vardø," Aug. 31, 2009, https：//barentsobserver.com/en/articles/nautical‐studies‐vardo.

挪威-俄罗斯文化节等活动,并且成立了"巴伦支文化"专项基金以支持两国的文化项目。2009年,俄罗斯工匠参与一项挪威渔村的建筑修复工作,成为俄挪文化遗产保护合作的成功事例。为了加强土著群体之间的联系,保护土著群体的传统文化,挪威和俄罗斯于2010年签署了联合声明,并于2011年通过了相关工作计划,诸如萨米文化等土著文化被确定为俄挪文化合作计划中的重点领域之一。在教育方面,近年来在俄罗斯和挪威之间流动的国际学生人数大幅增加,挪威教育部与俄罗斯教育部签署了关于高等教育领域合作的谅解备忘录。此外,俄罗斯和挪威的知识机构之间也建立起密切的合作关系。2010年,在诺德兰大学和莫斯科国立国际关系学院的支持下,两国成立了挪威和俄罗斯能源领域国际商业发展教育和研究联盟,旨在加强北极能源、教育研究和商业方面的合作。在旅游业方面,双方通过成立专门的旅游工作组共同推动高北地区的旅游业发展,旅游业也被列入"北方文化伙伴关系"特别关注的一个领域。除此之外,挪威文化部通过资助挪威-俄罗斯文化合作项目支持俄挪文化合作,并在"北方维度"和巴伦支海欧洲-北极圈理事会的框架下加强与俄罗斯的文化合作。2013—2015年,俄罗斯和挪威还制定了三年合作项目,在该项目框架之下聚焦视觉艺术、舞蹈和旅游等人文事务的对话与发展。

2022年俄乌冲突爆发后,挪威政府冻结了与俄罗斯的研究合作,许多挪威和俄罗斯研究和教育机构之间的合作被搁置,"北方维度"下的文化合作也已经被暂停。

二、俄挪北极合作的基本特点

俄罗斯和挪威在北极地区的合作成果能够侧面反映出两国合作的基本特点。当前,俄挪北极合作呈现出合作领域广泛、重低政治领域而轻军事、环保意识突出以及双边合作与多边合作并举的显著特征。为了探寻两国的发展空间,进一步了解俄罗斯和挪威在北极地区的合作现状,下文将对俄挪北极合作的基本特点进行分析。

（一）合作领域广泛

北极事务涉及多方面议题，俄罗斯和挪威的北极合作领域十分广泛。俄挪北极合作的实践不仅涵盖了政治、经济领域，还包括安全防务、环境保护和人文交流领域。为了更好地解决相关问题，俄罗斯和挪威在经济合作、渔业管理、核安全和环境保护等领域都建立了双边委员会。在政治上，俄罗斯和挪威不仅达成了双边划界协定，还在北极多边机制中协力推动各国关于北极问题的政治对话及合作。在经济上，两国以渔业、油气资源开发作为主要领域，利用巨大的资源优势挖掘北极经济机遇，并在两国北部边界地带积极开展贸易往来。在安全防务上，俄罗斯和挪威则共同致力于北极地区的安全与稳定，在海上搜救、反恐等方面建立合作机制，促进两国武装部队之间的军事合作。在生态环境保护上，俄罗斯和挪威就海洋资源保护和管理、污染防范和治理等问题达成共识，加强对北极生态系统的保护。在人文交流上，俄罗斯和挪威都颇为重视教育与北极研究、土著文化传承与保护、旅游业发展，不断加强双方在这些领域的对话与合作。综上，俄挪北极合作的领域广泛，且在不同领域的不同方面皆有涉及，其合作领域和形式不是单一乏味的，而是广泛丰富的。

（二）重低政治领域而轻军事

尽管俄罗斯和挪威在众多领域皆进行着密切合作，但是两国的北极合作主要集中在低政治领域，以渔业合作为重点。俄罗斯与挪威的经济合作起步较早，在这一领域的成绩斐然。如今，双方已建立稳定、持续的北极经济合作关系，尤其体现于两国在渔业方面的合作。20世纪70年代起，俄罗斯和挪威接连签署了1975年《苏联与挪威关于渔业合作的协定》、1976年《苏联与挪威关于渔业相互关系的协定》和1978年《苏联与挪威关于巴伦支海重叠海域渔业临时协定》，[1] 为现有的渔业合作机制奠定基

---

[1] 匡增军：《2010年俄挪北极海洋划界条约评析》，《东北亚论坛》2011年第5期。

础。在2010年签署的《俄罗斯联邦与挪威王国关于在巴伦支海与北冰洋的海域划界与合作条约》中，还专门提到了渔业、油气合作原则，这体现出双方对渔业、油气等经济合作的重视。之后，为了深化双边渔业合作，便利双边渔业贸易，俄罗斯和挪威逐步实施统一的渔业技术标准，并于2013年2月开始施行新的海产品出口认证。2013年3月，俄罗斯和挪威又签署了有关挪威渔民联盟与俄罗斯渔业经营者渔场合作的协议，加强了双方在渔业经营方面的合作。此后，在挪威－俄罗斯联合渔业委员会的机制下，两国在渔业领域的合作稳步推进，不断深化。

虽然俄罗斯和挪威在渔业领域来往密切，但是在军事合作这一高政治议题上却表现出较为冷淡的意向和趋势。目前，两国在安全防务方面的合作多为海上搜救、反恐行动等，而在高级军事情报和行动方面联系微弱。挪威政府官员表示，俄罗斯并未与挪威共享其在两国边境与海洋附近的军事演习信息。[①] 俄罗斯和挪威的武装部队之间虽曾达成合作，但实际效果不佳。两国的军事联合活动极易受到外部影响而暂停，未实现持续稳定的高级军事合作。

（三）环保意识突出

一直以来，生态环境保护都是俄罗斯和挪威北极战略的重要议题，两国的环保意识在双方的北极合作中体现得尤为明显。首先，对北极生态环境的重视表现在俄罗斯和挪威积极开展在生态保护领域的合作上，双方就北极熊保护、渔业资源保护、核废料污染防范和原油泄露处理等事务上达成了一系列协议。其次，俄挪北极合作的环保意识突出亦体现在进行其他领域合作时兼顾北极环境。在政治合作中，2010年《俄罗斯联邦与挪威王国关于在巴伦支海与北冰洋的海域划界与合作条约》不仅解决了两国关于争议海域的难题，还强调了渔业资源的养护问题，指出要保持渔业活动的稳定性和可持续发展。在经济合作中，俄罗斯和挪威充分挖掘和开发北极

---

① 《挪威：俄罗斯在北极扩张使地区安全局势更加"复杂"》，极地与海洋门户，2021年4月1日，http://www.polaroceanportal.com/article/3592。

资源，以此获取巨大的经济红利，但两国始终秉持着因地制宜的态度和适度开发的原则，重视实现北极的可持续发展。在人文合作中，俄罗斯和挪威的相关机构都尤为重视北极气候、能源可持续、生态系统的研究，还强调对原住民生活环境和原始栖息地的保护。由此可见，两国的生态环境保护意识突出，并贯穿于北极合作的方方面面。

（四）双边合作与多边合作并举

显而易见，俄罗斯和挪威在北极地区已开展诸多双边合作，达成了一系列双边协议，但是两国的北极合作并不只限于双边关系中，也呈现出双边与多边合作交织发展的特点。在多边层面，俄罗斯和挪威充分利用众多北极多边平台进行双方之间的对话，促进双边合作。1993年1月，丹麦、芬兰、冰岛、挪威、俄罗斯、瑞典和欧洲共同体委员会签署了《希尔克内斯宣言》，成立了就巴伦支地区相关问题开展政府间合作的多边论坛——巴伦支海欧洲-北极圈理事会。此后，该理事会为俄挪合作提供了政治框架，在推动俄罗斯和挪威在巴伦支海地区的双边合作上起到了不可或缺的作用。另外，在安全防务领域，俄罗斯与挪威双边的海岸警卫队合作也是在2015年北极八国成立北极海岸警卫队论坛的多边合作的基础上建立的。俄罗斯和挪威之间的双边合作机制又为多边合作奠定了基础，推动了北极多边行动。例如，北极理事会石油污染预防计划基于俄挪污染防范双边合作而制定，由两国共同主持的特别小组负责该事务。总体上，俄挪北极的合作呈现出"多边促双边，双边惠多边"，双边与多边合作共同发展的态势。

三、俄挪北极合作特点形成的原因

俄罗斯和挪威推进北极合作既有机遇，也面临挑战。俄挪利益交集与互补、北极治理理念及政策的协同性、气候环境变化、美国和北约以及俄乌局势的内外部因素综合作用，导致俄挪北极合作呈现出上述特点。

（一）俄挪利益交集与互补

俄罗斯和挪威在北极圈内有长达195.8公里的陆地边界和23.3公里的海洋边界[1]，在北极地区开发问题上，两国具有广泛的利益契合点。[2] 俄罗斯和挪威在北极的利益交集则主要体现在巴伦支海问题上。巴伦支海位于挪威和俄罗斯的交界处，蕴藏着丰富的自然资源，具有特殊的地缘政治、经济、国防和社会意义。进入20世纪后，具有重要战略价值的巴伦支海逐渐引起了国际社会的关注。俄罗斯和挪威虽然在该片海域存在主权争议，但基于不希望该海域事务受到第三国的干涉的共同愿望，两国选择了和平解决争议。2010年，俄罗斯和挪威签署《俄罗斯联邦与挪威王国关于在巴伦支海与北冰洋的海域划界与合作条约》。此后，俄罗斯和挪威在巴伦支海地区的合作迅速发展，涉及渔业、油气开发、环保等领域。除此之外，不仅在渔业发展上受益于与俄罗斯的合作，挪威在希尔克内斯地区的工业也需要依赖俄罗斯市场。为了避免俄罗斯北部的经济和社会不稳定而造成的影响，挪威为此专门向俄罗斯提供了知识、财政及人道主义援助。

面对愈演愈烈的北极竞争，硬实力有限的挪威需要寻求对外合作以实现本国的北极目标。一方面，慑于俄罗斯强大的军事实力，挪威不愿与俄罗斯在北极地区交恶；另一方面，北极事务离不开俄罗斯的参与，使得挪威尤为重视维系与俄罗斯在北极地区的友好关系。[3] 从俄罗斯的视角出发，作为一个具有强大硬实力但经济能力不足的国家，在面对辽阔的北极时，也难以完全凭借自身力量进行开发和治理，同样需要他国的支持。挪威北

---

[1] Ministry of Foreign Affairs of Norway, "The High North – Visions and Strategies," February 2012, https：//www.regjeringen.no/globalassets/upload/ud/vedlegg/nordomradene/ud_nordomrodene_en_web.pdf.

[2] 朱燕、王树春：《新版俄罗斯北极政策：变化、原因及特点》，《中国海洋大学学报（社会科学版）》2021年第5期。

[3] 万宇、梁逸乾：《北欧小国的北极独特生存之道》，《军事文摘》2017年第15期。

部面积占其大陆领土的35%，挪威人口的9%居住在北极圈以北。[①] 作为经济社会高度发达的北欧国家，挪威在北方海洋、气候和政治研究方面也位居世界前列。由此可见，在北极地区进行合作有利于俄罗斯和挪威实现优势互补，增强双方在北极的话语权和影响力。

（二）俄挪北极治理理念及政策的协同性

2005年，挪威首次发布有关北极战略的政府文件——《北方的机遇与挑战》。此后，挪威政府将北极视作最重要的战略优先领域之一，并根据自身利益诉求不断完善本国的北极政策。总体上看，挪威的北极战略目的重在维护国家安全、提高地区影响力和话语权、维持在北极地区的知识优势、挖掘北极经济机遇以及保护北极生态和土著文化上。在挪威政府后续出台的不同版本的北极文件中，如2020年《挪威北极政策白皮书》，都明确提出要加强在北极地区的国际合作，尤其是与俄罗斯的双边合作。与此同时，以2001年颁布的《俄罗斯联邦北极国家政策基本原则》为基础，俄罗斯相继出台的北极政策包括维护北极的和平与稳定、维护俄罗斯在北极的利益及领导地位、加强国际合作、加速北极经济发展、保护北极环境、保护北极原始居民生活方式和土著文化等目标。两国北极政策的内涵不谋而合，构成两国北极治理合作的价值观基础。

此外，挪威和俄罗斯一直支持国际法框架下的北极治理，致力于建设一个和平、稳定和繁荣的北极。从两国北极政策中可以看出，北极的和平安全、环境保护、资源开发与经济发展、国际合作、原住民和土著问题都是俄罗斯和挪威关心的重点事项，始终贯穿在两国不断更新的北极政策中，这显示出两国在北极问题上具有共同愿景。俄罗斯和挪威在北极地区皆寻求稳定以实现自身利益的发展，更有助于推动双方在北极地区凝聚共识，达成合作。

---

① Ministry of Foreign Affairs of Norway, "The Norwegian Government's Arctic Policy," Jan. 26, 2021, https://www.regjeringen.no/globalassets/departementene/ud/vedlegg/nord/whitepaper_abstract2020.pdf.

表3　冷战后俄罗斯与挪威主要北极政策文件汇总（1991—2022年）

国家	年份	文件名称	战略目标与重点
俄罗斯	2001年	《俄罗斯联邦北极国家政策基本原则》	加强主权和领土诉求；将北极作为自然资源战略基地；保护北极生态环境；开发北方海航道；保持在北极的军事优势；确保俄罗斯联邦的国家安全和北极地区社会经济的可持续发展
	2008年	《2020年前俄罗斯联邦北极地区国家政策原则及远景规划》	
	2013年	《2020年前俄罗斯联邦北极地区发展和国家安全保障战略》	
	2014年	《2020年前俄罗斯联邦北极地区社会经济发展国家纲要》	
	2020年	《2035年前的俄罗斯联邦北极地区国家政策原则》	确保主权和领土完整；维护北极和平与稳定；与各方建立良好关系；保障北极居民的高质量生活和福祉；合理开发和利用北极资源以促进经济增长；建设北方海航道；保护环境、原住民栖息地和传统生活方式
	2020年	《2035年前俄罗斯联邦北极地区发展和国家安全保障战略》	
挪威	2005年	《北方的机遇与挑战》	在高北地区知识领域成为领导者；在高北经济活动的关键领域处于领先地位；保障和加强挪威在北极的各种存在方式
	2006年	《挪威政府的高北战略》	
	2009年	《北方新基石：政府高北战略的下一步》	
	2012年	《高北地区：愿景与战略》	
	2014年	《挪威的北极政策》	促进北极和平、可持续发展；加强国际合作；促进商业发展、知识发展；完善北极基础设施建设；北极环境保护和应急准备
	2017年	《挪威的北极战略》	
	2020年	《挪威北极政策白皮书》	加强北部的防卫能力；加强国际合作；促进国际法在北极的适用；应对北极的气候和环境变化；实现可持续发展、技术发展；保护土著文化

资料来源：The Russian Government, "Government Decisions," http://government.ru/en/docs/; Government of Norway, "Arctic related documents," https://www.regjeringen.no/en/find-document/id2000006/? isfilteropen = True&term = + high + north。

(三) 气候变化及北极环境的特殊性

气候变化是目前北极环境、经济、社会变迁的主导因素之一。当前，北极地区的关键指标如温度、海冰厚度等呈现出快速变化的趋势。近50年来，北极地区年平均表层气温的升幅较同期全球平均水平高出3倍，极端气象事件发生的频率和强度也显著增加。[①] 然而，气候问题的复杂性决定了其无法仅凭某个国家解决。俄罗斯和挪威作为北冰洋沿岸国家，容易受到北极自然环境的变化和生态环境恶化影响。因此，两国都将北极生态环境保护作为优先事项，主张在开发北极的同时，注重人与自然的平衡。当前，在渔业、油气资源开发、航道开辟与运行等易受气候影响且具有跨国合作性质的情况下，如何在促进经济发展的过程中规避气候环境的负面影响则成为俄罗斯和挪威关心的重点。因此，气候变化这一共同的外部威胁促使两国在注重经济发展的同时，也特别强调对北极生态环境的保护意识和共同行动。

(四) 美国、北约及俄乌局势的影响

北约是挪威安全的基石，美国则是挪威最重要的盟友之一。当自身国防和安全形势出现挑战时，挪威选择美国和北约作为坚实可靠的后盾，向其寻求支持。因此，挪威在北极问题上的态度不可避免地会受到美国和北约的影响。尤其是近年来，俄罗斯和美国不断加强在北极的军事存在，大国对抗态势在北极愈演愈烈。美国不断强化与挪威等国的盟友关系，力图在北极地区对俄罗斯形成围堵之势。2021年3月，美国B-1B战略轰炸机首次降落于挪威博多空军基地。2022年，以美国为首的北约国家又在挪威境内及其附近海域举行了规模巨大的"寒冷反应-2022"军事演习。作为北约的创始成员国之一，挪威也一直致力于增加北约对北大西洋的关注

[①] "Arctic Climate Change Update 2021: Key Trends and Impacts. Summary for Policy-makers," Arctic Monitoring and Assessment Programme, May 2021, https://www.amap.no/documents/download/6759/inline.

度，重视与盟军开展联合军事行动的能力。

乌克兰危机以及俄罗斯不断扩大北极军事建设的一系列行为，使挪威深深地为自身安全而感到担忧。[1] 在国际局势不断紧张的背景下，美西方国家和俄罗斯的关系普遍恶化。挪威的北约盟友针对俄罗斯的制裁，对俄挪北极合作的持续深化造成了巨大压力。2022年俄乌冲突爆发后，挪威跟随北约的脚步对俄罗斯进行制裁，与其他国家一起发表了关于俄罗斯入侵乌克兰后北极理事会合作的联合声明。此外，挪威政府还暂停了与俄罗斯的签证便利化协议，驱逐俄罗斯驻奥斯陆大使馆的外交官。拥有在俄罗斯长达30年经营历史的挪威国家石油公司也停止在俄罗斯进行新的投资，并退出现有合资企业。同时，俄罗斯也将挪威纳入不友好地区和国家名单。

四、俄挪北极合作的前景

在上一部分中，笔者对影响俄挪北极合作关系的因素进行了分析，这也是预测未来俄罗斯和挪威在北极地区合作的关键所在。在不同的影响因素中，俄挪利益交集与互补、俄挪北极治理理念的协同性、气候变化及美国和北约的影响是长期存在的，而俄乌局势则是短期的、可控的。因此，笔者认为，俄挪北极关系将倾向于维持稳定态势。

首先，俄挪利益交集及其北极理念的协同性为稳定俄挪北极合作关系奠定了基础。俄罗斯在北极地区的战略诉求集中体现在资源、航道和国家安全上，其目标是在北极地区拥有绝对主导权。而挪威的北极利益诉求则主要包括主权和资源，战略目的在于通过北极促进本国经济社会发展，保持在北极地区的优势地位，提高本国的影响力和话语权。北极资源是俄罗斯和挪威发展的重要保障，油气、渔业等资源已经成为两国发展的重要支柱，为两国创造了巨大的经济价值和战略价值。俄罗斯和挪威互为邻邦，

---

[1] 唐雨涵：《冷战后挪威北极战略研究》，华中师范大学2022年硕士学位论文。

共同拥有巴伦支海,在北极资源的开发和保护问题上具有共同利益。① 两国在实现自身北极目标的过程中,也离不开对方的支持。作为传统的北极国家和既得利益者,俄罗斯和挪威长期坚持基于国际法规则治理北极。多年来,两国在不断更新的北极文件中始终贯彻维持北极和平和稳定、挖掘北极发展机遇、保护北极生态环境的核心内涵。由于俄挪共同利益及其北极理念的协同性具有稳定性,是难以改变的。因此,俄挪北极合作具有良好的发展前景。

其次,气候变化为未来俄挪北极合作提供了更多契机与必要性。随着全球变暖,冰层融化,北极地区的能源资源、渔业资源和航运资源等战略价值更加凸显。② 但同时,全球变暖也对北极独特且脆弱的生态系统造成了严重威胁。从更长远的视角出发,气候变化的迫切性和危险性不容忽视,远比传统安全问题严重得多,是涉及全人类命运的重要议题。气候危机是俄罗斯和挪威面临的共同威胁和挑战,且这一问题在短期内无法得到解决。这有利于两国在相关议题上采取更紧密的合作行为,推动俄挪北极关系长期向好发展。

最后,乌克兰危机虽然在短期内影响俄挪北极合作,但无法撼动俄挪关系的基础。慑于来自俄罗斯的安全威胁,挪威加强了对俄罗斯的警惕并强化了在北极的军事存在,拉近了与美国及其他北约盟友的距离。在短期看来,该事件所导致的来自美国和北约的阻力,在一定程度上冲击了俄挪北极合作,但不会对双方的北极合作产生根本影响。虽然跟随欧盟对俄制裁的脚步,挪威关闭了海港和边境以禁止俄罗斯货物运输,但例外允许俄罗斯渔船在斯瓦尔巴群岛港口停靠。这表明,挪威并没有采取完全与俄罗斯对抗的态度,俄挪之间仍有合作的余地。2006年《挪威政府的高北战略》中提出的"高北,低紧张",③ 仍是如今挪威对北极和俄罗斯的态度。

---

① 曹升生:《挪威的北极战略》,《辽东学院学报(社会科学版)》2011年第6期。
② 陆俊元:《北极国家新北极政策的共同取向及对策思考》,《国际关系学院学报》2011年第3期。
③ Ministry of Foreign Affairs of Norway, "The Norwegian Government's High North Strategy," Dec. 17, 2006, https://www.regjeringen.no/globalassets/upload/kilde/ud/rap/2006/0185/ddd/pdfv/302929-nstrategi06en.pdf.

2022年10月，挪威首相斯特勒表示，西方国家不应孤立俄罗斯。[1] 同月，俄罗斯与挪威渔业部门就2023年巴伦支海的渔业捕捞配额达成一致，两国的渔业合作并未因此受到影响。挪威将对俄关系视作其北极战略的重要基石。[2] 因此，从长期来看，挪威将会继续寻求与俄罗斯保持良好关系。此外，在芬兰和瑞典申请加入北约之后，北极安全格局从"北约－中立国－俄罗斯"的稳定三角形变成了"北约－俄罗斯"的"哑铃"型。对于俄罗斯来说，在被美西方世界普遍制裁的背景下，挪威仍然与俄罗斯保持一定合作，为俄罗斯缓解了一部分压力，打开了走出眼下困局的窗口。

结　语

冷战结束以来，俄罗斯与挪威在北极地区维持了良好的合作关系，两国在政治、经济、安全防务、生态环境保护、人文领域展开了广泛合作，成果颇丰。虽然俄罗斯和挪威在渔业、油气开发、环境保护方面达成了紧密协作，但是两国在高政治议题如军事方面仍然存在合作空间和潜力。此外，俄挪北极合作不仅促进了自身发展，还推动了北极多边合作的发展，促使多方力量共同参与北极治理，有利于实现北极可持续发展。

俄罗斯和挪威的北极合作既存在必要性，也面临一定阻力。影响俄挪北极合作关系的不仅有双方利益交集与互补、北极政策和治理理念的协同性等内部因素，还有诸如气候变化、俄乌局势等外部因素。不可否认的是，短期内，俄乌局势导致的压力确实使俄挪北极合作关系产生了一定程度的波动。但笔者认为，由于俄挪利益交集与互补是两国合作的决定因素，而该因素又是难以改变的，所以，未来俄挪北极合作的总体趋势仍将保持稳定。

---

[1] 《挪威首相：孤立俄罗斯没有任何好处》，观察者网，2022年10月26日，https://www.guancha.cn/internation/2022_10_26_663877.shtml。

[2] 岳鹏：《北欧国家北极战略评析》，《区域与全球发展》2022年第2期。

在当前俄罗斯与美西方国家关系僵化的局势下，挪威有望通过北极合作缓和与俄罗斯之间的关系，利用独特的身份架起连接东西方的桥梁，防止冲突态势外溢至北极地区，从而保障北极地区的安全与稳定。

冷战后俄印北极关系的特点与趋势

叶曼婷[*]

【摘 要】 冷战后，俄罗斯与印度在北极展开了能源、交通与科研方面的合作，进行了多年的北极油气交易，开启了南北运输走廊与北方海航道链接的项目建设。俄印的北极合作呈现出以经济为驱动，以长久合作机制为基础，在地缘政治上受多层面影响的特点，影响因素主要是两国的北极政策中具有相吻合的经济、科研利益诉求，两国原有的合作基础，俄乌冲突后的国际格局变化以及俄美北极竞争的加剧。基于现状与影响因素，俄印将在短期继续保持密切的能源合作，长期将进一步推动并拓展能源与科研的合作。

【关键词】 俄印北极关系 合作特点 利益诉求

一、俄印北极关系的现状

目前，俄罗斯与印度在北极的合作主要涉及经济层面的利益，包括日益密切的能源合作、未来可能增加的科研与交通合作。具体而言，两国的能源合作聚焦于资源交易与开发，合作内容包括北极油气的共同勘探、项目投资、贸易。在交通运输与科研探索方面，两国有基于多边框架下的合

---

[*] 叶曼婷，广东外语外贸大学国际关系学院国际政治专业 2019 级本科生。

作基础，未来有增强双边合作的趋势。然而，俄印对于北极的国际治理与地区安全领域的合作存在不确定性。在北极理事会达成排除俄罗斯决议的情况下，俄罗斯可能会选择将东方的伙伴引入北极以壮大自身力量。例如，积极推动印度加入北极的国际事务管理，建设北极理事会的替代机制，但印度目前对此保持中立。

（一）日益密切的能源合作

俄印的北极能源合作占两国经济贸易的大头，主要以投资、收购、贸易的形式进行。在目前西方联合制裁俄罗斯的情况下，俄罗斯将能源出口的重心转向东方，并持续通过以能源为主的大宗商品交易来赚取资金。

俄印在北极的能源合作始于2012年的液体天然气销售协议，这一协议确定了印度从俄罗斯北极进口天然气的特殊优惠。2014年国际原油市场价格震荡，俄印两国的北极油气合作勘探陷入困境。2016年，两国重燃在原油开发方面的合作意向，印度以投资、收购股份的方式，获取了万科尔油田的部分所有权。在接下来的几年间，俄印重谈在北极合作开发的事项，印度就沃斯托克油田的项目投资前往北极考察并与俄罗斯进行协商，但目前没有得出实质结果。随着2022年俄乌冲突的发生，俄罗斯彻底失去了欧洲油气市场。为替换原本欧洲所占的大交易份额，俄罗斯与印度进一步密切了能源合作关系，并成为了印度的第一大能源进口国。同时，俄罗斯的新版北极政策也明确要将北极的能源开发与交易作为推动北极经济发展的重要环节。在多种因素的推动下，俄印在北极的能源合作变得日益密切。

表4　俄印北极能源合作时间线

2012年	印度天然气公司与俄罗斯天然气工业股份公司达成了为期20年的液化天然气销售协议
2014年	俄印的第一份关于合作北极油气勘探的谅解备忘录陷入困境

续表

2016 年	印度天然气公司收购了俄罗斯国家石油公司旗下万科尔石油公司 23.9% 的股份，自此获得万科尔油田的部分管理权，并在随后收购了塔斯－尤里雅克公司 29.9% 的股份
2018 年	印度与俄罗斯天然气工业股份公司重新协议价格，并开始从俄罗斯收购液化天然气，这也是第一批从北极进口的液化天然气
2019 年	俄印的北极能源合作拓展到煤矿方面，两国就北极的煤矿出口事务进行谈判，并对共同在俄罗斯北极地区开采与提炼煤矿表现出兴趣
2020 年	印度石油天然气公司海外投资子公司、印度石油公司和印度国有石油公司三家油气公司组成的财团赴北极进行考察，欲投资俄罗斯国家石油公司旗下的沃斯托克油田项目
2021 年	印度石油和天然气部部长普里在东方经济论坛讨论了收购诺瓦泰克公司的北极液化天然气 2 号项目股份的可能性，但没有得出结果；同年印度外交部部长访俄，力图推动沃斯托克油田项目的投资计划
2022 年	印度与俄罗斯进行协商，将扩大原油进口，并寻求更多的折扣

（二）科研与交通运输的合作可能增加

俄印在北极的科研与交通运输合作有一定的基础。两国在北极理事会的框架下已有过多边合作的经历，2015 年在俄罗斯与冰岛联合主导的碳排放治理的框架下，印度参加了专家小组的活动，为控制北极国家整体的黑碳和甲烷排放提供支持与建议。2016 年普京与莫迪签订了共同探索北极大陆架的谅解备忘录。

在俄罗斯受制裁的情况下，俄印的科研与交通运输合作将会增加。[①] 2022 年 3 月，欧洲委员会和巴伦支海欧洲－北极圈理事会宣布中断与俄罗斯的科研合作，这使俄罗斯失去一些项目的资金支持，例如在西伯利亚进行的冻土研究。同时，印度也因北极理事会停摆而不得不通过双边关系来维持在北极的活动。出于推动经贸关系的目的，两国于 2022 年正式宣布开

---

① 郭培清、王书鹏：《印度北极战略新动向：顶层设计与实践进程》，《南亚研究季刊》2022 年第 3 期。

启国际南北运输走廊的运营,并计划在东部建设连接北极地区与印度洋的陆上航线。基于俄印利益相投的情况,两国将来在北极展开极地探索与航路建设合作的可能性极高。

(三)北极治理合作程度有限

2022年,俄乌冲突爆发,北极理事会一度陷入停摆。2022年10月,美国、加拿大、芬兰、冰岛、丹麦、挪威、瑞典表示,将在没有俄罗斯参与的情况下有限恢复北极理事会项目。2022年6月8日,北极理事会的七个成员国在限制恢复北极理事会的合作活动方面发表了一份联合声明,称"在许多活动规划中都不允许俄罗斯的加入"。虽然2021—2023年正是俄罗斯担任北极理事会主席的任期,但俄罗斯在西方制裁下,难以回归北极理事会,只能转而寻求亚洲非北极理事会成员国的协助,加强与东方国家在北极治理上的合作,构建新的机制以取代原来北极理事会的作用。

然而,印度在其北极政策的文件中明确表示,将在北极理事会的框架下进行科研,参与环境与气候保护活动。印度在此前对俄罗斯谴责的投票中选择弃权,已招致一些不满。若印度在北极治理上坚定地支持俄罗斯,将受到更多来自西方的质疑。因此,面对北极理事会七国对俄罗斯的谴责,印度保持中立的态度。同时,印度也通过二十国集团峰会协调各国对于环保合作的立场,表明希望各国摒弃前嫌合作治理北极面临的环境问题。因此,俄印在北极治理的合作很可能不超过北极理事会框架的范畴,至多是加强某些议题的双边合作,而不会共同构建北极治理的新机制。

二、俄印北极关系的特点

俄印的北极关系具有以经济为驱动和以长久合作机制为基础的显著特点,在地缘政治层面则以不确定的合作关系为特征。

（一）以经济为驱动

俄印在北极的合作总体上涉及经济利益，包括油气资源与交通运输的合作。能源交易一直是俄罗斯对外经济贸易的重要一环，占国内生产总值的18%。[1] 北极蕴藏大量尚未开发与处于开发中的油气资源，这将给俄罗斯的经济带来持续增长的推动力。俄罗斯在北极拥有万科尔油田、普拉扎洛姆诺耶油田、什托克曼凝析气田、多尔金斯科耶油田等油气资源产地，在2022年的年产量已达1065万桶。[2] 2022年7月，俄罗斯国家石油公司又宣布在北极伯朝拉海发现了巨大油田，估计含有石油8200万吨。同时，印度是世界第三大石油消费国和进口国，推动印度经济发展的85%的原油源自进口。俄乌冲突爆发后，东方在俄罗斯的战略地位中有所提升。受俄罗斯能源折扣的影响，印度将能源进口的对象转向了俄罗斯，并在2022年6月向俄罗斯购买112万桶原油。自此，俄罗斯成为了印度最大的原油出口国。俄印在能源交易方面具有联系紧密的经济利益，成为两国在北极能源合作的驱动力。

在进行能源交易的同时，俄印又在寻求更便捷、快速的交通路线，为经贸往来节省时间与运输成本，而北极待开辟的航道将满足俄印的需求。俄罗斯在《2035年前俄罗斯联邦北极地区发展和国家安全保障战略》中，明确将北方海航道定位为亚洲市场的战略路线，将其发展为向亚洲市场实现全年运输的通道。俄乌冲突爆发后，俄罗斯进行了战略调整，更多通过北方海航道运输货物。虽然航道的基础设施建设被暂时搁置，但外部的推动力使其重新被提上议程。建设通过北极运输的航道正符合印度的需求。印度在北极政策中提到，新航道的开通将重塑全球贸易、降低航运成本并提高北极当地土著社区的发展水平。北极的新航道不仅能为印度进口北极

---

[1] "Share of the oil and gas industry in the gross domestic product (GDP) of Russia from 1st quarter 2017 to 4th quarter 2022," Statista, May 5, 2023, https：//www.statista.com/statistics/1322102/gdp-share-oil-gas-sector-russia/.

[2] "Production of Arctic oil and gas worldwide from 2010 to 2022, by country," Statista, Jan. 31, 2023, https：//www.statista.com/statistics/1300235/arctic-oil-production-by-country/.

能源创造便利条件，也为印度提高北极地缘政治地位提供机会。

（二）以长久合作机制为基础

俄印的北极合作以两国间长久的合作机制为基础。俄罗斯－印度年度首脑峰会为两国商讨北极合作事项提供平台，促成两国领导人就相关问题进行直接沟通，省去繁杂的环节。在2014年的第十五届俄罗斯－印度年度首脑峰会上，两国领导人强调要进行油气开发的合作，并探讨建立连接两国的天然气运输管道的可能性。在2015年的俄罗斯－印度年度首脑峰会上，普京与莫迪再次商谈北极合作，促成一系列北极能源投资项目的落地。除直接进行北极合作的协商外，俄罗斯－印度年度首脑峰会对两国的合作关系也有促进作用。在2021年的俄罗斯－印度年度首脑峰会上，通过的15项合作备忘录与条约全方位加强了两国在军事、能源、科研等方面的合作，对外界传达了信号：即使在西方敌视俄罗斯的情况下，印度仍选择与俄罗斯保持密切的关系。这对俄印在北极的合作产生间接影响，使两国选择成为关系更亲密的伙伴。2023年，俄罗斯在其新版对外政策构想中提到要继续加强与印度的特殊互惠战略伙伴关系，促进双边贸易，加强科技与投资联系，更进一步为俄印的北极合作创造条件。[1]

除此之外，俄印间存在着可以追溯到苏联时期的长久的科技合作传统。当前，俄印间技术和科学合作的势头并未消减，两国建立科学技术工作组、综合长期计划和基础科学合作计划这三个机制以促进合作。[2] 这些机制通过开展定期的研讨会、信息技术交流、共同研究议题的形式，促进两国学者在生态学、地质学、生命科学等领域的交流。两国的其他合作平台还包括俄印创新之桥、远程医疗合作、创建传统知识数字图书馆和俄罗斯－印度大学网络。这些机制为俄印在北极的科研合作提供资源共享的平

---

[1] "The Concept of the Foreign Policy of the Russian Federation," The Ministry of Foreign Affairs of Russian Federation, Mar. 31, 2023, https: //mid. ru/en/foreign _ policy/fundamental _ documents/1860586/.

[2] "Prospects for India－Russia Cooperation in the Arctic," Manohar Parrikar Institute for Defence Studies and Analyses, IDSA, Oct. 29, 2021, https: //idsa. in/issuebrief/india－russia－in－arctic－bsharma－uksinha－291021.

台，也更方便两国的学者进行交流访问，进而减小俄印北极合作科研项目的推进阻力。

（三）地缘政治关系受多层面影响

俄印在北极的地缘政治关系受到多个层面的国际关系的影响。在北极事务方面，印度更倾向于在北极理事会的框架下活动，并把这一准则写入其北极政策的文件。尽管俄罗斯也在《2035年前俄罗斯联邦北极地区国家政策原则》中提出以北极理事会的机制为主的原则，但又在2023年2月宣布不再依托北极理事会。从过去到现在，北极治理都是西方化的，而印度并没有明确地表示要改变这一现状，与俄罗斯的合作也仅停留在经济与科研等方面，对北极的数字基础设施建设、卫星发射等具有潜力的项目并未表现出太大的兴趣。

虽然在对国际治理的框架选择上意见不一，俄印在北极的合作能给两国都带来地缘政治的利益。俄印合作的南北运输走廊连接了欧洲和中亚，能促进两国之间、两国与沿线国家在经济上的合作，提高两国的国际影响力和在相关经济议题的话语权。俄罗斯能获得掌握运输路线的优势，进一步促进与印度的资源贸易，实现俄罗斯制衡欧洲、向东看的战略利益。印度也能借助这一路线拉近与俄罗斯的关系，从而制衡它在亚洲的其他竞争对手，保证自身在亚太地区的优势地位。

三、俄印北极合作加强的原因

总体上看，目前俄印的北极关系受到四个层面的影响，包括：俄印两国在北极的利益诉求、两国长久以来良好的合作基础、俄乌冲突后国际格局的变化、俄美北极竞争的加剧。其中，俄印相契合的北极利益是促进两国北极合作的主要因素。

（一）俄印两国在北极的利益诉求

根据俄罗斯的《2035年前俄罗斯联邦北极地区发展和国家安全保障战略》与印度的新北极政策文件《印度与北极：建立可持续发展伙伴关系》，两国在北极存在契合的利益，这为两国的合作奠定了基础。

在经济方面，俄印有一致的利害关系，这主要体现在能源的交易关系方面。俄罗斯希望开发北极的能源供给能力，以促进对外贸易出口。俄罗斯计划在北极构建以碳氢能源为主的资源战略基地，将开发的方向拓展到煤矿、稀有金属、森林资源、生物资源等更多形态的能源。而印度希望从俄罗斯获得稳定低价的进口能源，并认为北极的能源将帮助印度实现这一目的。印度的北极政策文件中提到了北极丰富的碳氢能源与可再生能源的开发可能，欲协助北极国家开发资源，加强与北极国家的能源开发伙伴关系。但北极作为俄罗斯仍待发展的地区，投资环境并不理想。俄乌冲突爆发后，俄罗斯财政部公布的2023—2025年的预算草案，大约1/3的支出分配给内部安全和国防部门，并且将提高对能源行业公司的税收。[①] 在此环境下，俄罗斯的能源发展需要外部的力量，而印度的投资能为解决俄罗斯能源业发展的预算不足提供一定的帮助。同时，能源合作的长期化也将为俄罗斯降低东西部经济发展差距的愿景带来机会。通过在北极的能源开发、配套设施建设、贸易等，俄罗斯的北极地区将会有更多的就业机会，也吸引更多移民。

俄印在经济方面的一致利益诉求也体现在互联互通的建设方面。2022年6月，俄印宣布扩展南北运输走廊的航线，将南北运输走廊与北极走廊连接。这对印度在西北方的贸易拓展有很大的促进作用，也将推动俄罗斯与亚洲的贸易往来。在印度的北极政策中写道，北极未来的无冰化将重塑全球贸易，而印度将利用这个机会，开辟新的航线，加速互联互通。印度将促成北极与印度洋联通作为其全球战略的重点，而俄罗斯北极战略中建

---

① "Russia's 'war' budget for 2023 – 2025," OSW Centre for Eastern Studies, Dec. 12, 2022, https://www.osw.waw.pl/en/publikacje/analyses/2022 – 12 – 12/russias – war – budget – 2023 – 2025.

设北方海航道扩展线的目标正符合印度的利益。俄印在北极的经济合作可以说是互利共赢的。

在科研方面，俄印也有相同的利益诉求，即恢复北极的科研活动。2022年北极理事会停摆后，北极七国宣布排除俄罗斯，重新开展北极活动。这使得俄罗斯与其他北极国家在科研方面被迫脱钩，失去了资金来源，而印度可为俄罗斯提供资金。俄罗斯的领土覆盖北极大片区域，大多数的北极地质科研活动需要在俄罗斯完成，且数据大多被俄罗斯持有。与俄罗斯在北极进行科研合作，将使印度获得更全面的北极科研数据。印度过去在喜马拉雅山脉、南极洲都进行过气候科研考察活动，具有丰富的经验，可以依据地理环境的相似性将研究的技术、方法投入到北极的极地考察中。反之，印度也可以把在北极科研中获得的数据应用到对喜马拉雅山的研究上，这对印度的环境保护具有一定的帮助。此外，由于成本与资金限制等问题，直至现在印度仍未拥有一艘破冰船以支持其在北极的大范围科研活动。[①] 尽管2021年印度已将购置极地破冰船的资金支出提上议程，但目前仍未有进展。而俄罗斯拥有40多艘破冰船以及最长的北极海岸线，能弥补印度硬件上的缺失并提供更广阔的科研场所。在俄印都有意愿恢复科研活动并且在两国优势互补的情况下，俄印在北极的科研合作符合两国的利益诉求。

（二）俄印两国的合作基础

俄印的边界不接壤，没有重大的地缘政治利益冲突，这为两国建立深远合作排除了障碍。早在苏联时期，俄印就已建立了伙伴关系，进行了密切的军事合作。苏联解体后，俄罗斯继承了以往与印度的密切合作关系，继续深化在军事、经贸、能源上的合作，使两国的关系发展到特殊与特惠的战略合作伙伴关系层面。2019年，印度将这一关系定义为其远东政策的支柱。同时，两国建立了合作机制，即每年举行的俄罗斯-印度年度首脑

[①] 郭培清、王书鹏：《印度北极战略新动向：顶层设计与实践进程》，《南亚研究季刊》2022年第3期。

峰会，以确保双方高层能进行更全面的对话。在历届峰会上，俄印就北极的大陆架探索、能源开发等问题进行讨论。2015年，两国签订了一项关于共同进行地质调查、勘探北极碳氢化合物的谅解备忘录。俄罗斯-印度年度首脑峰会这一机制能为两国磋商谈判提供更多机会，促进两国的进一步合作。此外，在2021年的俄罗斯-印度年度首脑峰会上，两国签订了28项协议与备忘录，涉及更加紧密的军事合作。尽管美国对印度施加压力，印度仍在军事合作上选择了俄罗斯这一伙伴。2023年，俄罗斯把强化与印度的特殊和特惠战略伙伴关系写入外交政策构想。

（三）国际格局的新变化

俄乌冲突爆发后，欧洲原本紧张的局势进一步恶化，俄欧、俄美关系跌至冰点。欧美对俄罗斯的行为进行谴责，并进一步加强对俄罗斯贸易、金融方面的制裁。欧美禁止本国企业向俄罗斯出口高新技术产品，包括电子元件、军事装备、半导体等。欧洲从俄罗斯撤资并停止商业活动的同时，也彻底切断对俄罗斯的油气需求，进入与俄罗斯脱钩的阶段，使俄罗斯失去了最大的天然气客户。[①] 因此，俄罗斯加速了其战略东转的倾向，以优惠的能源价格吸引中印购买，以取代原本欧洲所占的市场份额。2022年底，印度成为俄罗斯最大的原油出口国。俄罗斯需要更多的外部资金，而北极的油气项目对中印有较大的吸引力，这令俄罗斯更加紧迫地与中印商谈在北极的合作前景与北极的油田开发。总体而言，俄印在北极的资源合作受到国际关系变化的影响，西方对俄罗斯的制裁使俄罗斯把战略目标向东转移，不仅更重视与东方国家的关系，也更重视北极与远东地区的建设，这使俄印两国在北极的关系更加密切。

（四）俄美北极竞争的加剧

目前来看，北极的主要国家是北极八国，包括美国、加拿大、俄罗

---

① Bhagwat, "Cooperation between Russia and India in the Arctic: A Pipedream or a Strategic Necessity," International Relations, Vol. 13, No. 4, 2020, pp. 488–506.

斯、丹麦、挪威、芬兰、冰岛和瑞典，其中，俄美是北极地区竞争最为激烈的两国。在力量分布上，除俄罗斯外，其余六个北极国家都是美国的盟友或伙伴国，这对俄罗斯来说并非有利。

早在冷战时期，美苏两国在北极进行长期的政治与军事对峙。苏联将摩尔曼斯克建成世界上最大的海空军基地；美国则在阿拉斯加和格陵兰岛建立了庞大的军事基地，并与加拿大共同组成北美防空司令部。两国都部署了大量的侦察系统，甚至是洲际导弹发射场。冷战结束后，随着更多的北极自然资源被发现，两国在北极的领土争端进一步白热化。同时，俄美对北极的地缘安全持悲观态度，为了维护本国在北极的国家安全和利益，纷纷加紧建设基础设施。2020年，俄罗斯在北极战略文件中提到，北极发生冲突的可能性增大，因此要加快建设防御性的军事设施，以保护北部边界安全。2022年，美国公布新的北极政策，强调要加强在北极的军事存在，增加与盟友在北极的军事演习，部署北美防空司令部现代化系统和更多的海岸警卫队破冰船，以应对来自俄罗斯的威胁。2023年1月，美国在北极举行为期10天的军事演习，直接针对俄罗斯及与其友好国家。

面对美国与其余六个北极国家的压制，俄罗斯急需寻求其他在北极有攸关利益的国家的合作，以缓解来自美国的压力，印度是其选择之一。而印度为了快速进入北极地区，获取经济利益，也会重视与俄罗斯的合作，这在一定程度上会改善目前俄罗斯在北极地区的不利局面。

四、总结与趋势

俄印的北极关系以经济因素的驱动和长久的合作基础为显著特点，在能源方面展开全面的合作，印度以贸易、投资、收购的方式向俄罗斯在北极的发展提供资金支持，而俄罗斯以折扣价格的原油回馈印度。此外，两国还在交通运输路线建设方面进行合作，在北极建设俄印间的原油运输路线；在科研方面，两国力图使北极科研正常化。俄印两国本就有较为完善的合作机制，为两国商谈在北极的合作提供便利。同时，在北极的合作也符合两国国内与国际层面的利益。两国在北极的合作不仅能促进俄印国内的经济发展，还能使俄罗斯获得牵制西方的伙伴。

总体上看，俄印的北极合作是双赢的关系，在两国没有重大地缘利益冲突的情况下，俄印的北极关系将呈现合作不断加强的趋势。尽管俄印在北极合作建立治理机制的可能性不大，但在俄罗斯被西方制裁、北极局势逐渐紧张的情况下，两国在北极的合作会不断增强。从短期来看，由于受到西方的制裁，俄罗斯会加速战略东转，加强与印度在北极的合作。同时由于国内经济问题，俄罗斯会加强与印度在能源方面的合作开发、贸易往来，以缓解自身的经济压力。

从长期来看，俄印可能将进一步扩大在北极的科研与基础设施建设合作，如部署海底光缆、建设北极观察站等，俄罗斯也可能为印度提供破冰船以助其在北极的科研考察与大陆架探索。在能源贸易方面，基于俄罗斯已成为印度第一大原油进口国的事实，印度将会持续为俄罗斯的油气资源开发提供订单与资金支持，以换取驱动国内经济的燃料。但是，由于俄美北极竞争的加剧和印度不结盟的立场，俄印两国在北极的一些基础设施建设的合作部署不会被提上议程，例如在北极的通信卫星设施方面的合作。尽管如此，两国在北极的合作仍有上升空间。

日俄北极地区合作的特点和动因分析

曹 聪[*]

【摘　要】 日本和俄罗斯在北极地区合作的历史由来已久，双方的合作主要由政府主导，学界与产业界后续跟进。两国在北极地区的合作具有政策导向性明显、以科学考察为主、易受地缘政治因素影响的特点。日本与俄罗斯合作开发北极的动因是保障能源安全、利用北方海航道、应对北极生态环境变化以及参与北极治理机制建设；而俄罗斯与日本合作的主要目的是为北极资源开发寻找资金、技术和市场，以及拓展北方海航道的国际运输市场。而岛屿的主权归属问题和两国经济相互依赖的程度制约日俄在北极地区的合作。受俄乌冲突的影响，短期内日俄北极地区的合作形势并不乐观，但是两国北极合作的基础不会轻易消失。基于共同应对气候环境变化的需求以及能源、航道等共同利益，从中长期来看两国北极合作的前景十分明朗。

【关键词】 日本　俄罗斯　北极地区　合作　能源安全　北方海航道

北极地区通常指的是北纬 66 度 34 分以北的陆海兼备的区域，为了便于理解和说明，本文把日俄在西伯利亚的近北极区域（比如雅库茨克）的合作也统一归入北极地区合作。日本与俄罗斯在北极地区的合作最早是由学界推动的，目前的合作形式是政府主导，学界与产业界再后续跟进。两

---

[*] 曹聪，广东外语外贸大学国际关系学院国际关系专业 2021 级硕士研究生。

国北极地区合作的议题由日俄科学技术合作委员会制定，合作主要在俄罗斯的西伯利亚东部地区进行。两国科研机构主要围绕永冻土、水循环、温室气体和陆面过程等生态环境方面的主题展开合作，其他区域和领域合作的规模都较小。值得注意的是，两国在北极地区能源领域的合作暂时只有北极液化天然气2号项目，日本三井物产和日本石油天然气金属矿物资源机构共同出资占有10%的权益；[1] 在北方海航道建设方面，日本并没有与俄罗斯建立有效的合作机制。

一、日俄北极地区合作历程

日本和俄罗斯在北极地区的合作可以追溯到20世纪70年代的苏联时期。1973年，日本学界派人参加国际冻土协会在雅库茨克举办的国际冻土大会，以此为契机，日本学界开始与苏联在西伯利亚广袤的冻土地区展开联合调研。日本国立环境研究所从1991年开始与俄罗斯中央高空气象观测站合作，双方在西伯利亚地区展开温室气体研究，通过雅库茨克附近的观测站收集温室气体数据。20世纪90年代后半期，日本国立极地研究所与俄罗斯科学院西伯利亚分院梅尔尼科夫冻土研究所开始合作，在西伯利亚东部进行积雪数据收集工作。

日本与俄罗斯在北极地区真正展开大规模合作是在1997年。当时世界气象组织和国际科学联盟理事会的联合科学委员会制定了世界气候研究计划，该计划启动了亚洲季风实验项目，选择西伯利亚勒拿河流域为实验区域。来自俄罗斯科学院及俄罗斯水文气象和环境监测局的专家参加了该项计划。[2] 这一时期，日本的北海道大学、名古屋大学等高校研究机构与俄罗斯科学院冰冻岩带生物问题研究所在雅库茨克附近的斯帕斯卡亚帕德合

---

[1] 《北极液化天然气2号项目》，Novatek，https://www.novatek.ru/en/business/arctic-液化天然气/。

[2] 日本国立極地研究所，「日露北極研究ワークショップ」、2015年1月、https://www.nipr.ac.jp/aerc/e/info/20141028report.pdf。

建了一座高达 32 米的地面气象观测台。另外，俄罗斯在季克西港口建立了新的北极观测站对陆面过程进行研究，日本海洋研究开发机构参与了这项研究。

21 世纪初期，日本多所大学研究机构与俄罗斯科学院地理研究所合作组织了对孙塔尔哈亚塔山脉的冰川数据收集工作。2013 年 5 月，日本被接纳为北极理事会正式观察员国后，两国的北极研究合作开始由官方主导。当年 9 月在东京举行的第十一次日俄科学技术合作委员会会议上，两国政府详细讨论了北极研究合作的相关议题。[①] 在此基础上，2014 年 10 月两国在东京举行了第一次日俄北极研讨会，会议讨论并确定了未来几年两国北极地区的合作主题，以生态环境方面内容为主。2015 年 9 月，第十二次日俄科学技术合作委员会会议在莫斯科举行，此次会议肯定了之前北极研究合作的成果。2017 年 3 月，第二次日俄北极研讨会在莫斯科举行，本次会议在确认过去合作取得的成果上提出了新的研究主题，依然集中在生态环境领域。2018 年 4 月在东京举行了第十三次日俄科学技术合作委员会会议，双方就包含北极地区的自然开发、农业以及数字领域的人才培养措施进行了报告。[②]

二、日俄北极地区合作的特点

（一）政策导向性明显

自 2009 年提出申请成为北极理事会观察员国以来，日本政府高度关注北极地区的发展，甚至把北极事务上升到国家战略的高度。受日本外务省委托，2013 年日本国际问题研究所在调研后提交了一份名为《北极治理与

[①] 日本外务省、「日露科学技术协力委员会第 11 回会合の開催」、2013 年 9 月 11 日、https://www.mofa.go.jp/mofaj/press/release/press4_000047.html。
[②] 日本外务省、「日露科学技术协力委员会第 13 回会合の開催」、2018 年 4 月 9 日、https://www.mofa.go.jp/mofaj/press/release/press4_005904.html。

日本外交战略》的综合性北极研究报告。该报告在政策建议部分明确提到，日本应利用自身的资金和技术，在勘探北极资源方面与北极圈国家构建双赢关系。另外，报告评估俄罗斯北方海航道是最有可能实现商业化通航的航道，因此日本有必要与俄罗斯加强对话，参与航道及周边保障设施的建设进程。① 2015 年 10 月，日本内阁府综合海洋政策本部公布了第一份专门的北极政策文件——"我国的北极政策"。该文件强调了北极开发过程中国际合作的重要性，特别是要促进与北极圈国家之间双边的科学技术合作与相关协议的签订。② 2018 年日本政府发表的第三期"海洋基本计划"依然强调日本未来要继续参与北极治理多边合作，深化与北极圈国家的双边往来。③

俄罗斯早期比较排斥域外国家插手北极地区事务，但是开发北极涉及大规模的资金及相关技术支持，因此不得不选择与域外国家合作。④ 2020 年 3 月俄罗斯更新了北极政策文件，表示国际合作是俄罗斯实现北极战略目标的主要方向，并详细规划了北极地区开发过程中可以利用国际合作的领域，例如地区经济合作、科技合作、生态环境保护、文化与边境合作、国际民族文化发展等。⑤ 2023 年 3 月俄罗斯政府发布了最新的《俄罗斯联邦外交政策构想》，明确提到北极地区相关的内容，表示要致力于维护北极地区的和平与稳定，与对俄罗斯奉行建设性政策并有兴趣在北极开展国际活动的非北极国家建立互利合作关系，对域外国家参与北极事务持开放态度。⑥

综合日俄有关北极政策的文件内容，不难看出两国都非常重视通过国

---

① 日本国際問題研究所、「北極のガバナンスと日本の外交戦略」、2015 年 3 月、https：//www2. jiia. or. jp/pdf/resarch/H24_Arctic/09 – arctic_governance. pdf。
② 日本總合海洋政策本部、「我が国の北極政策」、2015 年 10 月 16 日、https：//www8. cao. go. jp/ocean/policies/arcticpolicy/pdf/japans_ap. pdf。
③ 日本總合海洋政策本部、「海洋基本計画」、2018 年 5 月、https：//www8. cao. go. jp/ocean/policies/plan/plan03/pdf/plan03. pdf。
④ 李晗斌：《东北亚国家北极事务合作研究》，《东北亚论坛》2016 年第 5 期。
⑤ "Основы государственной политики Российской Федерации в Арктике на период до 2035 года," http：//docs. cntd. ru/document/564371920.
⑥ 《俄罗斯联邦外交政策构想》，俄罗斯联邦外交部，2023 年 3 月 31 日，https：//mid. ru/cn/foreign_policy/founding_document/1860586/。

际合作的途径来实现北极战略。两国非常清楚北极地区未来的价值，并一致认为独自开发北极是不可能完成的任务。北极地区只有通过国际协作来共同开发，才能最终达到互利共赢。因此，日俄在北极地区的合作具有明确的政策导向性。

（二）以科学考察为主

长期以来，俄罗斯在北极地区的首要合作对象国是其他北极国家，《2035年前俄罗斯联邦北极地区国家政策原则》中增加了积极吸引域外国家参与俄罗斯北极地区开发的内容。[①] 日本开始重视北极地区的潜在价值，是在申请成为北极理事会观察员国之后。因此，两国目前在北极地区合作内容的层次不深，主要停留在科学考察层面。

2014年公布的日俄第一次北极研讨会的报告显示，两国北极研究合作的主题有：北极地区（斯匹次卑尔根、巴拉诺夫角、季克西）黑碳和气溶胶对气候的影响；极地预测项目框架下的初步联合研究；北方海航道航行的可靠性和风险评估；西伯利亚多年冻土生态系统碳与水的比较研究；俄罗斯北极和亚北极冰川研究；北极环境变化下多年冻土区积雪的变异性，吹雪和融雪过程研究；发展空间遥感技术，监测北极苔原活跃表土温度和湿度的季节变化研究；基于气候变暖预测的西伯利亚过去和未来永久冻土变化研究；生态系统和生物多样性研究；全球气候变化对西伯利亚和北太平洋商业捕鱼和本土沿海文化的影响；北极和全球气候变化：反馈和预测动态。[②] 研究主题很多，但基本都是在生态环境领域进行科学考察的内容。

在此基础上，两国在2017年举办的第二次日俄北极研讨会上又增加了以下主题：在"极地预测年"使用额外的探空仪进行可预测性研究；合作利用俄罗斯中央高空气象观测站；基于数学模型的积雪中水汽扩散对传热影响的评估；气候变化下东北亚陆地冰的变化研究；泛北极河流的水文及

[①] 韦进深、朱文悦：《俄罗斯"北极地区开发"国际合作政策制定和实施效果评析》，《俄罗斯学刊》2021年第3期。

[②] 日本国立極地研究所、「日露北極研究ワークショップ」、2015年1月、https://www.nipr.ac.jp/aerc/e/info/20141028report.pdf.

其对海洋的影响研究；俄罗斯北方森林火灾对全球环境的影响研究。① 双方合作内容仍然没有脱离科学考察的范畴。

综合以上报告内容可知，日本与俄罗斯在北极地区的合作主要还是围绕生态环境领域进行科学考察。在其他领域，比如能源领域和北方海航道方面，日俄两国暂时还没有建立有效的官方合作机制。

（三）易受地缘政治因素影响

日俄北极地区的合作非常容易受到地缘政治因素的影响。2014 年乌克兰危机爆发后，欧美等国对俄罗斯发动经济制裁，拥有资金和技术支持的国际石油公司纷纷退出俄罗斯北极地区的能源开发项目。俄罗斯被迫把目光转向远东和亚太，实行向东看的总体国家战略。时任日本首相安倍晋三凭借与普京总统的良好关系，以及誓要在任期内推动北方领土问题解决的政治目标，顶住欧美盟国的压力继续与俄罗斯展开北极地区合作。2020 年俄罗斯国内立法禁止割让领土，日本政府解决领土问题的信心备受打击，也直接影响了日本对俄罗斯北极地区项目的投资期望。2022 年俄乌冲突爆发后，日本政府向西方盟友靠拢，采取金融、贸易和签证限制等手段对俄罗斯实施严厉的制裁，② 日俄之间的双边关系可以说进入了冷战结束以来最差的时期。值得注意的是，两国目前在能源项目上的合作还没有停止，③ 日本在能源领域很难与俄罗斯彻底脱钩。

目前，虽然主导北极地区国际合作事务的北极理事会已逐渐恢复部分合作，但俄罗斯被排除在外，日本与俄罗斯基于该组织框架的多边合作也基本处于停滞状态。日俄北极地区合作的恢复，有赖于双方对当前地缘政治风险认知的改变。

---

① 日本国立極地研究所、「日露北極研究ワークショップ」、2018 年 1 月、https://www.nipr.ac.jp/aerc/e/info/201801report.pdf。
② 日本首相官邸、「ロシアによるウクライナ侵略を踏まえた対応について」、https://www.kantei.go.jp/jp/headline/ukraine2022/index.html。
③ 「サハリン1も日本権益維持 ロシア政府許可」、共同通信社、2022 年 11 月 14 日、https://www.47news.jp/8571549.html。

三、日俄北极地区合作的动因

（一）日本的利益诉求

1. 推动能源供应多元化，保障能源供应安全

北极地区能源资源蕴藏量丰富，且极大部分仍处于待开发状态。美国地质调查所2008年出具的北极地区油气资源调查报告显示，该地区还未发现的石油储量预计达900亿桶，占世界总含量的13%；天然气储量47亿立方米，占世界总含量的30%；天然气液440亿桶，占世界总含量的20%。[①] 到2014年已探明的北极地区油气资源储量分布情况显示，位于俄罗斯境内的北极地区油气资源占比约87.6%，其中天然气储量占比94.7%、天然气液储量占比88.3%。[②]

日本是一个资源禀赋不足的海岛国家，绝大部分资源都需要从海外进口，能源方面严重依赖中东地区市场。随着全球气候变暖，北极资源开采的可行性提高，北极地区被国际社会称为"下一个中东"，未来势必成为主要的能源供应地区之一。在2011年日本福岛核电站发生核泄漏事故后，日本国内社会对核能发电的安全性存疑，液化天然气等清洁能源的需求量急剧上升。日本经济产业省资源能源厅2021年发布的第六次"能源基本计划"显示，尽管日本大力推动以太阳能、风力、水力、地热和生物能等再生能源的利用，但是2030年前液化天然气的发电比仍计划占到20%。[③] 另外，根据日本官方数据统计，2021年日本从俄罗斯进口的石油、液化天

[①] USGS, "Circum – Arctic Resource Appraisal: Estimates of Undiscovered Oil and Gas North of the Arctic Circle," 2008, https://pubs.usgs.gov/fs/2008/3049/fs2008 – 3049.pdf.

[②] 夏莹：《日本对北冰洋油气资源的战略考量》，《海洋开发与管理》2015年第4期。

[③] 日本経済産業省、「エネルギー基本計画の概要」、2021年10月、https://www.enecho.meti.go.jp/category/others/basic_plan/pdf/20211022_02.pdf。

然气和煤炭占总比：石油 3.6%（排第五位）、液化天然气 8.8%（排第五位）、煤炭 11%（排第三位）。①

综上可见，日本和俄罗斯在液化天然气等能源贸易上还有很大的合作空间。日本政府非常重视能源安全问题，强调要避免能源供应来源单一化，要提高抗风险能力，防止与中东地区的传统贸易线路出现问题时没有其他稳定的能源补给线。俄罗斯北极地区不但有潜在的巨大的能源市场，而且能源运输路线与传统路线不同，与俄罗斯合作开发北极地区有助于日本保障能源安全，符合日本的长期利益。

2. 利用俄罗斯北方海航道，降低海运成本

通常所说的北极航道是横跨北冰洋，连接太平洋和大西洋的航道总称，具体可分为西北航道、中央航道和东北航道。② 西北航道是从大西洋到达太平洋的北极航道，东起戴维斯海峡和巴芬湾，穿过加拿大北极群岛，经过美国阿拉斯加北面的波弗特海和白令海峡与太平洋相接的航道。该航道海冰状况非常复杂、难以预测，年间通航时间 30 天左右，并且需要强力的破冰船领航，短期内难以实现商业性通航。③ 中央航道从白令海峡出发，直接穿越北极极点到达格陵兰岛与挪威之间的海域，是理论上路程最短的北极航道。该航道通航条件极为恶劣，目前仅有科研考察活动，故暂不被各国作为商业航道考虑。东北航道的划分存在一定争议性，日本学界普遍以俄罗斯的定义"北方海航道"代指东北航道，本文也沿用此定义，即东起白令海峡，沿西伯利亚北部沿海直到俄罗斯新地岛东岸。据北极地区科研人员长期观测，从 1975 年到 2020 年，北极海域的海冰覆盖面积大体呈下降趋势，平均每年的减少量相当于日本的北海道（面积为 83424 平方公里）。俄罗斯北方海航道的通航条件日趋成熟，与经过马六甲海峡、苏伊士运河的传统航道相比路程缩短近 40%，而且可以避开海盗等

---

① 日本経済産業省、「2021－日本が抱えているエネルギー問題（前篇）」、2022 年 8 月 12 日、https://www.enecho.meti.go.jp/about/special/johoteikyo/energyissue2021_1.html。
② 大塚夏顔、大西富士夫、泉山耕、「北極海航路による海上輸送の変遷と特徴」、土木学会論文集 B3（海洋開発）2017 年第 73 卷第 2 号。
③ 张慧智、汪力鼎：《北极航线的东北亚区域合作探索》，《东北亚论坛》2015 年第 6 期。

安全风险。①

结合日本国土交通省、日本问题研究所等日本各界的研究报告内容，假设在通往欧洲利用北方海航道与苏伊士运河航道的航行天数一致的情况下，两者的运输成本比较如下表所示：

表5　北方海航道与苏伊士运河航道的成本比较

航行成本	成本比较	理由
燃料费	北冰洋＜苏伊士运河	北方海航道在相同天数内航行的距离更短，船速较慢，即使考虑到破冰船的燃效性能不如普通货船，也能节省大量燃料费用
船只费用（船只的折旧费、购买资金的贷款利息等）	北冰洋＞苏伊士运河	与普通货船相比，破冰船拥有坚固的船体和冰海特有的装备，因此价格昂贵；折旧费和贷款购买资金所带来的利息负担会更大
运航费（船只维持费、船员人工费等）	北冰洋＞苏伊士运河	破冰船比普通货船维护费用高，冰海要求船员具备冰海特有的知识和技术，所以人工费很高
其他（破冰船支援费用、苏伊士运河通航费、保险费等）	不明确	北方海航道不需要通航费，但很多情况下需要向俄罗斯政府支付破冰船支援费用；苏伊士运河的通航费较为明确，破冰船等费用需要具体谈判决定，哪一项费用高不能确定，但北方海航道保险费更高

综上可知，海运企业在相同的天数内分别使用两条航道的情况下，北方海航道可以节省大量的燃料费用，但是在前期的船只购买、船员培训以及船体维护方面花费更高。考虑到前景问题，北方海航道的未来收益更高。随着气候条件改变，北方海航道越来越适宜航行，船只成本和人工成

---

① 日本国土交通省、「北極海航路の利用動向について」、2021年7月28日、https://www.mlit.go.jp/sogoseisaku/ocean_policy/content/001476544.pdf。

本也会随着通航次数的增多而降低，不确定的就是俄罗斯在北方海航道的破冰支援等方面收取的费用。因此，日本需要与俄罗斯保持沟通，为将来长期利用北方海航道创造良好的合作氛围。

3. 利用俄罗斯境内研究设施，应对北极生态环境变化

北极是对全球气候变暖、臭氧层破坏、降水酸化等人为原因造成的大气环境变化最敏感的地区，北极生态环境的变化对全球海平面上升、极端气象增多以及生态圈平衡的影响不可估量。日本是靠近北冰洋的海岛国家，其社会和经济活动与海洋密不可分，海平面上升和极端气象增多会给日本带来比较直观的灾难。

基于对北极生态环境变化引起的后果的认识和担忧，2011年5月，由日本文部科学省授意，日本国立极地研究所牵头专门成立了日本北极环境研究联盟，以统合日本国内各个分支研究领域，集中地研究和讨论北极环境问题。日本北极环境研究联盟在2014年9月提交的《北极环境研究的长期构想》中明确了日本北极环境研究的四个主题：第一，理解北极地区因气候变暖而发生的剧烈的综合现象，解释其机制和影响，并预测其未来发展；第二，研究人为因素引起的环境变化对生态系统的影响，包括陆域和海洋的生物多样性以及全球气候变暖等领域；第三，收集广泛而重要的北极环境资料及其基础信息；第四，通过持续的监测和数据建模，实现北极环境研究的突破。[①] 要完成长期构想中提出的目标，专业的研究配套设施非常重要，主要包括用于观测冰床、海冰、积雪质量变化的卫星；用于大气观测的无人机；可长期航行的研究性破冰船；可在高空、陆地、海洋等严酷环境中使用的数据监测设备；最重要的就是观测据点以及处理数据、提供补给的研究基地。

如前文所述，日本与俄罗斯在北极生态环境研究方面的合作历史由来已久。2013年日本被接纳为北极理事会正式观察员国后，两国在北极地区的双边合作也进一步加强。俄罗斯西伯利亚地区的观测据点和研究基地为

---

① 北極環境研究コンソーシアム、「北極環境研究の長期構想」、2014年9月、https://www.jcar.org/documents/longterm20160629.pdf。

日本研究北极提供了宝贵的科研条件，是日本推行北极战略难以割舍的一环。

4. 为参与北极治理机制建设获得支持

《斯匹次卑尔根群岛条约》赋予了日本参与北极科考的权利，除此之外，日本作为非北极国家并没有深入参与北极治理的合法身份。因此，日本长期以来都是依据《联合国海洋法公约》借助国际多边平台来参与北极治理。[①] 2013年北极理事会同意中国、日本、韩国三国以及意大利、印度、新加坡成为正式观察员国，给日本参与北极治理机制建设提供了合法途径。2020年前后，俄罗斯在发布的新版北极政策文件中表示，鼓励与域外国家进行多边或双边合作共同开发北极。再加之俄罗斯管辖着北方海航道，在北极事务上拥有很大的话语权。因此，日本与俄罗斯在北极地区展开合作，有助于日本在参与北极治理机制建设上获得俄罗斯的支持，进而有利于日本未来在北极地区国际规则的制定上争夺部分话语权，这对日本的整体国家利益来说意义重大。

（二）俄罗斯的利益诉求

1. 为北极资源开发寻找资金、技术和市场

俄罗斯北极地区含有丰富的能源和矿产资源，目前俄罗斯全国60%的铜和石油、90%的镍和钴、95%的天然气、98%的铂铜以及100%的金刚石、锑、磷灰石、稀土和稀有金属都开采自北极地区。[②] 尽管如此，由于俄罗斯缺乏足够的资金和技术支持，北极地区大部分的能源和矿产资源仍处于冻土之下有待发掘。能源贸易是俄罗斯外汇收入的主要来源。2020年俄罗斯政府批准的《2035年前俄罗斯联邦能源战略》中提出，要大幅增加

[①] 肖洋：《日本的北极外交战略：参与困境与破解路径》，《国际论坛》2015年第4期。
[②] 万楚蛟：《当代俄罗斯北极战略：开发合作与安全博弈》，《俄罗斯东欧中亚研究》2022年第2期。

面向亚太地区的能源出口，预计亚太地区的能源出口占比从 2018 年的 27% 提高到 2035 年的 50%。[1]

日本作为发达国家和科技强国，可以为俄罗斯开发北极提供有力的资金和技术支持。另外，俄罗斯选择与日本在北极地区合作，也有能源战略上向东看的考量。长期以来，俄罗斯能源的主要出口国都是以欧洲地区国家为主。克里米亚脱乌入俄以来俄欧关系迅速下滑，俄罗斯需要为能源寻找新的稳定的买家，亚太地区的中国、日本、韩国都是不错的替代选择。因此，扩大与日本的能源贸易也是俄罗斯和日本在北极地区合作的重要因素。

2. 拓展北方海航道的国际运输市场

北冰洋海冰消融的趋势难以逆转，北方海航道未来的前景十分明朗。北方海航道的发展关系到俄罗斯整体的海洋贸易，进而能对俄罗斯的社会经济起到决定性影响。北方海航道在 2017 年亚马尔液化天然气项目正式运营后，年度航道运输总量及国际运输使用次数迅速上升。俄罗斯在 2020 年发布的北极政策文件中指出，要把北方海航道建设成"在国际市场上具有竞争力的国家运输走廊"，换言之俄罗斯把北方海航道定位为"俄罗斯管辖下可与苏伊士运河航道竞争的国际性航道"。

目前北方海航道的运输量增长主要依靠俄罗斯北极地区的能源出口，亚太地区国家与欧洲地区国家的贸易还是以传统的苏伊士运河航道为主。日本的地理位置靠近北冰洋，无论是与俄罗斯北极地区的能源贸易，还是与欧洲地区的海上货物运输，从路程上看北方海航道都特别契合。因此，日本将会是未来频繁利用北方海航道的国家之一。俄罗斯与日本在北极地区展开合作，构建良好的地区合作氛围，对北方海航道未来竞争国际运输市场具有非常积极的作用。

---

[1] 陈小沁：《俄罗斯亚太能源战略评析——基于远东油气管道项目的视角》，《东北亚论坛》2021 年第 2 期。

四、日俄北极地区合作的影响因素

俄罗斯是油气资源出口大国，日本是进口大国，按照正常的市场经济逻辑，两国的经贸结构本应有很强的互补性。由于乌克兰危机，日本对俄罗斯发动经济制裁，如下表统计所示，2014年两国的贸易额为341.9亿美元，制裁效果还不明显。到2015年时双方贸易额同比断崖式下降38.9%，而2016年日俄双边贸易更是跌落谷底，仅为164.1亿美元，相较2013年时的峰值下降52.9%。在安倍晋三提出对俄罗斯经济合作八点计划后，日俄双边贸易有所回暖，但是2019年再度出现下滑趋势。2020年突然暴发的新冠疫情影响了绝大多数国家的正常贸易，日俄两国也不例外，双方贸易额约为166.1亿美元，又重新回到2016年时的低谷水平。2021年疫情基本得到有效控制，两国贸易恢复正常。2022年俄乌冲突爆发，日本再次对俄罗斯施加经济制裁，双方贸易额再度下降，虽然数据上看起来还不明显，但可以预计与2016年时的情况一样，2023年两国的贸易额降幅会很大。

表6 2013—2022年日俄贸易额统计表（单位：亿美元）

时间	日对俄出口额	日对俄进口额	合计
2013年	110.7	237.8	348.5
2014年	93.1	248.8	341.9
2015年	51.2	157.6	208.8
2016年	51.3	112.8	164.1
2017年	60.1	138	198.1
2018年	73	155.9	228.9
2019年	71.7	143.4	215.1
2020年	58.8	107.3	166.1
2021年	78.4	139.8	218.2
2022年	46.8	153.4	200.2

资料来源：日本财务省贸易统计，https://www.customs.go.jp/toukei/srch/index.htm?M=23&P=0。

从 2021 年两国贸易数据来看①，俄罗斯在日本的所有出口国家中排第 19 位，进口国家中排第 13 位；日本在俄罗斯的出口国家中排第 12 位，进口国家中排第 8 位。日本在俄罗斯的总对外贸易额中占比仅 2.5%，俄罗斯在日本的总对外贸易额中仅占比约 1.4%。可见两国在彼此的贸易伙伴国中排名都不高，双方都不是对方无法替代的贸易伙伴。2021 年日本对俄罗斯的进口商品构成比例为：石油及制品 22.6%、煤炭 19.5%、液化天然气 18.1%、白金 11.4%、铝矿 9.6%、木材及加工制品 5.5%、鱼类食品 5.4%。出口商品的构成比例为：汽车 19.8%、汽车零件 21%、电气精密器械 12%、建设及采矿类器械 8.7%、发动机 6.1%、橡胶轮胎 3.9%。可见俄罗斯对日本出口的都是资源型商品，而日本卖给俄罗斯的主要是汽车和一些非敏感领域的机械产品，双方的贸易范围和商品种类比较单一。

综合以上数据可知，日本与俄罗斯的经济相互依赖程度处于较低的水准。日俄在北极地区合作的深化和发展，有赖于追求经济利益的驱动力，两国目前的经贸水平还有待进一步提高。

五、日俄北极地区合作的前景展望

国家的本质都是趋利避害，日本与俄罗斯分别作为代表性的区域性和世界性大国，两国之间并不存在结构性矛盾，反而存在不少可以合作的空间。对俄罗斯而言，与日本在北极地区的合作符合俄罗斯的战略利益，在有助于开发北极的同时，还能帮助自身巩固北极地区的主导权。对日本而言，与俄罗斯在北极地区的合作不单是为了获取直接的能源利益和解决环保问题，而是为了能在北极拥有更多的机会和主动性。

从短期来看，两国在北极地区合作的前景并不乐观。乌克兰危机还没有结束，日本紧随西方盟友对俄罗斯施加经济制裁，地缘政治因素影响了

---

① 在ロシア日本大使館、「ロシア基礎統計」、https：//www.ru.emb‑japan.go.jp/itpr_ja/ja‑bout.html；日本貿易振興機構、https：//www.jetro.go.jp/world/japan/stats/trade/#2。

两国在国际多边组织下的北极合作。而且，日俄围绕岛屿主权归属问题的谈判也陷入了僵局，这对两国在北极地区开展双边合作是一个非常不利的因素。另外，北冰洋的海冰消融及北方海航道通行条件的改善还需要时间，虽然各国抓紧时间开发北极，但紧迫性并没有那么强。

从中长期的时间纬度来看，日俄在北极地区的合作前景十分朗。尽管日本对俄罗斯施加经济制裁，但是日本并没有退出俄罗斯在北极地区的能源合作项目，甚至在美国等西方盟友对俄罗斯能源价格进行限制的时候，日本以高出限定的价格购买俄罗斯能源。[①] 可以认为，两国北极合作的基础不会轻易消失，能源市场的互补关系是日俄两国北极合作的压舱石。未来，在北方海航道的通行成本越来越低且与传统航道相比收益不断提高的情况下，日本很难放弃与俄罗斯在北方海航道上的合作。另外，气候环境的变化是一个需要全球合作共同应对的长期性问题，这也是日俄两国在北极地区合作的长期性基础。

结　语

以2007年俄罗斯海底"插旗"事件为标志，世界各主要国家已经意识到北极地区在未来地缘战略竞争中的重要性，纷纷制定各自的北极政策。从2013年发布的第二期"海洋基本计划"开始，日本把北极地区作为国家海洋战略的重要组成部分，2015年又专门发布了"我国的北极政策"文件，涵盖了北极能源、经济、外交和安全等综合性领域，彰显了日本对北极地区的战略重视。俄罗斯作为北极地区最大的利益攸关方，已经把北极开发上升到国家发展战略的层面，在北极战略的规划上也走在了最前面。值得注意的是，日俄两国都把国际合作视为实现自身北极战略的重要手段。政府对北极地区国际合作的政策导向性是日俄北极合作的特点之

[①] "Japan Breaks With U. S. Allies, Buys Russian Oil at Prices Above Cap," The Wall Street Journal, Apr. 2, 2023, https://www.wsj.com/articles/japan-breaks-with-u-s-allies-buys-russian-oil-at-prices-above-cap-1395accb.

一；此外，以科学考察领域为主的合作易受到地缘政治因素的影响也是日俄北极合作的明显特征。从两国北极合作的动因来看，一方面，日本在北极的生态环境保护、能源开发、航道建设以及治理机制建设方面有很强的利益诉求；另一方面，俄罗斯在为北极资源开发寻找资金、技术和市场，以及为北方海航道拓展国际运输市场上存在利益诉求。尽管当前受俄乌冲突影响，两国北极地区合作的发展面临阻碍，但由于两国北极地区的利益诉求长期存在，合作的基础不会轻易消失。

中俄共建"冰上丝绸之路"的决策变迁考量[*]

朱 燕 王树春 费俊慧[**]

【摘 要】俄罗斯是中国在与北冰洋沿岸国家共建"冰上丝绸之路"进程中的首要合作伙伴。近年,中俄在该领域的合作取得重要进展。东北航道对中俄都具有重大价值,双方在此领域拥有互补优势。不过,2015年中国发布的"一带一路"重要文件《推动共建丝绸之路经济带和21世纪海上丝绸之路的愿景与行动》并没有提及该航道,而2017年发布的《"一带一路"建设海上合作设想》已将其与另两条海上通道相提并论,使之成为"一带一路"倡议的重要方向。东北航道在"一带一路"倡议中地位变化的原因,不仅在于该航道现实能力的提升和发展前景的优化,更在于俄罗斯对中俄航道合作态度的变化。而俄罗斯态度的变化是以其在北极大规模军事建设的完成和航道控制权的强化为前提的,与俄罗斯北极能源开发的推进和以页岩气革命、世界经济中心转移以及乌克兰危机为代表的国际形势的变化密切相关。而随着国际形势的变化,中国积极推动中俄北极合作,体现了中国在推进共建"一带一路"倡议中的效率和务实性。以上情况对当前和今后中国在推进"冰上丝绸之路"建设时如何把握合作节奏和抓

---

[*] 原文刊登在《边界与海洋研究》2019年第2期,第103—117页,题目为《中俄共建冰上丝绸之路的决策变迁考量》,内容略有增改。

[**] 费俊慧,广东外语外贸大学西方语言文化学院副教授,硕士生导师。

住合作机遇具有启示意义。

【关键词】 "冰上丝绸之路"　东北航道　北方海航道　共建"一带一路"　中俄北极合作

2017年6月20日,国家发展改革委和国家海洋局联合发布《"一带一路"建设海上合作设想》(本文简称"设想")。这是自2015年3月28日发布《推动共建丝绸之路经济带和21世纪海上丝绸之路的愿景与行动》(本文简称"愿景与行动")以来,中国政府首次就推进"一带一路"倡议海上合作提出中国方案。在"愿景与行动"中,"21世纪海上丝绸之路"重点方向是从中国沿海港口经南海到印度洋,延伸至欧洲;以及从中国沿海港口经南海到南太平洋。而在"设想"中,"21世纪海上丝绸之路"被拓展为三条蓝色经济通道,分别是:中国-印度洋-非洲-地中海蓝色经济通道;经南海向南进入太平洋的中国-大洋洲-南太平洋蓝色经济通道;经北冰洋连接欧洲的蓝色经济通道。其中,经北冰洋连接欧洲的通道系首次在正式文件中提出。

众所周知,蓝色经济通道必须围绕海洋交通干线铺开,要建设经北冰洋连接欧洲的经济通道必须首先开发和利用东北航道。[①] 东北航道西起冰岛,经欧亚大陆的北部沿海地区,穿过白令海峡,通往东北亚,是连接欧洲大部分地区与远东、东北亚和北美西部最短的航线。东北航道的西部一年中大部分时间处于无冰或者少冰状态,航行条件相对优越。从喀拉海至白令海峡长达2300海里的航段一年中大部分时间处于冰封状态,且位于俄

---

① 尽管"设想"提到的北极经济通道未来很可能包括西北航道,但是西北航道冰情严重,通航条件远不及东北航道,目前商业利用价值不大,暂未见沿岸国家表现出致力于大规模开发该航道的迹象,更不用提邀请中国参与开发。经北冰洋连接欧洲的通道未来还包括穿越北冰洋中心区域的中央航线(也称穿极航线)。不过,该航线冰封情况最严重,通航条件相当恶劣,中短期内尚不适宜商业航行。且该航线沿岸国家少,缺少经济腹地支撑,因而建立蓝色经济带的潜力不足。2017年7月,习近平主席访俄期间使用"冰上丝绸之路"这一表达后,此概念开始得到频繁使用,并于2018年1月写入《中国的北极政策》白皮书。笔者认为,"冰上丝绸之路"是指穿越北极圈连接北美、东亚和西欧三大经济中心的北极航道,其外延相当于北极航道(包括东北航道,也可能包括西北航道和中央航道)。共建"冰上丝绸之路"是指根据"愿景与行动"和"设想"的规划思路与沿岸国家开展互利共赢合作,具体合作内容须通过与沿岸国家"共商"决定。

罗斯的管辖范围，被命名为北方海航道。① 尽管北方海航道的通航条件不及东北航道的其他航段，但通过百余年的开发，俄罗斯已建立了一整套航行体系，具备了基本的通航条件。2007年至今，该航道的运量总体呈上升态势，其中2010年至2014年间过境通航次数和运量持续攀升。受油价下挫和乌克兰危机的影响，2014年和2015年该航道陷入低谷，但近两年开始止跌回升。中国要利用东北航道，北方海航道是必经之地。如果不能在北方海航道方面与俄罗斯合作，开发利用东北航道就无从谈起。此外，北方海航道途径海域聚集了丰富的油气资源，沿岸大部分地区尚未得到开发，基础设施十分薄弱，这为中俄共建"冰上丝绸之路"提供了广阔的合作空间。因此，与俄罗斯合作开发利用北方海航道是中国建设北极蓝色经济通道的优先选择和主要着力点。

　　本文的研究问题是：随着近年气候变暖和冰层缩退，北极航道对中国的意义更加突出，但为什么中国在"愿景与行动"中并没有提及，而两年后发布的"设想"则将其与另外两条海上通道相提并论，共同成为共建"一带一路"倡议的重要方向？

---

① 当前，俄罗斯对北方海航道的法律管辖主要依据该航道与俄罗斯的历史、地理关系以及1982年《联合国海洋法公约》第234条"冰封区域"条款。该条款规定："沿海国有权制定和执行非歧视性的法律和规章，以防止、减少和控制船只在专属经济区范围内冰封区域对海洋的污染，这种区域内的特别严寒气候和一年中大部分时候冰封的情形对航行造成障碍或特别危险，而且海洋环境污染可能对生态平衡造成重大的损害或无可挽救的扰乱。这种法律和规章应适当顾及航行和以现有最可靠的科学证据为基础对海洋环境的保护和保全。"2012年7月俄罗斯国家杜马通过了北方海航道法律《涉及国家管理北方海航道水域商业航行的某些俄罗斯联邦法律修正案》，修正案明确规定了北方海航道的水域范围，使长期以来关于北方海航道法律地位的争议沉寂下来。2013年俄罗斯通过了新的《北方海航道航行规则》，把此前的破冰船强制领航制度改变为许可证制度，给出了具体的、可操作和可预期的独立航行许可和不许可条件，使得外国船只在北方海航道水域的独立航行成为可能。从近年的形势看，俄罗斯对北方海航道的国际利用的限制有进一步松动的趋势。具体参见张侠、屠景芳、钱宗旗、王泽林、杨惠根：《从破冰船强制领航到许可证制度——俄罗斯北方海航道法律新变化分析》，《极地研究》2014年第2期。

一、中俄共建"冰上丝绸之路"的必要性

中俄在北方海航道方面的利益契合度和优势互补性是双方共建"冰上丝绸之路"的基础。

(一) 俄方诉求与中俄的互补性

从俄方来讲，北方海航道作为横贯俄罗斯北极地区的交通干线，是地区经济发展的"钥匙"，是北极资源开发的运输保障。考虑到俄罗斯北极地区其他交通基础设施极其薄弱，北方海航道作为运输"大脊梁"的意义更加凸显。特别是在全球气候变暖和北冰洋冰层缩退的背景下，北方海航道的国际运输潜力将进一步发挥出来，这将在很大程度上扩大俄罗斯北极地区乃至次北极地区与外界的经济联系，盘活区域经济。在俄罗斯推行向东看和远东开发战略的背景下，北方海航道作为连接欧亚的纽带其作用将"更上一层楼"。俄罗斯北极地区资源丰富，随着气候变暖和科技进步，该地区的资源潜力正在大规模地变成现实，这些资源的开发和出口需要依靠北方海航道作为运输保障。无论是当前还是未来，北方海航道都是解决俄罗斯北极能源开发和出口运输的主要路径。

此外，作为连接欧洲与东北亚、北美西部最短的海上交通干线，受经济全球化的推动，北方海航道的过境运输前景十分广阔。与经过马六甲海峡和巴拿马运河的传统航线相比，取道北方海航道不仅能够免受船舶尺寸的限制、拥堵、海盗、恐怖主义和沿岸地区政局不稳等因素的困扰，还能够减少航程，节约运输时间和成本。据悉在当前气候条件下，从东南亚的港口出发取道北方海航道至欧洲的海运比取道苏伊士运河节约7—22天。近年由于灵活的运费制度，北方海航道上的破冰船牵引费与苏伊士运河的收费相当。北方海航道上冰情风险引起的保险费用与亚丁湾海盗风险引起的保险费用也基本持平。北方海航道上的额外费用包括引航员费用，但是

不高（每个航次约1万美金）。可以认为，如果一个航次节省10天航行时间，相当于为船东节约25万—90万美金，具体数字根据货物的数量和种类而定。① 近年，俄罗斯政府致力于把该航道打造成为具有真正意义上的全球干线。据统计，到2030年，亚洲至欧洲货运的25%都将取道北方海航道，这将为俄罗斯政府带来丰厚的过境收入。②

北方海航道对俄罗斯而言，不仅有巨大的经济价值，还有极其重要的军事价值。通过使用北方海航道，俄罗斯可以打通长期分割的东西部舰队，提高军舰的机动性，并可统一北极水面舰艇和水下潜艇力量，进而增强边防能力和军事威慑力，但这有赖于北方海航道的进一步开发和常年通航。

而开发利用北方海航道是一项系统性的巨型工程，从商船到破冰船等交通工具的建造，从港口到与之相通的铁路、公路、机场等基础设施的建设，从水文、气象、通信、冰情预报保障到搜救体系的布置，无不需要高额的资金和精尖的技术，这些远非一国之力能及，俄罗斯必须开展国际合作。

（二）中方诉求与中俄的互补性

对中国来说，北方海航道不仅有巨大的经济价值，还有重要的安全意义。

如上所述，北方海航道作为大部分欧洲地区到东北亚最短的路线，在运输时间和运费上比传统航线更具优势。利用北方海航道，从上海以北港口到欧洲西部、北海、波罗的海等港口比传统航线航程短25%—55%，运输时间缩短3—14.5天，运费相应减少11.6%—27.7%。③ 2013年，中远集团"永盛"轮从江苏太仓出发通过北极东北航道到达荷兰鹿特丹，航程

---

① Комков Н. И., Селин В. С., Цукерман В. А., Горячевская Е. С. "Сценарный прогноз развития Северного морского пути," Проблемы прогнозирования, №2, 2016.
② 董爱波、陈畅、姚湜：《中俄共建港口 提升北极"黄金水道"成色》，《珠江水运》2014年第20期。
③ 张侠、屠景芳、郭培清、孙凯、凌晓良：《北极航线的海运经济潜力评估及其对我国经济发展的战略意义》，《中国软科学》2009年第S2期。

7931海里，航行27天。该次航行实践表明，取道东北航道比经马六甲海峡、苏伊士运河的传统航线缩短航程2800多海里，减少航行时间约10天，节约燃油270吨。① 中国利用这一航线有助于减少出口成本，提高产品竞争力，促进对外贸易，增加吸引外资的筹码。这一航线实现大规模通航后，中国北方港口和北部地区的经济将迎来新一轮发展机遇。此外，北方海航道的开发和利用还将创造物流、仓储等服务业需求，刺激船舶、港口、沿岸"铁公机"等交通基础设施的发展，扩大对相关投资和原材料的需求，这不仅能够为中国创造新的经济增长点和就业机会，还能够为中俄贸易开拓新领域和新空间，促进中俄全面贸易伙伴关系的发展。

中国90%以上的原油、铁矿石、粮食、集装箱等进出口贸易都是通过海运完成，② 且主要依赖南部传统航线，在当前国际环境错综复杂、南部航线拥堵、海盗、恐怖主义等问题日益严峻的背景下，中国亟须寻求替代航线，减少对南部航线的单一依赖，保障贸易安全。为此，有必要积极参与北方海航道的开发利用。同时，石油这一事关国民经济命脉的矿产对外依存度很高，天然气事关国家环境治理大计和国民生活质量，其对外依存度一路攀升，③ 而这些物质主要从中东和北非等不安定的地区获取，这给中国能源安全和国家发展带来很大变数。北方海航道沿岸油气资源十分丰富，参与北方海航道的开发利用不仅能为中国带来能源运输方式的多元化，还将开辟能源获取地的其他选择，增加能源安全。

然而，中国开发利用北方海航道的权利受到限制，且在破冰技术、北极航海资料和冰区作业经验等方面存在明显劣势。而俄罗斯拥有世界上最先进的破冰技术和最庞大的破冰船队，在悠久的北极航行历史中积累和掌

---

① 卞晨光：《北极东北航道距亚欧交通新干线还有多远?》，《光明日报》2016年1月17日。
② 宋德星：《〈国务院关于促进海运业健康发展的若干意见〉解读》，中国政府网，2014年9月3日，http://www.gov.cn/xinwen/2014-09/03/content_2744801.htm。
③ 2012年，中国的石油对外依存度已经超过了58%。据2011年国务院发展中心发布的"世界形势报告"，在未来20年，随着城市化的进程，中国的生产性能源消费和生活性能源消费将同时增长。到2030年，中国所需石油的70%需要进口，40%天然气需要进口。2006年6月，中国天然气进口依存度仅为0.29%，2017年12月已达到39.9%。2017年中国全年进口天然气838亿立方米，占全年消费总量的35.3%。详见杨剑：《北极航运与中国北极政策定位》，《国际观察》2014年第1期；《2017年中国天然气进口量、产量与消费量统计及未来市场需求量预测【图】》，http://www.chyxx.com/industry/201803/621894.html。

握了可靠的航海资料，具备丰富的冰区经验，且依据地缘关系和综合实力牢牢把控北方海航道的管辖权，理应成为中国开发利用北极航道的优先合作伙伴。

问题是，为什么如此必要和匹配的合作对象并没有像另外两条经济带那样在"愿景与行动"中得到体现？以下我们试图对此予以说明。

二、"愿景与行动"为什么没有提到东北航道

（一）俄罗斯的态度

"愿景与行动"没有提到东北航道，原因首先在于2015年前俄罗斯没有表现出与中国共同建设北方海航道的愿望。鉴于俄罗斯与北方海航道的特殊关系，显然俄罗斯在北方海航道的开发和国际合作中起主导性作用，扮演决策者角色。如果俄罗斯不乐意就北方海航道进行合作，那么其他国家在此方面的决策无效，甚至可能引起俄罗斯的负面反应，毕竟，俄罗斯长期以来都倾向于以谨慎的态度对待其他国家，尤其是域外国家。"愿景与行动"发布之前，俄罗斯并没有表达与中国共同开发利用北方海航道的愿望。2014年2月6日，习近平主席在俄罗斯索契会见俄罗斯总统普京时强调，中方欢迎俄方参与共建"一带一路"，使之成为两国全面战略协作伙伴关系发展的新平台。普京则表示，俄方积极响应中方共建"一带一路"的倡议，愿将跨欧亚铁路与"一带一路"对接，创造出更大效益。显然，俄方没有提及北极地区的基础设施建设，也没有提及北方海航道。2014年5月20日，习近平主席在上海同普京举行会谈时指出，中俄两国要对接共建"一带一路"倡议和俄罗斯跨欧亚铁路建设，拉动两国经贸往来和毗邻地区开发开放，共享欧亚大通道和欧亚大市场。普京表示，俄方支持建设丝绸之路经济带，促进交通基础设施互联互通，欢迎中方参与俄罗斯远东地区开发。这里，俄方也没有提及北极开发和北方海航道这条欧亚大通道。另外，在其他场合，俄罗斯官方也未曾向中国表达过共建北方

海航道的意愿。笔者认为2015年前俄罗斯在中俄航道合作上的不积极源于以下因素：

第一，北极问题上，俄方当时更希望与域内国家合作，这在俄罗斯北极战略文件《2020年前俄罗斯联邦北极地区国家政策原则及远景规划》和《2020年前俄罗斯联邦北极地区发展和国家安全保障战略》中皆有明确的体现。

第二，俄罗斯对中国涉北冰洋主权和北方海航道法律地位的态度有所防范。比如，2013年俄罗斯学者、极地专家米哈伊尔·茹科夫指出，中国未来可能要求给予北方海航道中立水域地位。① 一些俄罗斯专家认为，受北方海航道的运输前景吸引，域外国家有可能对该航线建立战略控制，为此甚至不惜使用军事杠杆。② 2013年4月15日，冰岛总统发起成立北极圈论坛大会，俄罗斯专家认为冰岛总统的这一行为显然受域外国家的影响，域外国家主要借此质疑北极国家的特权，并通过联合国大会宣布北极是类似南极的"全人类财产"，这将对俄罗斯极为不利。③ 这类观点在俄罗斯广泛流行，半官方性质的俄罗斯国际事务委员会发布的报告《北极的亚洲玩家：利益、机遇和前景》也持类似观点。④ 尤其是在2015年前，俄罗斯的北极军事建设尚处于起步阶段，远未达到预期威慑力，俄罗斯对域外国家，尤其是中国这样的"大玩家"进入北方海航道深感不安。

第三，2015年前，由于北极能源开发成果不明显，北方海航道不仅没有出现近期运输任务猛增的迹象，反而处于低位徘徊状态（从未超过苏联时期的峰值658万吨），俄罗斯并不急于花费巨资来提高该航道的运力。此外，当时俄罗斯还有北极能源开发、克里米亚建设（包括对刻赤海峡大桥的投资需求）和远东基础设施建设等更加迫切的事情要处理。

---

① Жуков М., "Кто хозяин в Арктике?" https：//www.pnp.ru/comment/detail/15665.
② Мария Ананьева, Павел Грачев, "Возможно ли сотрудничество России и Китая в Арктике?" http：//rusrand.ru/analytics/vozmozhno－li－sotrudnichestvo－rossii－i－kitaja－v－arktike.
③ Черненко Е. В., "Россия ограничивает полярный круг－В Швеции пройдет решающая битва за Арктику," https：//www.kommersant.ru/doc/2187097.
④ Махмутов Т. А. и др., Иванов И. С. (гл. ред.), "Азиатские игроки в Арктике：интересы, возможности, перспективы," Доклад № 26/2016／, Российский совет по международным делам (РСМД). －М.：НП РСМД, 2016. －56 С.

第四，俄方自知保障北方海航道有效运营的基础设施配备尚不完善，国际社会对该航道过境通航的可靠性仍有疑虑，这种情况下邀请外国伙伴利用北方海航道只能事倍功半。2016年，为了吸引中国参与北方海航道的利用，俄罗斯特别邀请中国领导人在北极地区开会，以使"中国同行确信取道北方海航道的安全性和可靠性"。① 而普京在"一带一路"国际合作高峰论坛上邀请国际伙伴参加北方海航道的开发利用前，特别强调了俄罗斯在航道基础设施建设方面取得的成绩。

（二）北方海航道近期②的发展态势尚不明朗

由于北方海航道自然环境特殊（比如气候严寒，通航窗口期较短，天气复杂多变，航行频繁受大雾、极夜和复杂冰情影响），通航条件远比传统航线恶劣，航行存在诸多潜在风险。同时，北方海航道沿岸港口、码头、救援设施、商船队和破冰船等基础设施配备不足，且"愿景与行动"发布前未见俄罗斯在克服以上问题方面做出明显成绩，北方海航道运量也不尽人意③。因而，对于中国来说，北方海航道的开发利用有太多不确定性。在中国，无论是学术界，还是航运界和政界，对这一不确定性都有清醒的认识。也许有人会指出，能源开发进程可以倒逼航道的开发进程，从而使俄罗斯加大对北方海航道的投入，因而中国应该据此确定北方海航道近期的发展态势。但当时能源开发并没有显示出强劲推进的势头，反而因欧美制裁大受打击。比如，在2015年前没有人确定亚马尔液化天然气项目能够如期投产。据环球网调查，该项目之初，有超过90%的具备实力的石油及天然气企业及国际财团都不相信这一项目可以在如此严峻的极地自然条件下顺利推进，众多企业在谈判中打起退堂鼓。④

---

① "Севморпуть — ставка на Китай，" https：//regnum.ru/news/2090401.html.
② 这里的"近期"是指以起草"愿景与行动"的时间为参照，而非以本文写作时间为参照。
③ 根据俄罗斯国家原子能公司提供的数据，2013年和2014年北方海航道的运量皆低于400万吨，远未达到苏联时期的峰值。
④ 武帅：《独家探秘全球最大液化天然气项目中石油持股20%》，中国新闻网，2015年6月16日，https://www.chinanews.com.cn/m/cj/2015/06-16/7346539.shtml.

(三) 作为备选方案比较合适

鉴于俄罗斯当时的合作态度和北方海航道发展的不确定性，我国何时能够在东北航道经济开发利用上出成果还不得而知。而在共建"一带一路"倡议推进的早期阶段，很重要的一点就是选择和实施好一批条件成熟的项目作为典型和标杆来带动其他项目的实施，增加共建"一带一路"倡议的吸引力，得到世界上越来越多国家的支持和参与。比如，"愿景与行动"明确指出，要"与沿线国家一道，稳步推进示范项目建设，共同确定一批能够照顾双多边利益的项目，对各方认可、条件成熟的项目抓紧启动实施，争取早日开花结果"。在这种情况下，考虑到北方海航道的不确定性和潜在价值，将其作为备选方案比较合适。

"愿景与行动"作为针对共建"一带一路"倡议的首个文件，它追踪溯源，特别强调共建"一带一路"倡议对古代丝绸之路的继承性。文件前言部分开篇指出，"2000多年前，亚欧大陆上勤劳勇敢的人民，探索出多条连接亚欧非几大文明的贸易和人文交流通路，后人将其统称为'丝绸之路'……进入21世纪，在以和平、发展、合作、共赢为主题的新时代，面对复苏乏力的全球经济形势，纷繁复杂的国际和地区局面，传承和弘扬丝绸之路精神更显重要和珍贵"。而古代丝绸之路没有涉及北极航道和北极地区，从这方面来说，东北航道也不宜列入"愿景与行动"。而"设想"作为对"愿景与行动"的继承和发展，引入新的思路和合作区域则是顺理成章，水到渠成。

三、"设想"为什么把东北航道纳入"一带一路"倡议

（一）俄方因素

从上文可以看出，自2015年以来，尤其是2017年后，俄罗斯改变了

对中俄北极合作的态度，开始积极邀请中国共同开发利用北方海航道。俄罗斯的主动邀请是中国改变政策的重要原因。俄罗斯的积极性主要由以下几个方面决定：一是随着能源开发的推进和国内外形势的变化，开发北方海航道对俄罗斯越来越具紧迫性；二是与西方关系恶化、资金缺口扩大，俄罗斯在北极问题上对中国的经济和政治需求增强；三是随着北极大规模军事建设的完成和航道后勤基础设施的优化，俄罗斯对北方海航道的掌控能力增强，吸引外国伙伴参与俄罗斯北极事务的信心更足；四是在中俄关系的良性互动下，俄罗斯对中国涉北极事务的看法趋于客观、务实。

1. 北方海航道开发的紧迫性

首先，以亚马尔液化天然气项目为首的北极能源开发成绩显著，北方海航道的运输任务剧增。2016年以来，亚马尔液化天然气项目稳步推进。得益于该项目及北极其他项目开发的运输需求①，北方海航道的运量取得突破。2016年创下历史记录，达到748万吨，比2015年增加35%，接近2014年的2倍。② 进入2017年，亚马尔液化天然气项目第一条线的建设接近尾声，俄方确定年底投产，并预计2018年其年产量将达到550万吨。同时，俄罗斯对第二、第三条线的顺利投产胜券在握，三条线投产后亚马尔液化天然气项目年产量增至1650万吨。乘着该项目的良好势头，诺瓦泰克公司对北极液化天然气2号项目积极规划，预计年产量1830万吨。③ 此外，其他能源项目也在推进并对北方海航道近期提高运力提出要求。短期内要达到几千万吨这类史无前例的运量要求，俄罗斯需要的不仅是资金，还有技术、经验和人力，为此，必须尽快寻求合适的国际合作伙伴。

其次，国际形势发生变化，欧洲衰落，亚洲崛起，世界经济重心进一步向东转移，亚洲的经济潜力对俄罗斯的吸引力与日俱增。特别是在乌克

---

① 比如运输能源、能源勘探和开采所需的设备，港口建设需要的建材等。
② Скорлыгина Наталья, Скоробогатько Денис, Дзагуто Владимир, "Северный морской трест，" https：//www. kommersant. ru/doc/3256860.
③ 2018年诺瓦泰克公司已经确定该项目产量将超过1900万吨。详见 "«Новатэк»увеличил планируемуюмощность завода «Арктик СПГ—2» — свыше 19 млн тонн в год，" http：//proarctic. ru/25/01/ 2018/news/30210#read.

兰危机之后，俄罗斯开始积极地推进向东看战略，北方海航道作为欧亚纽带的作用越发凸显。2017 年 4 月，由中国上海华东师范大学俄罗斯研究中心与俄罗斯"瓦尔代"国际辩论俱乐部共同主办的中俄关系研讨会在莫斯科举行之际，俄罗斯远东地区发展部副部长加卢什卡指出，目前俄罗斯把远东发展的重点放在"运输走廊"的建设上，将着力打造远东滨海通道和北极航线两大走廊，两条走廊均与中国市场的需求密切相关。而考虑到跨欧亚大陆桥运力不足和运费居高不下的情况，俄罗斯更是需要备选方案。而在共建"一带一路"倡议稳步推进及其他因素的综合作用下，跨欧亚大陆桥的运营竞争力每况愈下，这有损俄罗斯作为欧亚桥梁的地缘政治地位，而开发北方海航道能够弥补俄罗斯的过境运输劣势，提高其地缘经济地位，并促进广大西伯利亚商品的出口，尤其是对亚太地区的出口。2016 年 6 月，普京倡议建立大欧亚伙伴关系来促进和扩大欧亚大陆的一体化轮廓，此后大欧亚伙伴关系成为俄罗斯重要的地缘经济和地缘政治战略，①这为发展北方海航道提供了新的动力。2017 年 5 月，普京在"一带一路"国际合作高峰论坛上指出，"欧亚经济联盟和'一带一路'框架下的基础设施项目与北方海航道连接一起能够造就欧亚大陆交通新格局。这是促进开发、激活经济和投资的钥匙"，并号召各方一起建设北方海航道这一发展与繁荣之路。②

再次，在页岩气革命的影响和俄罗斯与西方关系紧张的背景下，美国从俄罗斯北极能源的潜在客户变成竞争对手，欧盟对俄罗斯的能源需求增速放缓甚至降低，俄罗斯不得不将北极能源出口转向蓬勃发展的亚洲，而俄罗斯北极地区到亚洲没有现成的管道运输来缓解运输问题，建设管道运输不具备可行性。北方海航道的东段恰是整个航段最薄弱的地方，而该段是北极油气通往亚洲的必经之地，这就决定了开发北方海航道，尤其航道东段，具有紧迫性。

最后，在乌克兰危机的背景下，开发北方海航道、寻求北部出海口势

---

① 王树春、朱燕：《大欧亚伙伴关系：多维视角下的深度解析》，《俄罗斯研究》2017 年第 2 期。
② "Международный форум «Один пояс, один путь»," http: //www. kremlin. ru/events/president/ news/54491/audios.

在必行。2016年俄罗斯副总理罗戈津指出，"鉴于黑海业已呈现的形势，俄罗斯需要自由而可靠的通向'大洋'的全年出海口，从这个意义上讲，北方海航道无可替代"。①

2. 俄罗斯在北极问题上对中国的依赖增强

在乌克兰危机和国际油价暴跌的背景下，俄罗斯在包括北方海航道的开发在内的北极问题上更加需要中国的支持。乌克兰危机后，西方对俄罗斯实施了"点穴式"经济制裁，重创俄罗斯痛处，不仅使因油价暴跌而捉襟见肘的财政雪上加霜，加大了北极开发的资金缺口，还让俄罗斯面临技术困境。而中国凭借雄厚的资金优势和基础设施建设能力可以在很大程度上挽回西方制裁带来的风险和损失。随着共建"一带一路"倡议的推进，中国的投资能力和投资积极性越发突出，投资经验更加丰富。2014年，为了向"一带一路"项目提供资金支持，中国筹建了丝路基金，并在2015年和2016年先后向俄罗斯诺瓦泰克公司和西布尔石化公司大量融资。2015年，由中国发起的亚洲基础设施投资银行（本文简称亚投行）成立，专门支持亚洲基础设施建设。2016年，俄罗斯邀请亚投行参与北方海航道开发项目并得到肯定答复。② 在北方海航道开发急需的深水港建设上，中国在资金、技术和经验诸方面兼具优势，不仅在本国建设了世界上名列前茅的上海港、深圳港和宁波港等，还在海外投资建设了瓜达尔港、皎漂港和汉班托塔港等大型深水港。而至于海外铁路建设，已经成为举世瞩目的中国"名片"。同时，美国页岩气革命的发力也为俄罗斯北极能源出口带来变数。随着2016年2月美国首个液化天然气出口项目萨宾帕斯投产，美国页岩气出口渐入佳境，成为俄罗斯液化天然气出口的竞争对手。③ 俄欧关系的恶化促使欧盟积极寻求能源进口多元化，最大限度地减少对俄罗斯的依

---

① "В ходе «правительственного часа» с участием Д. Рогозина состоялась дискуссия о мерах по обеспечению национальной безопасности РФ в Арктической зоне," http: //council. gov. ru/events/news/64863/.

② 《俄直投基金与亚投行或在东方经济论坛宣布联合项目》，俄罗斯卫星通讯社，2016年5月23日，http: //sputniknews. cn/economics/201605231019389055/。

③ 张春宝、边立婷：《美国LNG出口态势及竞争力分析》，《化学工业》2018年第1期。

赖,这些因素推动俄罗斯北极能源出口加快向与日俱增的中国市场转移。在这种情况下,中国自然成为俄罗斯开发北方海航道的优先合作伙伴。

3. 俄罗斯对北方海航道的掌控能力增强

俄罗斯军事专家维克托·利托夫金在俄罗斯"卫星"广播电台节目直播中表示,俄罗斯扩大在北极军事存在谋求的三个主要目标之一就是独自控制北极地区最重要的水路——北方海航道。[①] 尽管 2008 年俄罗斯颁布《2020 年前俄罗斯联邦北极地区国家政策原则及远景规划》时北极军事建设的号角已经吹响,但是真正大规模付诸实施则始于 2014 年。仅 2015 年俄军就在北极地区的法兰士约瑟夫地群岛、新地岛、北地岛、施密特岛、楚科奇自治区、弗兰格尔岛和新西伯利亚岛屿的科捷利内岛开建了 437 个军事基础设施,并于 2016 年初完成。2017 年底,俄罗斯防长绍伊古宣布基本完成北极军事建设。其间俄罗斯在北极群岛建设新机场和雷达站、军事城,部署战术大队和摩步旅,在北极沿海地带为军人建设机场、仓库、物流设施、运水设施、发电站等基础设施。从 2015 年开始,北方海航道的监控、搜救基础设施建设也得到快速推进。2015 年,位于楚科奇的"海鹰-10"无人机航空队开始监测俄罗斯北极地区,监视近海和北方海航道的生态和冰情,掌控北极局势。[②] 2021 年,在诺里尔斯克举行的"俄罗斯北极地区应急响应的特点"圆桌会议上,北极救援训练和研究中心的负责人亚历山大·巴鲁兹丁宣布,到 2035 年底,俄罗斯计划再建立 3 个北极综合应急救援中心和 4 个搜救单位。[③] 这一计划已经得到批准,计划从 2017 年开工,此前已经有纳里扬马尔、杜金卡、阿尔汉格尔斯克、摩尔曼斯克、沃尔库塔和维捷格拉 6 个搜救中心投入使用。预计至 2025 年俄罗斯北极将有 10 个搜救中心,这可以覆盖整个北方海航道水域和俄罗斯北极地

[①] "Король Севера: российский флот стал ведущей силой в Арктике," https://ria.ru/defense_safety/20170417/1492426719.html.

[②] "Продвижение России в Арктике в 2015," http://sivilink.ru/prodvizhenie-rossii-v-arktike-v-2015/.

[③] "В Арктике к концу 2025 года появятся три спасцентра и четыре поисковых подразделения," https://tass.ru/obschestvo/12320121?ysclid=lo1p4i2jn693466599

区。这些成绩不仅能够保护北方海航道的基础设施，提高航运安全性，还能够加强俄罗斯对外军事威慑和对北方海航道的掌控力，减少俄罗斯对外国合作伙伴的政治顾虑。

与上述成绩同步，俄罗斯在破冰船、港口等交通基础设施建设方面也频传佳音。2016年包括"北极"号、"伊利亚·穆罗梅茨"号和"维克托·切尔诺梅尔金"号在内的多条破冰船下水。其中，"北极"号属于巨型核动力破冰船，俄罗斯已经开始对此类破冰船（22220型）实行量产，2015年5月和2016年秋俄罗斯先后开始修建另外两艘22220型核动力破冰船"西伯利亚"号和"乌拉尔"号。"北极"号已于2020年交付使用，"西伯利亚"号和"乌拉尔"号的移交时间分别为2021年和2022年。① 新增的3艘核动力破冰船很好地填补服役期满的破冰船退役后留下的空白，有助于推动北方海航道实现全年不间断运营。俄罗斯还在研究"领袖"级核动力破冰船，其功率高达110—130兆瓦，并于2019年开始建造，建成后能保障北方海航道全年营运。2017年3月，北方海航道上新建的萨贝塔港迎来了全球首艘ARC-7冰级液化天然气破冰船"克里斯托弗·德·马哲睿"号，该船将通过东北航道运输亚马尔液化天然气项目生产的液化气。此外，港口建设也有新的进展，阿尔汉格尔斯克深水港、摩尔曼斯克煤炭港和佩韦克港的投资和建设规划更加明晰，萨贝塔港口建设顺利推进并初步投入使用。② 这些成绩使俄罗斯具备了邀请外国伙伴利用北方海航道的信心和底气，毕竟"打铁还需自身硬"。

4. 俄罗斯对中国涉北极事务的看法趋于客观和务实

在西方国家对俄罗斯实施多轮制裁的背景下，中国不但没有随波逐流，反而向俄罗斯提供了力所能及、心照不宣的支持，中国在俄罗斯困难时的"雪中送炭"增强了俄罗斯对中国的信任和依赖。2015年5月，具有

---

① "Россия активно обновляет свой флот: к 2035 году планируется построить более 1000 новых судов," https://www.vedomosti.ru/industry/infrastructure_development/articles/2022/12/15/955368-rossiya-aktivno-obnovlyaet-flot?ysclid=lo1ppdxt2v713088564.

② 2016年3月4日，首架国际航班抵达萨贝塔机场，这架航班的航线是北京—萨贝塔—莫斯科。

里程碑意义的《中华人民共和国与俄罗斯联邦关于丝绸之路经济带建设和欧亚经济联盟建设对接合作的联合声明》和"世纪性天然气项目"的签署就能说明问题，这为中俄北极合作提供了良好的氛围。如上所述，俄罗斯曾经对中国学者关于北极问题的看法心存防范，视之为中俄北极合作的障碍。但是随着俄罗斯对北极问题认识的提升和中俄人文交流的深化，俄方认识到中俄关于北极问题的分歧都是具体的。通过理性的对话，可以克服这些分歧。中国对分歧的强调反映的不是真正的利益冲突，而是中国专家面对北极国家强调自己地区特权的自然反应。中国对北冰洋沿岸国家的主权、主权权利及合法管辖权没有异议，但同时强调北极五国或者八国不能把北极私有化，非北极国家在该地区拥有国际法确立的权利和责任。① 在这一认识下，俄罗斯对中国在北极的存在持更加理性、务实的态度。此外，俄罗斯领导人逐渐认识到，中国将是北方海航道最大的用户，要发展北方海航道，必须与中国合作。② 当然，上面提到的俄罗斯北极军事建设的完成和对北极监控力度的加大使俄罗斯在北极的安全压力减小，有助于降低俄罗斯对此问题的敏感性，进而对中国在北极的存在给予客观的评估和务实的认识。

（二）互动因素

鉴于俄罗斯的主动邀请和俄方在北方海航道建设上取得的成绩，中国政府对中俄航道合作越发重视，加上其间③其他因素的作用，中国提升了对北方海航道的定位，使之纳入"设想"，具体情况如下：

第一，中俄大项目对接和基础设施建设合作取得重要突破，增加了中国与俄罗斯共建北方海航道的信心，提高了中国在该领域投资的积极性。2015年5月，"一带一盟"对接合作声明的签署证明了中俄之间的政治互信，也表明俄罗斯对共建"一带一路"倡议的接受和认可，为中俄共建

---

① Загорский А. В., "Россия и Китай в Арктике: Разногласия реальные или мнимые?" Мировая экономика и международные отношения, № 2, 2016.
② "Севморпуть — ставка на Китай," https://regnum.ru/news/2090401.html.
③ 指从"愿景与行动"发布到"设想"发布之间的时间段。

"冰上丝绸之路"提供了合作框架。同月，作为"一带一盟"对接重要成果的莫斯科－喀山高铁合作项目敲定，中俄两国就此签署了合作形式和融资模式备忘录，中方表示将向该项目投资约70亿美元。2015年6月，中铁二院与俄罗斯企业组成的联合体，就中标的莫斯科－喀山高铁项目的勘察设计部分与俄罗斯铁路公司正式签约，金额约24亿人民币。2016年6月，中俄签署中方对俄融资4000亿卢布用于建造莫斯科－喀山高铁的协议。同时，中俄能源合作和地区基础设施合作取得突破。2015年6月，中俄东线天然气管道中国境内段破土动工，从"世纪合同"迈向真正的"世纪项目"，中俄围绕石油、天然气等能源领域的合作正不断深入。同江铁路大桥和黑龙江公路大桥是中俄远东合作的重点项目，但是皆出现了中方动工后俄方沉寂的尴尬局面，然而在2016年6月和12月，俄方先后开工建设这两座中俄友谊桥，当时预计两桥分别在2018年6月[①]和2019年10月交工通车。这些项目不仅为中俄共建北方海航道和北极合作提供经验，还让中国深信中俄基础设施合作项目并非仅仅停留在纸面上，而是能够得到很好的落实，这些有助于提高中国对北方海航道投资的积极性。北方海航道开发和北极能源合作是以上项目的延续和自然扩展，随着以上项目的完成，共建"冰上丝绸之路"逐渐获得优先性。

第二，中俄北极合作取得新进展，中俄航道合作的前景越趋明朗。2015年9月，别尔科穆股份公司与保利科技有限公司签署别尔科穆铁路综合项目框架协议。该项目拟在彼尔姆边疆区、科米共和国和阿尔汉格尔斯克州建立铁路基础设施，并在此基础上落实一系列投资项目，进而打造统一的北极交通体系。2015年12月，中俄签署了亚马尔液化天然气项目协议，中国丝路基金从俄罗斯诺瓦泰克公司手中购得亚马尔液化天然气项目9.9%的股份，加上此前中国石油天然气集团有限公司（简称中石油）获得的20%的股份，中国共持有该项目29.9%的股份。2016年9月，保利国际与"阿尔汉格尔斯克"北极工业交通枢纽公司签署了一份关于实施阿尔汉格尔斯克深水港建设项目意向的协议，该港口与俄罗斯铁路系统相连。根据项目方案，到2030年，该港口年吞吐量将达3000万吨，有助于

---

① 但同江铁路大桥因技术问题和气候原因延误了工期，直至2022年夏季才正式开通。

打造一条连接俄罗斯与欧洲、北美和亚太地区的备选路线。① 2017 年 3 月"北极 – 对话之地"国际论坛展开之际，保利集团与俄方签署了向摩尔曼斯克州煤炭码头投资 3 亿美元的协议。摩尔曼斯克州煤炭码头是"综合发展摩尔曼斯克交通枢纽"项目的一部分。该项目包括在科拉湾西海岸建立交通基础设施、建立煤炭石油港口、发展铁路基础设施，还有在科拉湾西海岸改造和建设煤炭和集装箱码头。② 在这一论坛上，中俄双方还商定将扩大开发北方海航道的合作。

中俄北极合作的进展不仅体现在新项目的签署方面，更体现在亚马尔液化天然气项目的落实上。中国承接了亚马尔液化天然气项目下诸多工程。其中，建造天然气工厂需要的 142 个模块中，以中国石油集团海洋工程有限公司为代表的 7 家中国企业承揽了 120 个。项目建设及运输产品所用的 30 艘船舶中有 7 艘是中国制造，15 艘天然气运输船中的 14 艘由中国企业负责运营。③ 2016 年 1 月和 4 月，中国广船国际有限公司分别交付了两艘 ARC7 冰级重载甲板运输船。同年 11 月，该企业又开始为亚马尔液化天然气项目建造一艘 ARC7 冰级凝析油运输船。2016 年夏秋之交，中国两次通过北方海航道向萨贝塔港口运输由中国如期完工的亚马尔液化天然气项目模块。在多方的大力推动下，该项目顺利进行，"设想"发布时项目主体已经完成，萨贝塔港口已经投入使用，第一条生产线投产指日可待，中俄北极合作与航道合作开始具备示范效果。以上北极合作为中俄共同开发和利用北方海航道提供了更多机遇和需求，中俄航道合作的美好前景越趋明朗。

第三，中国对北方海航道的正面认识增加。继 2013 年中远"永盛"轮首航东北航道（单向，仅西行）后，该船又在 2015 年首次进行了双向往返航行，通过实践加深了对东北航道的认识。时至 2016 年，中国已经实现了在东北航道的小规模商业化试航，参航船只不仅包括"永盛"，还包

---

① "Проект строительства глубоководного порта в Архангельске нашёл инвестора," https://regnum.ru/news/2194185.html.

② "Инвестирует в строительство угольного терминала в Мурманске," http://russian.cri.cn/3051/2017/03/31/1s600709.htm.

③ 管克江、裴广江、万宇、曲颂、黄云迪：《"冰上丝绸之路"吸引世界目光》，《人民日报》2018 年 1 月 28 日。

括"夏之远""天禧""祥和"和"祥云",航行次数增至6次。这些航行使中国认识到,"随着当今世界航海技术的进步和航海安全管理水平的提高,船舶的安全技术状况以及船岸人员的安全管理技能基本能满足北极东北航道航行安全的要求,俄罗斯北方海航道管理局等提供的航行安全保障也基本足够,开辟北极航道能够很快成为现实"。[①] 值得一提的是,2015年和2016年"永盛"轮取道东北航道东行时全程没有使用破冰船,大幅度节约了运输时间和运输成本,预示着在气候变暖的背景下北方海航道通航的美好前景。此外,正如上文所述,在亚马尔液化天然气项目及其他项目的推动下,北方海航道的运量近年将明显增加,俄罗斯大力开发北方海航道势在必行,志在必得,这也增加了中国对北方海航道的信心。

结　语

中国与沿岸国家共建"冰上丝绸之路",俄罗斯是首要合作伙伴。在东北航道对中俄都有重大价值且双方在该领域有互补优势的情况下,2015年中国发布"一带一路"重要文件"愿景与行动"时并没有提及该航道,而两年后发布的"设想"已将之与另外两条海上通道相提并论,共同成为共建"一带一路"倡议的重要方向。东北航道在共建"一带一路"倡议中地位的变化反映的既是航道现实能力和未来前景的优化,更是俄罗斯对中俄航道合作和北极合作态度的变化。俄罗斯的这种变化是以北极大规模军事建设的完成和北方海航道控制权的强化为前提,与北极能源开发进度和国际形势的变化(具体表现为页岩气革命的发力、世界经济重心的转移以及乌克兰危机的影响)密切相关。

从本文分析可以看出,北极能源开发为北方海航道的发展提供主要货源,是北方海航道开发的动力,北方海航道的开发力度以及对国际合作需

[①] 蔡万群、林举德:《北极东北航道航海实践及常态化航行展望》,《中国水运》2016年第2期;蔡梅江:《近三年北极东北航道航行探索实践》,《世界海运》2017年第3期。

求程度由俄罗斯北极能源开发进度决定。俄罗斯邀请中国共建北方海航道正是受到了北极能源开发进程的刺激，即北极能源开发进程使得吸引合作伙伴大规模开发北方海航道势在必行。而吸引合作伙伴进入对俄罗斯具有重要地缘政治意义的区域，俄罗斯必须有一个适应过程。中国要利用自己的竞争优势，借助形势的变化抓住合作机遇。尽管中国早已有兴趣、有能力成为俄罗斯的航道合作伙伴，但在北方海航道开发对俄罗斯重要但不紧要，且俄罗斯尚未做好吸引域外伙伴参与航道开发的心理准备的条件下，中国并没有急于将该航道纳入自己的国家倡议，这是明智的选择。而随着形势的变化，中国应势而动，抓住合作机遇，积极推动中俄北极合作，体现了中国在推进共建"一带一路"倡议中的务实性。以上情况对当前和今后中国在推进"冰上丝绸之路"建设时如何把握合作节奏和抓住合作机遇很有启示意义。

世界能源格局调整下的中俄北极能源合作[*]

朱 燕 王树春

【摘 要】 世界能源格局调整是推动俄罗斯北极能源开发转向中国的关键,其中,美国页岩气革命的爆发是该转变的催化剂,以中国为代表的亚洲天然气进口需求的强劲增长和"亚洲溢价"现象的凸显是该转变产生的根本条件。但该条件产生效力得益于页岩气革命的助推。在亚马尔液化天然气项目开发方面,中国以其庞大的市场潜力、雄厚的资金实力和参与北方海航道开发利用的积极姿态成为该项目的主要合作伙伴。

【关键词】 北极 液化天然气 亚马尔 页岩气革命

一、问题的提出

继亚马尔液化天然气项目之后,中俄于2019年6月在北极液化天然气2号项目、帕亚哈项目和北极能源运输上也达成合作。2020年3月27日,普京总统下令启动西伯利亚力量2号的设计和勘测工作,该管道拟向中国

---

[*] 本文写作过程中,广东外语外贸大学国际关系学院2016级本科生蔡奕栋、黄悦和李汶桦承担部分辅助性工作,在此表示感谢!

输送亚马尔-涅涅茨自治区等地的天然气。① 那么，推动上述中俄北极能源合作的主要动力是什么？

21世纪初，欧美国家在能源需求、投资能力和尖端技术等方面具有明显优势。因此，俄罗斯北极能源开发的合作主要面向欧美市场。俄罗斯北极地区的油气资源主要集中在巴伦支海和喀拉海附近。这些海域不仅离欧美市场（尤其是欧盟）较近，且具有相对优越的适航性。这种地理和运输上的便利加重了俄罗斯北极能源开发对欧美市场的倾斜，并在长期的合作中形成路径依赖。2005年前后，正值俄罗斯规划北极能源开发之际，欧美国家的能源对外依存度不断上升，且国际能源交易市场为卖方市场，欧美国家为保障能源安全，鼓励本国企业与俄罗斯合作开发北极能源，因此俄罗斯北极能源开发当时倒向欧美市场。俄罗斯2004年出台的《北方海航道发展构想》也明确指出这一点。② 其中，在北极液化天然气开发方面，鉴于美国天然气对外依赖攀高，进口价格也明显高于其他市场，俄罗斯把美国视为优先合作伙伴。③

随着国际形势的变化，中国进入北极能源开发。2014年5月，中石油与俄罗斯诺瓦泰克公司签署了液化天然气购销合同，合同规定俄方20年内每年向中方供应300万吨液化天然气。④ 2015年12月，中俄签署了亚马尔液化天然气项目协议，中国丝路基金从俄罗斯诺瓦泰克公司购买了亚马尔液化天然气项目9.9%的股份，加上此前中石油所持的20%股份，中国共持有该项目29.9%的股份，成为该项目最大的外国股东。中石油与中国工商银行、国家开发银行和丝路基金一共为该项目完成等值190亿美元的国际融资，占项目总投资的63%。⑤ 除了入股和融资，中国公司还参与了亚马尔液化天然气项目的钻机制造、模块建造、工程监理、海运物流、物资

---

① Петров Алексей, "Колоссальный проект: Россия проложит новый газопровод «Сила Сибири—2»," https://www.vesti.ru/doc.html?id=3251907.

② "О Концепции развития Северного морского пути" Совет по изучению производит, сил РАН. Проблемы Северного морского пути. ЦНИИМФ. М.: Наука, 2006. С. 502-521.

③ Комков Н. И., Селин В. С., Цукерман В. А., Горячевская Е. С., "Сценарный прогноз развития Северного морского пути," Проблемы прогнозирования, №2, 2016. С. 92.

④ 张娜:《北极圈内的超级液化天然气工程》,《中国经济时报》2017年2月28日。

⑤ 刘少华、吕安琪、蔡珍梦:《向北打造"冰上丝绸之路"》,《人民日报》(海外版) 2018年2月14日。

供应、造船、液化天然气采购等液化天然气价值链的各个环节。2016年2月，亚马尔液化天然气项目用上了中国宏华集团研制出的"极光"号极地钻机。① 建造亚马尔液化天然气工厂需要的142个模块中，以中国石油集团海洋工程有限公司为代表的7家中国企业承揽了120个模块。亚马尔液化天然气项目建设及运输产品所用的30艘船舶中有7艘是中国制造，15艘天然气运输船中的14艘由中国企业负责运营。② 2016年1月和4月，中国广船国际有限公司先后为亚马尔液化天然气项目建造交付了2艘世界仅有的极地重载甲板运输船。此后，在中石油的协助下，中国广船国际有限公司再获得订单：建造冰级凝析油轮。2018年7月，来自亚马尔液化天然气项目的首艘液化天然气船，通过北方海航道抵达江苏如东液化天然气接收站，开启了亚马尔液化天然气项目向中国供应液化天然气的新篇章。中国"南海八号"钻井平台在2017年和2018年连续两年进入俄罗斯喀拉海地区进行勘探，其中，2017年在位于喀拉海的列宁格勒气田发现大量储量。③ 为勘探北极地区的油气资源，俄罗斯远东联邦大学的专家同哈尔滨工程大学的专家共同研发了电磁水下通信系统，用于勘探大陆架矿产的水下自航式设备之间的冰下和水下通信。④

2011年1月，俄罗斯石油公司与中石油已经签署了关于共同勘探和开采北极地区矿产资源的备忘录。⑤ 早在2013年2月中俄副总理级能源会晤中，俄方已经主动提议研究在亚马尔液化天然气项目上合作的可能性。2013年3月，俄罗斯石油公司与中石油达成协议，同意共同勘探伯朝拉海

---

① 《中俄合作"亚马尔项目"正式投产 开辟北极航道助推"冰上丝绸之路"》，央视新闻网，2017年12月9日，http://m.news.cctv.com/2017/12/09/ARTIZqJ3xHCEZOI55TmkEJ66171209.shtml。

② 管克江、裴广江、万宇、曲颂、黄云迪：《"冰上丝绸之路"吸引世界目光》，《人民日报》2018年1月28日。

③ "Китайские буровики возращаются домой после 5 месяцев в российской Арктике," http://pro-arctic.ru/23/11/2018/news/34792#read.

④ 《俄科学家或在开发北极领域有所突破》，俄罗斯卫星通讯社，2018年2月20日，http://sputniknews.cn/russia_china_relations/201802201024755158/。

⑤ Макаров И. А. (отв. ред.), "Поворот на Восток: Развитие Сибири и Дальнего Востока в условиях усиления азиатского вектора внешней политики России," Москва: Междунар. отношения (МО), 2015.

和巴伦支海的油田。① 2013年5月，俄罗斯石油公司和中石油签署了油气勘探合作文件，计划共同勘探伯朝拉海和巴伦支海三个区块的能源，中石油因此成为俄罗斯石油公司在巴伦支海继意大利埃尼公司、挪威国家石油公司和美国埃克森美孚公司之后的第四个合作伙伴。② 同年6月，诺瓦泰克公司与中石油签署了出售亚马尔液化天然气项目20%股份的框架协议，确定中石油将参与该项目上中下游一体化开发全程。③ 根据该协议，中石油应该协助诺瓦泰克公司为亚马尔俄罗斯石油公司项目吸引中国金融机构的资金。9月10日，诺瓦泰克公司与中石油和中国多家金融机构组成的银团签署了关于向亚马尔俄罗斯石油公司项目提供融资的备忘录。中国国家开发银行、中国工商银行、中国银行和中国建设银行参与了银团。④ 2013年9月和10月诺瓦泰克公司与中石油分别签署了出售亚马尔俄罗斯石油公司20%股权的协议和俄罗斯石油公司购销框架协议。俄罗斯向中国公司出售北极重大能源项目20%的股权，并邀请中国金融机构对其战略性项目融资，这在北极问题上乃至整个中俄能源合作史上，皆可视为俄罗斯对华政策的重大调整。

俄罗斯为什么从2013年开始明显转向中国，⑤ 而不是按合作惯性继续依赖西方？本文认为，其中的主要原因在于国际能源市场的变革，尤其是2008年以来美国页岩气革命所带来的影响。

---

① Lincoln E. Flake, "Russia and China in the Arctic, A Team of Rivals," Strategic Analysis, Vol. 37, No. 6, 2013.

② "Китай поможет «Роснефти» осваивать месторождения в Баренцевом и Печорском морях," http://www.arctic-info.ru/news/ekonomika/kitay_pomozhet_-rosnefti-osvaivat_mestorozhdeniya_v_barentsevom_i_pechorskom_moryakh/.

③ 《中俄签署增供原油长期贸易合同——普京和张高丽共同出席》，《中国石油报》2013年6月24日。

④ Елена Ходякова, "СПГ на китайские деньги," https://www.vedomosti.ru/newspaper/articles/2013/09/11/spg-na-kitajskie-dengi？

⑤ 鉴于本文重在说明2013年俄罗斯北极能源决策的影响因素，故下文相关论证所用数据皆发布于该时间点之前。近年发布的最新数据能够验证本文结论，但不宜作为前期决策的依据。

二、页岩气革命对俄罗斯开发北极液化天然气的影响

鉴于中俄北极能源合作主要集中在液化天然气,以下主要围绕液化天然气展开。① 2008 年以来,美国页岩气革命的爆发,增加了中国在俄罗斯北极液化天然气开发中的权重。俄罗斯北极液化天然气开发本来瞄准美国市场,但美国页岩气产量剧增不仅使俄罗斯失去预期市场,还增加了俄罗斯北极天然气出口到欧洲的难度,也在相当程度上打击了西方能源巨头投资俄罗斯北极液化天然气项目的积极性。

(一) 美国页岩气革命的爆发

2008 年以来,美国的页岩气开采量呈"井喷"式增长。2005 年美国页岩气产量仅为 196 亿立方米,2006 年为 283 亿立方米,2007 年小幅增至 340 亿立方米,2009 年已经飙升至 900 亿立方米,而 2010 年则高达 1387 亿立方米,2011 年更是增至 1720 亿立方米,年均增长超过 43%。② 得益于页岩气的发展,美国在 2009 年以 6240 亿立方米的产量首次超过俄罗斯,成为世界第一大天然气生产国。③ 2000 年,页岩气在美国天然气总产量的占比仅为 1.6%,④ 直到 2006 年,也仅为 2%。⑤ 让人始料未及的是,2010 年,美国页岩气产量在天然气总产量中的占比骤增至 23%,2011 年和 2012 年这一比例分别升至 30% 和 37%。美国能源信息署预计,到 2030 年

---

① 2014 年以来,面对西方经济制裁和油价暴跌,俄罗斯在北极大陆架的石油勘探和开采活动基本陷入沉寂,近年俄罗斯北极能源开发主要集中于亚马尔半岛,且以液化天然气开发为主。

② 基·弗·罗季奥诺夫、李宏梅:《俄罗斯未来 10 年三个层面的风险》,《中国党政干部论坛》2011 年第 2 期;阮晓琴、于祥明:《页岩气革命波及全球 中国能源结构面临战略调整》,《上海证券报》2012 年 8 月 9 日。

③ 唐琳:《搅动全球的页岩气革命》,《科学新闻》2017 年第 6 期。

④ 张经明、梁晓霏:《"页岩气革命"对美国和世界的影响》,《石油化工技术与经济》2013 年第 1 期。

⑤ 张春宝、边立婷:《美国 LNG 出口态势及竞争力分析》,《化学工业》2018 年第 1 期。

和 2035 年，美国页岩气产量在天然气总产量的比例将分别上升到 46% 和 49%。①

与此同时，美国天然气消费增速缓慢。2006—2012 年，消费量由 6144 亿立方米增长到 7227 亿立方米，年均增速为 2.7%。② 这种情况下，美国天然气对外依存度减小，进口需求逐年降低，美国能源独立成为了可预见的现实。俄罗斯学者在 2010 年曾预测，鉴于页岩气的大量开采，美国可能成为最大的天然气出口国。③ 可见，未来俄罗斯不仅无望向美国出口天然气，反而要面临美国天然气出口的竞争压力。

（二）页岩气革命对俄罗斯开发北极能源的影响

页岩气革命爆发之前，俄罗斯视北美市场为其北极液化天然气出口的主要目标。而美国出于能源安全考虑，在 2005 年左右已经开始大批量建设液化天然气接收终端。然而，美国页岩气的繁荣无疑给俄罗斯北极液化天然气出口商当头一棒。由于页岩气产量被大幅激活，2009—2010 年美国"冻结"了液化天然气进口终端的建设。④ 2010 年以来，以切尼尔能源公司为首的许多美国能源公司开始调整战略，规划在原定液化天然气进口接收站的基础上改建液化厂，并积极游说政府拿到天然气出口审批，将本土页岩气液化成液化天然气后出口，积极寻求扩大市场份额。⑤ 在这一点上，美国政界与商界可谓一拍即合，齐心协力。随着 2009 年以来页岩气产量的剧增，美国政府企图利用国内液化天然气的出口，减少俄罗斯的地缘政治影响力。截至 2013 年 8 月，美国能源部已经批准了 3 个液化天然气出口项

---

① 张经明、梁晓霏：《"页岩气革命"对美国和世界的影响》，《石油化工技术与经济》2013 年第 1 期。如今看来，这一预测有些保守。事实上，早在 2016 年美国页岩气产量已占其天然气比重的半壁江山。

② 《美国页岩气产量爆发式增长》，国家石油和化工网，2016 年 1 月 27 日，http://www.cpcia.org.cn/html/19/20161/152638.html。

③ 基·弗·罗季奥诺夫、李宏梅：《俄罗斯未来 10 年三个层面的风险》，《中国党政干部论坛》2011 年第 2 期。

④ Комков Н. И., Селин В. С., Цукерман В. А., Горячевская Е. С., "Сценарный прогноз развития Северного морского пути," Проблемы прогнозирования, №2, 2016.

⑤ 张春宝、边立婷：《美国 LNG 出口态势及竞争力分析》，《化学工业》2018 年第 1 期。

目，准许其向尚未与美国签订贸易协定的国家出口液化天然气。[①] 但美国上下两院诸多要员对此依然不满，希望政府加大液化天然气出口力度。他们认为，美国利用天然气发挥地缘政治影响力的时机已经到来，美国应该通过立法加速液化天然气出口的审批进程，把天然气出口作为软实力用来制衡俄罗斯的影响。由此可见，页岩气革命使美国从俄罗斯的能源客户伙伴转为能源竞争对手，俄罗斯不仅因此失去美国市场，还可能失去部分国际市场。这在很大程度上缩减了俄罗斯原有预期市场空间，对于俄罗斯来说，寻求新市场迫在眉睫。

同时，页岩气革命也降低了俄罗斯北极液化天然气项目对欧美能源巨头的吸引力。2009年以来，伴随着美国页岩气产量的剧增，北美天然气价格大幅下跌并保持疲软，这让人开始怀疑开发北极天然气是否有盈利空间。曾被欧美开发商看好的什托克曼气田项目因此一推再推，最终不了了之。俄罗斯连塔网报道指出，什托克曼气田项目"最初计划大部分产品销往美国，但是美国页岩气的急剧增长和美国天然气价格的下跌妨碍了这一计划"。[②]

欧盟对天然气需求可观，也是俄罗斯第一大天然气出口市场，但在页岩气革命和其他因素的冲击下，俄罗斯天然气出口面临挑战。

由于页岩气产量的剧增，美国国内天然气价格下滑，美国对煤炭的使用急剧减少，这导致美国的煤炭大量出口到欧洲，煤炭在欧洲的使用相应降低了欧洲对天然气的需求。同时，受页岩气革命影响，美国从原有天然气供应商的进口量日益缩减，导致这些国家纷纷加大对欧洲的出口力度，从俄罗斯手中抢走了部分市场份额。欧洲自身也在发展页岩气，2010年4月初，俄罗斯的天然气大客户波兰发现了巨大页岩气储量，当年至少有40家石油公司开始在欧洲寻找页岩气。[③] 如果欧盟成员国得以增加其页岩气产量，其对俄罗斯的天然气依赖将进一步减少。

[①] 根据美国法律，向没有与美国签订贸易协定的国家出口天然气须事先得到其能源部批准。

[②] "Проект освоения Штокмановского месторождения официально приостановлен," https://lenta.ru/news/2012/08/29/stop/.

[③] "Россия впервые признала опасность сланцевого газа," https://lenta.ru/news/2010/04/19/trutnev/.

在价格方面，由于其他国家的供应商向欧盟现货市场提供的液化天然气价格甚至低于俄罗斯的管道天然气价格，欧洲天然气进口商纷纷要求俄罗斯降价。在多重压力面前，俄罗斯不得不让步。2013年第一季度，俄罗斯出口欧洲天然气价格从每万立方米40.2美元降至36.0美元。[①] 此外，鉴于地理优势和管道设施的存在，较之俄罗斯提供的廉价管道气，欧洲市场对源于俄罗斯北极地区成本较高的液化天然气兴趣不大，加上其他供应商的竞争，这一情况更甚。

金融危机、欧洲能源政策等因素也给俄罗斯北极液化天然气出口欧盟带来挑战。2009年金融危机爆发后，欧盟经济陷入低迷状态，天然气需求疲软。根据英国石油公司2010—2012年的年鉴，欧盟天然气消费逐年递减，期间各年消费量分别为5210亿、4703亿、4579亿和4507亿立方米。欧盟大力推广新能源，并实施能源进口多元化政策，因而从俄罗斯进口天然气的需求下行，对俄罗斯油气资源的依赖减小。2003年，欧盟对俄罗斯天然气依赖度为45%，但到2012年，这一数字已减至31.9%。

此外，欧盟2009年通过了"第三能源一揽子法案"，禁止能源公司同时从事天然气销售和管道方面的业务。欧盟以此为依据，对俄罗斯天然气工业股份公司进行了多轮反垄断调查，试图打破其在生产、运输和销售领域的垄断地位。特别是在俄罗斯天然气工业股份公司占据主导地位的中欧和东欧天然气市场，俄罗斯天然气工业股份公司成为欧盟反垄断行动的主要对象。

面临欧洲市场需求缩小、价格下行和欧洲能源政策的变化等多种挫折，俄罗斯无望大量增加其北极天然气对欧出口。

2010年4月，俄罗斯自然资源和生态部部长尤里·特鲁特涅向路透社表示，页岩气生产的增长，对俄罗斯天然气工业股份公司和俄罗斯来说是个问题，俄罗斯天然气工业股份公司管理层对全球天然气市场的变局表示担忧。这是俄罗斯主要政治家首次承认页岩气革命对俄罗斯的威胁，俄罗斯官方意识到页岩气革命给俄罗斯能源战略带来的不良后果，要求能源综

---

① 黄佳音：《创新思路 推进中俄油气合作——采访曾兴球、冯玉军、程亦军、白根旭、卜若柏》，《国际石油经济》2013年第7期。

合体找出应对政策。①

三、国际天然气市场的变化与中国实力的上升

在俄罗斯开发北极天然气因页岩气革命受挫的同时，以中国为代表的亚洲国家的天然气对外依赖程度年年攀升，且亚洲天然气溢价现象愈加明显，世界天然气市场逐步由西向东转移，这对俄罗斯转向亚洲寻求合作产生重要影响。在世界能源格局变化的影响下，考虑到中国庞大的市场需求、强大的投资能力和积极的投资姿态，俄罗斯从2013年开始积极吸引中国深度参与俄罗斯北极液化天然气开发，中俄北极能源合作发生转折。

（一）中国天然气对外依赖的增加

在欧洲能源需求削减且对俄罗斯依赖降低的情况下，亚洲新兴市场国家在经济危机后经济迅速恢复并不断增长，贡献了世界能源需求的主要增量。据英国石油公司官网公布的信息，2011年世界能源消费的重心继续从经济合作与发展组织转向新兴市场国家，特别是亚洲地区。全球一次能源消费的净增长全部来自新兴经济体，仅中国一国就贡献了全球能源消费增量71%。② 到2030年，全球能源消费的绝大部分增量将会来自新兴市场国家，其中，印度占18%，中国占55%。③ 未来20年全球能源消费增长的96%将来自以亚洲新兴市场国家为代表的非经济合作与发展组织的国家，到2030年这些国家能源消费将占全球总量的65%。④

根据国际能源署发布的2011年度《世界能源展望》报告，全球天然

---

① "Россия впервые признала опасность сланцевого газа," https://lenta.ru/news/2010/04/19/trutnev/.
② "Statistical Review of World Energy June 2011," BP Statistical Review of World Energy, June 2012, http://www.bp.com.
③ "Who Wants What in Copenhagen," The Wall Street Journal, Dec. 7, 2009.
④ 高辉清：《美国页岩气革命及其对我国的影响》，《发展研究》2012年第12期。

气贸易将迅猛增加，其中，1/3 以上的增量来自中国。该报告看好中俄天然气合作，认为未来俄罗斯化石燃料的出口份额将呈现东增西降的局面。中国在俄罗斯总化石燃料出口收益中的份额会从 2010 年的 2% 增加到 2035 年的 20%，而欧盟的份额会从 61% 跌到 48%。① 2012 年中国进口天然气 428 亿立方米，对外依存度高达 29%，而 2006 年中国刚开始进口天然气。②

俄罗斯出口商认识到中国的天然气需求和未来的市场前景。诺瓦泰克公司董事长米赫尔松十分看好对华出口天然气的前景。他根据俄罗斯天然气在本国能源中的占比和消费量预测，如果把中国天然气在总能源中的占比提升到 25%，中国在不久的将来会需要 1.8 万亿立方米天然气。③

在上述背景下，2010 年亚马尔液化天然气项目确立之初即把亚洲作为主要销售市场。俄罗斯战略研究院编写的一份研究报告指出，包括俄罗斯天然气工业股份公司、俄罗斯石油公司和诺瓦泰克公司在内的国内主要油气公司皆一致认为，在选择北极项目的外国合作伙伴时，不仅要以其财政资源和技术潜力作指导，还要看它能否保障未来产品的销售市场。④ 在中石油入股亚马尔液化天然气项目前，道达尔公司已持有 20% 股份，该公司分担了部分销售任务。道达尔公司加入亚马尔液化天然气项目后，诺瓦泰克公司董事长米赫尔松曾表示，还希望引入 1—2 个能够协助液化天然气销售的伙伴。米赫尔松注意到中石油正在积极参与天然气市场开发，认为通过与该公司合作能够进入中国市场。⑤ 2013 年 6 月，诺瓦泰克公司与中石油就亚马尔液化天然气项目达成合作协议后，米赫尔松指出："与中石油这样的公司合作，我们不仅获得在国际液化天然气项目上具有丰富经验的可靠合作伙伴，而且还将获得代表世界上发展最快的天然气市场之一的可靠

---

① "World Energy Outlook 2011," https://www.iea.org.
② 安蓓、朱诸、孔祥鑫：《中国石油：2012 年我国油气对外依存度继续上升》，中国政府网，2013 年 1 月 30 日，http://www.gov.cn/jrzg/2013-01/30/content_2323461.htm.
③ 《独家探秘全球最大液化天然气项目 中石油持股 20%》，环球网，2015 年 6 月 16 日，http://finance.huanqiu.com/cjrd/2015-06/6694023_2.html.
④ "Группа экспертов РИСИ, Арктика в современной системе международных отношений и национальные интересы России," Проблемы Национальной Стратегии, No. 5 (26) 2014.
⑤ 刘乾：《入股亚马尔：中石油夙愿已偿》，《中国石油石化》2013 年第 19 期。

长期买家。"① 可见，市场因素是俄罗斯选择中石油作为合作伙伴的主要原因。

（二）东北亚液化天然气市场溢价现象的凸显

在北美市场天然气价格低迷且欧洲要求俄罗斯降低天然气价格的同时，亚洲天然气市场却长期存在溢价现象，即亚洲作为三大天然气市场之一，其天然气价格显著高于北美和欧洲市场。② 特别是受页岩气产量骤增和油价变动等因素的影响，中俄启动亚马尔液化天然气项目谈判之前，亚洲天然气溢价现象愈加凸显，这也是俄罗斯2013年转向中国寻求合作的又一重要因素。自2009年页岩气产量激增以来，美国国内天然气价格在低位徘徊。而日本天然气价格从2009年到2012年则一路飙升，其间与欧美天然气市场的价格拉开距离，且悬殊愈加明显。这不能不对俄罗斯2010年左右的北极能源开发政策产生影响。日本的天然气价格可在很大程度上代表亚洲的天然气价格。在东北亚市场，天然气进口价与原油进口价挂钩，这一做法最早由日本从20世纪70年代开始采用，被称为日本原油价格。当其他亚洲国家随后陆续成为液化天然气进口商时，这种定价机制已经约定俗成。亚洲的液化天然气进口价格以日本原油清关价格为基准，中国也不例外。

（三）中国开发北方海航道的积极性与中俄航道合作的达成

显然，面向亚洲的俄罗斯北极能源开发离不开对北方海航道的利用，能源开发与航道建设须同步协调进行，没有对北方海航道的利用，北极液化天然气开发将寸步难行。北极气候加速变暖为俄罗斯利用北方海航道提

---

① ""НОВАТЭК" заключил соглашение о вхождении CNPC в проект," http://www.novatek.ru/ru/press/releases/index.php?id_4=756.

② 张宝成、马宝玲、郜峰：《LNG市场的"亚洲溢价"问题分析及对策》，《天然气工业》2015年第7期；王永中、朱子阳：《"亚洲溢价"与中国天然气定价权》，中国社会科学院世界经济与政治研究所，http://www.iwep.org.cn/xscg/xscg_lwybg/201801/t20180122_3824464.shtml。

供了有利条件。在欧美主要国家对俄罗斯开发北方海航道持消极态度的情况下，中国出于多重考量①愿意与俄罗斯合作开发和利用北方海航道，双方在能源和航道合作上的利益皆高度契合，这也是俄罗斯邀请中国深度参与北极能源开发的重要原因。

2005年夏季，北方海航道出现无冰期。② 2008年夏季，东北航道和西北航道同时出现无冰期，人类史上首次可绕过北极开展商业航行。③ 2009年夏天，在没有破冰船开道的情况下，两艘德国商船从韩国启程取道北方海航道抵达荷兰。然而，自20世纪90年代北方海航道交通体系遭受破坏以来，直到2010年，俄罗斯未曾有利用北方海航道向亚洲出口能源的历史。为了应对国际能源形势的变化，俄罗斯迫切需要利用北方海航道完成通往亚洲的运输。2010年，北方海航道的通航窗口期一开始，俄罗斯就启动了取道北方海航道向亚洲输送能源的试航。2010年9月，俄罗斯现代商船公司旗下的"波罗的海"号大容量油轮（载重量为11.7万吨）从摩尔曼斯克出发取道北方海航道抵达宁波。一年后，该船再次沿同一航线向宁波运送天然气，全程仅花费22天，比取道苏伊士运河节约了一半时间。这些航行证明了俄罗斯北极油气资源出口亚太地区的可行性。现代商船公司总裁兼董事长谢尔盖·弗兰克指出，2010—2011年间，现代商船公司和诺瓦泰克公司在俄罗斯交通部与俄罗斯国家核动力破冰船公司的支持下，经由北方海航道开展的试验性过境航行，皆为今天的项目打下基础，证明了将高纬度航线作为大吨位运输航道不仅技术可行，而且成本不高。这些成果为亚马尔液化天然气项目的成功实施奠定基础，如果没有安全高效的液化天然气海上运输线路，该项目是不可能成功的。④

---

① 详见朱燕、王树春、费俊慧：《中俄共建冰上丝绸之路的决策变迁考量》，《边界与海洋研究》2019年第2期。
② 郑中义：《北极航运的现状与面临的挑战》，《中国远洋航务》2013年第10期。
③ 郭培清、管清蕾：《东北航道的历史与现状》，《海洋世界》2008年第12期。
④ "Уникальный ледокольный танкер – газовоз «Кристоф де Маржери» готов к обслуживанию проекта," http：//www.scf-group.com/press_office/press_releases/item86385.html？print = y.

历史上，俄罗斯曾经对北方海航道进行过较大规模的开发和利用[①]，但主要集中在该航道西部。20世纪90年代，在俄罗斯市场经济转型和国内经济衰落的影响下，北方海航道原有的统一的经济机制瓦解，曾经运行多年的交通运输体系崩溃。2004年俄罗斯政府制定了《北方海航道发展构想》以振兴北方海航道，但这个构想在2010年前并未取得明显成就。俄罗斯欲取道北方海航道向亚洲开展大规模运输，必须对该航道进行大规模升级和开发，而这是一项耗资庞大、风险巨大的系统大工程，非俄罗斯一国能及。正如北极能源开发，北方海航道的开发也离不开国际资金支持，且需求量庞大。

然而，欧美主要国家从地缘政治视角出发，对俄罗斯开发北方海航道持消极态度。而中国从中欧贸易和能源安全等角度出发，希望与俄罗斯合作开发北方海航道。同时，中俄双方在航道开发方面具有高度优势互补性。俄罗斯对此有深刻认知，其国内对此不乏论述，在此不再一一陈述。[②] 基于共同利益和优势互补性，中俄早在2010年11月已经达成北方海航道运输合作协议，被正式宣布为中俄两国能源合作战略的一个重要组成部分。[③]

可以说，鉴于北极能源开发与航道开发密不可分，中国开发北方海航道的意愿和中俄在该领域牢固的共同利益也鼓励了俄罗斯在北极能源开发上选择中国作为优先合作伙伴，两国在北方海航道开发方面的合作为北极能源合作奠定了基础。

[①] 在20世纪50—70年代，北方海航道实现了夏秋时段常态化运行，在20世纪70年代末开始全年利用阶段。1987年北方海航道的运量达到峰值，为658万吨。参见"Совет по изучению производит," сил РАН. Проблемы Северного морского пути, ЦНИИМФ. - М.: Наука, 2006。

[②] 详见"Почему активность России в Арктике не нравится Западу," http://politarktika.ru/news/pochemu_aktivnost_rossii_v_arktike_ne_nravitsja_zapadu/2016 - 07 - 05 - 556；Ковалев А. А., "Международно - правовой режим Арктики и интересы России. Индекс безопасности," 2009, No. 3 - 4 (90 - 91), Том 15；Махмутов Т. А. и др., Иванов И. С. (гл. ред.), "Азиатские игроки в Арктике: интересы, возможности, перспективы," Доклад, No. 26, 2016, Российский совет по международным делам (РСМД). - М.: НП РСМД, 2016。

[③] Frederic Lasserre, Linyan Huang and Olga V. Alexeeve, "China's strategy in the Arctic: threatening or opportunistic," Polar Record, Vol. 53, Issue 1, 2017.

(四) 中国资金优势的影响

米赫尔松提及选择与中石油合作的原因时，不仅认为中石油"位于世界上发展最强劲的天然气市场"，还指出其"资金实力雄厚"。[①] 2013 年 6 月，中石油与诺瓦泰克公司签署的股权收购框架协议特别规定，中方应该协助俄方吸引中国金融机构的资金。同年 9 月，俄方的这一要求被正式写入股权收购合同。签署该合同后，米赫尔松表示"期待中石油在吸引外部资金方面作出重大贡献"。[②] 从以上事实可以看出，俄方早在 2013 年已经对中方资金有强烈需求。

俄方对中国资金的兴趣，在一定程度上受到欧美能源巨头的投资能力和投资意愿的影响。金融危机之后，欧盟的投资能力受挫，相比之下，中国的对外投资能力则显著提高。同时，受页岩气革命等因素的影响，欧美能源巨头对俄罗斯北极液化天然气投资的兴趣减弱。页岩气产量激活后，北美进口俄罗斯北极液化天然气的可能性微乎其微[③]，欧盟接受俄罗斯北极液化天然气的空间较小。同时，北美天然气市场价格下行，且美国意欲出口页岩气与俄罗斯争夺市场，这些因素给欧美投资者的盈利性带来变数。欧美国家对亚马尔液化天然气项目实施条件和效益的评估也影响其投资意愿。据环球网调查，该项目建设之初，有超过 90% 的具备实力的石油及天然气企业及国际财团并不相信这一项目可以在如此严峻的极地自然条件下顺利推进，众多企业在谈判中打起退堂鼓。[④] 特别是考虑到该项目的大部分产品将通过障碍重重的北方海航道出口至亚洲，欧美投资商则更加谨慎。在与诸多西方企业谈判受挫后，俄罗斯更加坚定地转向资金实力雄

[①] «НОВАТЭК»，"подписал договор о продаже CNPC 20% в капитале，" https://ria.ru/20130905/960978037.html.

[②] «НОВАТЭК»，"заключил соглашение о вхождении CNPC в проект，" http://www.novatek.ru/ru/press/releases/index.php?id_4=756.

[③] 2018 年 1 月美国进口亚马尔液化天然气只是个例，而非常态。由于当年气候骤冷，美国国内天然气价格一时飙升才临时考虑借调亚马尔液化天然气应急。

[④] 《独家探秘全球最大液化天然气项目中石油持股20%》，环球网，2015 年 6 月 16 日，https://finance.huanqiu.com/article/9CaKrnJM5lJ。

厚且对参与俄罗斯北极开发有浓厚兴趣的中国。

四、国际天然气市场的进一步变化

继亚马尔液化天然气项目之后，中俄在北极能源合作方面再结硕果。2019年6月，中石油附属公司中国海洋石油集团有限公司与诺瓦泰克公司正式签署了有关收购俄罗斯北极液化天然气2号项目的股权协议，诺瓦泰克公司向两家中国公司各出售该项目10%的股份，中国再次成为俄罗斯北极能源项目的大股东。[①] 同月，中国化学工程集团与俄罗斯油气控股公司成功签署帕亚哈油气田项目合作协议。[②] 随着北极能源项目的投产以及对北极海上运输需求的增加，中俄双方商定以合资公司的形式经营管理北方海航道的航运业务。世界能源格局的调整对中俄罗斯北极能源合作的推动作用，并不局限于亚马尔液化天然气项目。2016年以来，随着美国页岩气出口的扩张和中国天然气需求的急剧增加，世界能源市场深度变化，这成为中俄罗斯北极能源合作的重要动力。

（一）美国页岩气出口的实现和扩张

随着美国页岩气不断发展和日益繁荣，欧洲液化天然气市场竞争进一步加剧的同时，亚洲市场竞争日趋激烈，俄罗斯北极能源出口面临更大压力，更多变数。2016年2月，美国切尼尔能源公司旗下的首个液化天然气出口项目投产，满载美国本土液化天然气的货轮驶往巴西，标志着美国页岩气对外出口的启动，此后美国页岩气出口渐入佳境。[③] 2016年美国能源

[①] Алифирова Е., "Новотэк подписал договоры купли – продажи долей участия в Арктик СПГ – 2 с CNPC и CNOOC," https: // neftegaz. ru/news/partnership/453141 – ofitsialno – novatek – podpisal – dogovory – kupli – prodazhi – doley – uchastiya – v – arktik – spg – 2 – s – cnpc – i – cnooc/.

[②] "Запасы Пайяхи привлекли китайцев," https: // oilcapital. ru/news/companies/06 – 06 – 2019/zapasy – payyahi – privlekli – kitaytsev.

[③] 张春宝、边立婷：《美国LNG出口态势及竞争力分析》，《化学工业》2018年第1期。

信息署预计,未来美国液化天然气净出口量将保持快速增长,2030年将达到1400亿立方米。[1] 2017年11月,美国总统特朗普访华,中美签署了三个液化天然气合作大单:中国燃气控股有限公司与美国液化天然气德尔菲公司签署液化天然气购销备忘录,预计从2021—2022年开始,前者每年从后者进口300万吨液化天然气;中国石油化工集团有限公司(简称中石化)、中投海外直接投资有限责任公司、中国银行和阿拉斯加州政府、阿拉斯加天然气开发公司,共同签署了联合开发阿拉斯加液化天然气项目的意向性协议,该项目涉及金额为430亿美元,包括建设输气管线和年产量高达2000万吨的液化天然气工厂,由隶属于阿拉斯加州政府的阿拉斯加天然气开发公司主导;2018年2月9日,中石油与美国切尼尔能源公司签署了液化天然气购销协议,标志着中美首单液化天然气长期贸易合同落地,2017年11月特朗普访华期间,中美企业签署的价值千亿美元的3份天然气领域合作协议就包括该合同的前身,即中石油和美国切尼尔能源公司签署的《液化天然气长约购销合作谅解备忘录》。[2] 美国成为俄罗斯争取亚洲液化天然气市场的强劲对手,这在俄罗斯媒体引起轩然大波,牵动了俄罗斯液化天然气出口的神经,强化了俄罗斯竞争亚洲液化天然气市场的紧迫感。

随着2016年美国液化天然气出口的实现,俄美天然气之争愈演愈烈,双方在欧洲市场上打响了"天然气战"。美国一方面通过影响能源消费者的政策展开竞争,另一方面通过降价与对手直接展开竞争。2017年美国已经公开谈论把俄罗斯从欧洲市场"清理"出去,使用美国供应的天然气,美国计划将其液化天然气出口的一半(450亿立方米)供应给欧洲,约占欧洲天然气消费总量的10%。[3] 为了打赢这场"战争",美国不惜亏本将液化天然气输送到欧洲。俄罗斯国家能源研究所总干事谢尔盖·普拉沃索多夫认为,这是一种纯粹的政治行为。美国试图限制欧洲公司与俄罗斯的

---

[1] 《美国液化天然气出口重塑全球天然气市场格局》,中国石油新闻中心,2016年7月26日,http://news.cnpc.com.cn/system/2016/07/26/001602201.shtml。

[2] 《中美液化天然气首单落地或成市场新标杆》,中国石油新闻中心,2018年2月13日,http://news.cnpc.com.cn/system/2018/02/13/001678312.shtml。

[3] Ардаев В. Т.,"'газовой войны':как США хотят потеснить Россию на европейском рынке," https://ria.ru/world/20170628/1497461861.html? inj = 1.

互动,包括开发"北溪-2"天然气管道,具有相同的性质:它们旨在降低整个俄欧伙伴关系,而不具备任何经济背景。① 2018年7月1日,美国总统特朗普批评德国修建"北溪-2"是让自己成为"俄罗斯的人质"。他在推特上写道:"向俄罗斯输送天然气美金是不可接受的!"② 报道称,美国反对"北溪-2"其实有更实际的原因:美国公司已开始向欧洲出口页岩气,并得到美国政府机构的支持,后者称欧洲应该寻求俄罗斯以外的其他供应方。③ 美国进军欧洲液化天然气市场的野心在一定程度上符合欧洲极力减少对俄天然气依赖的愿望。2016年上半年,美国向葡萄牙出口液化天然气约1亿立方米,这表明美国液化天然气与俄罗斯天然气工业股份公司的竞争已经在欧洲开始。④ 美国不仅向欧洲地中海国家出口液化天然气,还向波罗的海国家和中东欧出口,与俄罗斯的天然气出口产生竞争。对俄罗斯天然气严重依赖的立陶宛2016年6月向美国切尼尔能源公司订购液化天然气,且在2017年收到第一批货。立陶宛能源部部长维奇乌纳斯表示,这是第一批,但不会是最后一批,立陶宛将从美国进口更多液化天然气。波兰国营石油和天然气集团继2017年11月与森特里克液化天然气公司签署为期5年的液化天然气销售合同后,2018年10月至12月先后与三家美国能源公司达成了液化天然气购销大单。接着,波兰国营石油和天然气集团与切尼尔能源公司达成了一项为期24年的液化天然气购买协议,其中切尼尔能源公司在2019年至2022年间提供约52万吨液化天然气,在2023年至2042年之间提供2900万吨液化天然气。⑤ 此外,波兰国营石油和天然气集团又与美国桑普拉能源公司签订一份为期20年的合同,从2023年

---

① Ардаев В. Т., "'газовой войны': как США хотят потеснить Россию на европейском рынке," https://ria.ru/world/20170628/1497461861.html? inj = 1.
② 《俄德天然气管道为何惹恼特朗普? 德媒:害美国天然气卖不出去》,参考消息网,2018年7月17日,http://www.cankaoxiaoxi.com/world/20180717/2294010.shtml。
③ 《俄德天然气管道为何惹恼特朗普? 德媒:害美国天然气卖不出去》,参考消息网,2018年7月17日,http://www.cankaoxiaoxi.com/world/20180717/2294010.shtml。
④ 《美国液化天然气出口重塑全球天然气市场格局》,中国石油新闻中心,2016年7月26日,http://news.cnpc.com.cn/system/2016/07/26/001602201.shtml。
⑤ James Shotter, "Polish gas deal aims to break Russian stranglehold," Financial Times, Nov. 8, 2018, https://www.ft.com/content/ed5caa08-e33a-11e8-a6e5-792428919cee.

起,每年向该公司购买 200 万吨的液化天然气。① 路透社指出,波兰国营石油和天然气集团每年约消耗 170 亿立方米天然气,其中超过一半都来自俄罗斯。波兰国营石油和天然气集团与俄罗斯天然气工业股份公司 1996 年签署的每年订购 100 亿立方米天然气的长期供应协议于 2022 年到期,而波兰国营石油和天然气集团不打算延长协议期限。② 欧盟委员会 2017 年 7 月底发布的欧洲天然气市场季度报告显示,当年第一季度,美国供应欧盟的液化天然气占欧洲总进口量的 6%,比前一年同期增加了 10 倍,美国已经成为欧盟第六大液化天然气供应国。截至 2017 年下半年,美国对欧洲液化天然气出口量已经挤掉俄罗斯 1/3 的份额。③ 美国计划将其液化天然气出口的一半供应给欧洲,即 450 亿立方米,约占欧洲天然气消费总量的 10%。④

(二)中国天然气进口需求的大幅攀升

2016 年以来,中国对天然气的需求进一步加大。2016 年国家能源局印发的《能源发展"十三五"规划》指出,到 2020 年,天然气消费比重力争达到能源消费结构的 10%。⑤ 据《中国天然气发展报告(2016)》白皮书显示,2015 年,中国天然气在一次能源中占比为 5.9%,与天然气在世界一次能源消费中的平均占比 23.7% 相比,还存在较大差距。这也意味着,中国天然气市场有较大的发展潜力。⑥

国际能源署发布的《天然气 2018:分析和预测至 2023》指出,2017 年至 2023 年间,中国天然气需求量将增长 60%,达到 3760 亿立方米。中

---

① Ed Crooks, "Poland adds to US natural gas imports with Sempra deal," Financial Times, Dec. 19, 2018, https://www.ft.com/content/6790a1dc-038c-11e9-99df-6183d3002ee1.

② Ардаев В. Т., " 'Газовой войны': как США хотят потеснить Россию на европейском рынке," https://ria.ru/world/20170628/1497461861.html?inj=1.

③《美国液化天然气进军中东欧》,《中国石油企业》2017 年第 9 期。

④ Ардаев В. Т., " 'Газовой войны': как США хотят потеснить Россию на европейском рынке," https://ria.ru/world/20170628/1497461861.html?inj=1.

⑤《能源发展"十三五"规划》,国家能源局,2016 年 12 月 26 日,http://www.ndrc.gov.cn/zcfb/zcfbtz/201701/W020170117335278192779.pdf。

⑥ 张娜:《中俄能源"丝路"行稳致远》,《中国经济时报》2017 年 2 月 28 日。

国液化天然气进口从 2017 年的 510 亿立方米增加至 2023 年的 933 亿立方米，占总进口量的一半以上。① 如今，这一预测已经实现。

综上所述，随着美国页岩气革命的进一步发力及其液化天然气出口的扩张，俄罗斯不仅在国际市场面临的竞争加剧，且有失去部分重要的传统能源伙伴的危险，如果俄罗斯不迅速抢占中国庞大的天然气市场，未来其能源出口面临的挑战更大，变数更多。

五、中国投资北极能源项目的主要考量

下文拟以亚马尔液化天然气项目为例说明中国投资俄罗斯北极能源项目的考虑。在亚马尔液化天然气项目不被西方看好的情况下，中国为什么积极投资呢？

（一）保障能源安全

从上文分析可以看出，中俄达成北极天然气合作之前，中国天然气对外依赖程度急剧攀升，进口需求量大幅增长，且这种依赖性还将进一步加深。如果找不到稳定可靠的天然气供应，中国能源安全将面临威胁。亚马尔液化天然气项目的气源地是南塔姆贝凝析气田，其天然气可采储量达到 1.35 万亿立方米，凝析油可采储量 6018.4 万吨。当时计划建成 3 条年产量 550 万吨液化天然气生产线，3 条线全部建成后，项目年产能高达 1650 万吨，这相当于中国 2012 年全年进口天然气的一半以上。② 基于天然气市

---

① "Gas 2018: Analysis and forecasts to 2023," International Energy Agency, 26 June, 2018, https://www.iea.org/gas2018/.

② 1650 万吨相当于 250 亿立方米，如上文所述，中国 2012 年进口天然气 425 亿立方米。注：2013 年诺瓦泰克公司和中石油达成每年不少于 300 万吨的购销协议。

场形势，俄罗斯希望长期大批地向中国出口该项目所产天然气。① 对该项目进行投资有利于保障中国天然气的稳定供应，这不仅能够有效保障中国能源的供应安全，而且将助推《大气污染防治行动计划》的实施。

不仅如此，成功投资该项目后，中国将能够增加天然气进口源地。放远眼光，亚马尔液化天然气项目代表了中国未来能源开发的重要方向——北极。该地区有"人类最后的聚宝盆"之美誉。美国地质勘探局和丹麦地质勘探局联合完成的研究报告指出，世界22%的尚未发现但技术上可开采的油气资源（包括13%未探明石油储量，30%未探明天然气资源以及20%未探明液态天然气）储藏在北极地区，且大部分都位于俄罗斯近海海域。② 随着气候变暖和技术进步，该地区的能源开发条件日臻成熟，该地区有望成为中国能源供应的重要来源，推进中国能源进口的多元化。

鉴于亚马尔液化天然气出口将依赖北方海航道完成运输，该项目的开发必将推动北方海航道的开发利用，这能够为中国能源运输提供新途径，使中国能源进口破解"马六甲瓶颈"，进而保障中国能源安全。

此外，随着气候变暖，北方海航道作为大部分欧洲地区和东北亚之间的捷径，在运输时间和运费上比途经苏伊士运河的传统航线更具优势。利用北方海航道，上海以北港口到欧洲西部、北海、波罗的海等港口比传统航线航程短25%—55%，运输时间缩短3—4.5天，运费相应减少11.6%—27.7%。③ 在北极气候不断变暖和前述传统航线海盗、拥堵和恐怖主义等问题比较严峻的形势下，利用北方海航道的安全优势愈加突出。

---

① 2013年10月22日，中石油与诺瓦泰克公司签署液化天然气购销框架协议，协议明确了液化天然气年购销量不低于300万吨，合同期限为15年，经过协商还可以延长。后来确定合同期限为20年，年销售量为400万吨。
② Donald L. G. and Kenneth J. B., Etc, "Assessment of Undiscovered Oil and Gas in the Arctic (Published in Science Magazine, May 2009)," USGS, http://www.energy.usgs.gov/GeneralInfo/EnergyNewsroomAll/TabId/770/ArtMID/3941/ArticleID/713/As sessment of Undiscovered Oil and Gas in the Arctic. aspx.
③ 张侠、屠景芳、郭培清、孙凯、凌晓良：《北极航线的海运经济潜力评估及其对我国经济发展的战略意义》，《中国软科学》2009年第S2期。

（二）加强在北极的存在

俄罗斯在亚马尔液化天然气项目上寻求与中国的合作，并非仅限于销售关系，而是邀请中国深度参与俄罗斯国家战略性项目上、中、下游一体化开发，这在中俄能源开发史上尚属第一次。此前，尽管中俄油气贸易蓬勃发展，但是中国一直未能进入俄罗斯油气勘探开发和生产领域。中石油入股亚马尔液化天然气项目之前，中俄在北极地区仅存在零星合作，且缺乏实质性合作成果。本次合作如能成行，将是中俄能源合作和北极合作的重大突破，这不仅能够为中俄能源合作奠定坚实的基础，还将明显扩大和深化中俄北极合作。入股亚马尔液化天然气项目后，中石油俄罗斯公司积极发挥股东优势，不断为中企争取更多参与该项目的机会。[1] 中石油俄罗斯公司总经理蒋奇表示，此次中石油入股亚马尔项目，以55亿美元的投资带动了154亿美元的出口，杠杆效应十分明显。[2]

（三）获取利润和先进技术经验

鉴于俄罗斯政府给予亚马尔液化天然气项目的税收优惠和项目的成本优势，该项目的盈利相当可观。中石油认为，该项目的液化天然气在价格上具有竞争力。[3] 根据亚马尔液化天然气项目官网介绍，该项目具备多方面优势。首先，资源禀赋好：气田为常规天然气，可使用比较成熟的传统技术进行开采，且单井产量高；所产天然气不含硫化氢，不需要复杂的净化处理；气源地储量丰富，可供长期持续开发。其次，地理位置优越：年均温度低，液化效率高；直接建于气源地之上，且靠河临海，产出的液化

---

[1] 中石油发挥其作为亚马尔液化天然气项目股东的优势，分别于2016年2月和9月帮助中国石油海洋工程有限公司新增6000万美元合同额和430吨工作量，2016年为中国广船国际有限公司增加一艘冰级船的订单。

[2] 王世峰、高歌：《北极圈诞生超级大工程 中国液化气供应稳定性大幅提升》，第一财经网，2017年12月10日，https://www.yicai.com/news/5381890.html。

[3] 王世峰、高歌：《北极圈诞生超级大工程 中国液化气供应稳定性大幅提升》，第一财经网，2017年12月10日，https://www.yicai.com/news/5381890.html。

天然气可直接上船出口，可节省巨额基础设施建设费用和运费；可通过北方海航道之捷径直接运抵亚太和欧洲市场。以上因素将使原料气成本相对较低，且运输成本不至于过高。

学习先进技术和管理，也是中国入股亚马尔液化天然气项目的题中之意。中石油俄罗斯公司的郭俊广撰文称，成功入股亚马尔液化天然气项目，中石油可以向法国道达尔能源公司、日本日挥株式会社和法国德西尼布集团等合作伙伴汲取先进的模块化建厂和运营经验，推动中国模块制造商技术产业升级。[①] 此外，极地设备技术和极地作业经验是中国参与北极事务的重大障碍，通过投资该项目，中国还可以向俄罗斯学习极地能源开采技术和极寒条件下的工作经验。

投资亚马尔液化天然气项目，中方看重的不仅是项目本身的经济性和利润空间，还有它所带来的重要机遇（包括加强在北极的存在、学习先进技术、管理经验和产能输出等）及其对保障中国能源供应、推进能源进口多元化的重要意义。这些考量也适用于中国对俄罗斯北极液化天然气2号项目和帕亚哈项目的投资。

结　语

2015年以来中俄北极能源合作的成绩可圈可点，俄方不仅增加了中国在亚马尔液化天然气这一俄罗斯国家重大项目中的股份和融资额度，使中国成为该项目的最大外国股东和债权方，还在项目推进的过程中大量使用中国技术。俄罗斯在地质研究、钻机制造、模块建造、工程监理、海运物流、物资供应、造船、液化天然气采购等涉及液化天然气价值链的各个环

[①] 郭俊广、夏春燕、余伟：《亚马尔LNG项目开辟中俄能源合作蹊径》，《国际石油经济》2014年第10期。注：中石油与诺瓦泰克公司达成股权买卖协议之前，世界顶级液化天然气商法国道达尔能源公司已经成为股东（2011年），世界顶尖工程公司法国德西尼布集团和日本日挥株式会社组成的国际财团已经与亚马尔液化天然气股份公司签署了关于承包亚马尔项目液化天然气生产和液化的EPC合同（2013年4月）。

节与中国密切合作，且不断加大合作力度，拓展合作范围。但必须承认，上述成果主要是在 2013 年中俄在亚马尔液化天然气项目合作取得突破的基础上产生的。

正是因为中石油入股亚马尔液化天然气项目，中国才获得深度参与该项目整个价值链各环节的机会。同时，中石油积极发挥股东优势，不断为中企争取更多参与该项目的机会（包括上文提到的获取更多模块和船舶订单）。此外，2013 年 6 月，中石油与诺瓦泰克公司签署的股权收购框架协议，特别规定了中方应该协作俄方吸引中国金融机构的资金。事实上，中石油在为亚马尔液化天然气项目吸收中方资金中发挥了重要作用，甚至丝路基金入股亚马尔项目也是在中石油穿针引线的作用下成行。

由此可见，2015 年以来中俄北极能源合作的进展不是一时之变，而是前期政策变化（中石油入股亚马尔液化天然气项目）的自然延伸。在亚马尔液化天然气项目开发方面，中国以其庞大的市场潜力、雄厚的资金实力和积极的合作姿态成为该项目的主要合作伙伴。保障能源安全、加强在北极存在和获取先进技术等考量是推动中国入股不被西方看好的亚马尔液化天然气项目的重要影响因素。

继中俄在亚马尔液化天然气项目实现合作突破后，中俄在北极液化天然气 2 号项目和帕亚哈项目等北极能源项目以及相关的合作运输上达成重大合作协议，这些成绩的取得与前期双方在亚马尔液化天然气项目上达成合作有共同的国际能源形势和国际政治背景，不同的是后期合作还得益于前期合作打下的良好基础产生的助力。

在此说明一下，推动中俄北极能源合作的影响因素有很多，除了本文着重分析的以页岩气革命为代表的世界能源市场变局和中国作为合作伙伴的优势增加，还包括其他因素：国际层面，2009 年以来世界经济重心（包括能源重心）向东转移的大趋势；国家间关系层面，中俄两国领导人对建立能源战略伙伴关系的高度共识和对深化双边战略伙伴关系的顶层设计；国内层面，俄罗斯整体能源战略向亚洲转移的定位，北极能源开发政策"转向东方"对振兴远东战略的意义，俄罗斯油气巨头的国内游说等等。

本文为了突出中俄北极合作中被当前学术界忽视的页岩气革命因素，而淡化了对其他因素的着墨，但这不意味其他因素不重要。同时，本文聚焦的是乌克兰危机之前俄罗斯邀请中国深度参与亚马尔液化天然气项目一体化建设的主要影响因素，故没有特别关注2014年以来西方对俄经济制裁的影响。

中俄在亚马尔液化天然气项目上的合作具有代表性，该个例性质的分析代表了俄罗斯北极能源开发向亚洲的转移。这不仅包括液化天然气的转移，也包括未来石油和其他矿产的转移，且这一转移将借重北方海航道来实现。俄罗斯北极能源开发向亚洲转移不意味着脱离欧洲市场，而是实现能源出口的多元化。当然，这种转移并不仅仅是向中国转移，印度、日本、韩国和东盟国家也是其重要对象。其他亚洲国家对参与俄罗斯北极能源开发的兴趣也在与日俱增。此外，中国在开发北极能源运输渠道方面的优势也不容忽视，这包括对北方海航道的运输需求（将是北方海航道最大的用户）、基础设施建设能力和中俄双方稳定的政治关系。基于中国具备的比较优势和俄罗斯开发北极能源的战略规划，中俄北极合作是战略性的，而非策略性的，双方在北极液化天然气合作上的良好势头具有可持续性，双方在北极石油和煤炭开发等方面的合作将得到拓展。

在当前世界能源市场变局下，中国应该利用自己的优势发挥主观能动作用。在微观上，以北极能源合作撬动在北方海航道开发和地区基建方面的合作，在此基础上拓展科考、经贸、技术、旅游和环保等方面的合作；在宏观上，以丝绸之路经济带建设和欧亚经济联盟建设对接为契机推进中俄北极能源合作，做好能源合作长期规划，实现双方能源合作可持续发展。把北方海航道作为丝绸之路经济带建设和欧亚经济联盟对接的契合点予以推动，构建欧亚大陆交通的新格局，规划"冰上丝绸之路"的宏伟蓝图。北极能源开发将刺激社会对油轮、破冰船、救援船、补给船、运输船、海港、海运服务和通往海港的铁路的需求，带动了北方海航道的基础设施建设和开发合作。中俄在亚马尔液化天然气项目上的合作也证明了北极能源合作对促进航道合作的作用。一方面，中俄关于亚马尔液化天然气项目的合作为中国企业创造了向项目供应船舶的机会，使中国企业有机会参与北方海航道交通基础设施建设；另一方面，随着亚马尔液化天然气项目的投产以及对北极海上运输需求的增加，俄方提出以合资公司的形式经营管理北方海航道的航运业务。据悉，诺瓦泰克公司已找到中国合作伙伴，以发展其北极海洋运输公司。

社会科学视角下的中国北极问题研究（2007—2022年）

伍宸淼[*]　张书华

【摘　要】 全球变暖、冰川融化使得北极的战略价值日益凸显。作为北极事务的利益攸关方，中国也对北极治理表现出浓厚兴趣，国内社会科学领域、特别是国际关系学科也因此在该领域展开长期研究，且成果颇丰。本文主要采取数据分析的研究方法。通过设置"文献"与"书籍"双指标以展现中国学界及社会领域北极研究概况。研究结果表明：首先，在国内学界，北极问题研究历经三大发展阶段，在学者及高校等主力军的带动下，对中国理念及参与、他国北极政策、北极安全与博弈等主题深入探讨。目前，该领域在国家社会科学基金立项过程中竞争力不断增强。其次，在国内社会，公众主要关注北极的少儿科普，社会科学领域的北极研究专著则更多地被视作学术文献的延伸，二者在作者、主题等方面存在重叠。总体而言，尽管在学界及社会领域得到了双向发展，但目前国内社科领域的北极研究仍处于初级阶段，存在理论研究缺失、学科交叉水平低、民众认知浅薄等问题。

【关键词】 北极　社会科学研究　文献计量　北极治理

---

[*] 伍宸淼，广东外语外贸大学国际关系学院外交学专业2020级本科生。

引 言

随着人类社会进入工业化发展阶段，全球气温呈现不断增高趋势。目前，全球气温正在以有史以来最快速度上升，其中，北极成为全球变暖的"热点"地区。数据表明，陆地升温1℃意味着北极升温3.1℃。气温升高、冰层融化使得北极与其他区域的联系愈发紧密，以北冰洋沿岸国为代表的部分国家对北极事务的参与意愿、程度不断加深。作为北极事务的利益攸关方，中国也对北极治理展现出浓厚兴趣，进而推动国内社会科学领域对该领域展开长期研究。近年来，为推动国内社会科学领域北极研究的可持续发展，部分学者对其发展脉络进行梳理，为深化对本领域的系统性认知奠定基础。

2007年，国内社会科学领域开启了对于北极问题的研究。2014年，杨振姣、刘雪霞、战海霞使用定性研究法首次描述本领域下的北极研究概况，并提出对未来"多一些定量研究"的期待。2017年，正逢本领域发展10年之际，奚源再次指明该领域缺乏（定量）综合性评述，并使用文献计量法对中国知网数据库社会科学类目录中的北极研究文献进行分析，认为社会科学领域北极研究应向多学科交叉方向发展。

此后，关于北极问题的综述性文章得到愈来愈多学者的关注，2017年内再次出现3篇关于北极问题研究的综述性文章。其一，徐庆超以"未定之域"概括国内北极研究现状，并通过介绍学者主要研究视角及其代表性观点，提出国内对于北极问题的研究仍存在国际影响力有限、理论创新不足等问题。[1] 其二，赵华、匡增军则认为国内北极主要研究主题可概括为地缘政治、国际机制、北极安全和北极治理，并提出对中国社会科学北极

---

[1] 徐庆超：《"未定之域"：中国北极问题研究十年述评》，《中国海洋大学学报（社会科学版）》2017年第5期。

研究理论化的期待。① 其三，王晨光选取北极社会科学、人文领域中文社会科学引文索引期刊论文为研究对象，通过设置"论文发展历程"及"主要研究力量"领域下的多重指标，展现国内北极研究发展概况。②

2017年后，为深化对本领域发展脉络的系统性认知，在定量分析法的基础上，学者们再次辅以描述性研究法、文献研究法等方法进行综述性研究。2018年，通过文献研究，朱宝林提出中国北极治理研究的四方面局限性，即内容缺乏细化、视角限于国别及意识形态、整体性研究不充分和结论实证检验空缺；③ 2020年，李振福、李诗悦将国内北极研究划分为酝酿、奠基、集聚及成熟过渡四个阶段，并首次逐年介绍具体研究成果，使得国内社会科学领域北极研究发展脉络更加清晰；④ 2021年，在与王海媚的访谈中，徐庆超系统介绍了国内外双重领域的北极研究状况，并认为国内社会科学北极研究经历了发轫（2007—2012年）、聚焦（2013—2017年）和探新（2018年以来）三个阶段。⑤ 2022年，通过利用"引文空间"可视化软件，李振福、邱嘉欣突破社会科学、自然科学以往各自进行综述性计量分析的限制，对北极问题研究中双学科交织领域进行深入分析，并提出北极航行保障技术、观测和永久设施建造运营技术、北极治理等五大未来研究方向。⑥

截至目前，利用定性、定量研究等方法，国内学者对本领域发展概况做出细致归纳，并持续关注该领域未来发展的可能方向。然而，现有文献仍存在两方面的不足：首先，鲜有学者对"社会科学领域"的范围进行界定。事实上，国内外对"社会科学"这一概念的理解本不一致，加之"社

---

① 赵华、匡增军：《中国学者的北极问题研究——基于中国国际政治类核心杂志（2007—2016）》，《战略决策研究》2017年第4期。
② 王晨光：《中国北极人文社科研究的文献计量分析——基于CSSCI期刊的统计数据》，《中国海洋大学学报（社会科学版）》2017年第2期。
③ 朱宝林：《北极治理研究文献述评》，《湖北经济学院学报》2018年第5期。
④ 李振福、李诗悦：《中国北极问题研究：发展脉络、支撑体系和学科发展》，《俄罗斯东欧中亚研究》2020年第5期。
⑤ 徐庆超、王海媚：《21世纪以来中国的北极研究：进展与问题——徐庆超助理研究员访谈》，《国际政治研究》2021年第4期。
⑥ 李振福、邱嘉欣：《中国北极问题研究进展与趋势》，《大连海事大学学报》2022年第4期。

会科学"体系庞大、内容繁杂,非相关文献极易出现,并对综述产生干扰;其次,学界缺乏对于北极问题的"大众性"研究。"研究"一词本身具有双重含义,一方面可指专业人士对事物真相、规律、性质的探寻,另一方面指向普通人对问题的考虑或商讨。以往学者更多以学术文献为研究样本,缺少对北极问题"大众性"研究的相关综述。

因此,在定量分析的研究方法指导下,本文致力于对以往学者的研究空白进行填充:

其一,本文对"社会科学"的概念进行界定。本文认为:作为科学研究的分支之一,社会科学注重采取科学的方法研究社会及个人间的关系,通常涵盖文化人类学、社会学、心理学、政治学和经济学等学科。[①] 本领域体系庞大、内涵丰富的特性使得本文无法以较短篇幅呈现其北极问题研究的发展全貌。然而,注意到政治学学科具有关注社会科学多学科基础理论的宽阔视野和涵盖多学科专业知识的辐射能力,加之北极问题的国际性特征,本文将更多聚焦于政治学,主要是以国际关系学科视角,更加精准地对本领域北极研究概况进行梳理。

其二,本文设置了"文献"与"书籍"双样本以展现中国学界、社会两大领域的北极研究概况。首先,文章的第二部分以中国知网社会科学总库文献为研究样本,选取发表年份、逐年文献量、作者、文献主题、国家社会科学基金项目等指标以反映社会科学领域北极问题学术性研究的发展脉络、主力军、重点、竞争力等;其次,文章的第三部分以国家出版发行信息公共服务平台出版书籍为研究样本,选取了书籍数量、所属学科、主题等指标,尝试对社会科学领域北极问题"大众性"研究提出基础性综述。

一、社会科学领域学术性研究概况

中国自 2006 年便开启了对北极理事会观察员国资格的申请。然而,当

---

① "Social science," Encyclopedia Britannica, Mar. 17, 2023, https://www.britannica.com/topic/social-science.

时的北极还未受到国内社会科学领域的重视。2007年,俄罗斯北极海底"插旗"事件及加拿大随后的"纳努克行动"军事演习使得中国部分人士开始对北极的战略地位产生了一定的兴趣,这一年也被大部分学者视作国内社会科学领域北极问题研究的开端。据此,本文大体以2007—2022年为时间段对社会科学领域北极问题"学术性"研究概况进行梳理:作者在中国知网"中国学术期刊网络出版中文社会科学总库"以"北极"为主题、"中国政治与国际政治"和"国际法"为学科、"学术期刊"为文献类型、2022年11月1日为截止日期进行高级检索,手动去除一稿多投和含有"北极"主题但相关性弱的文献后,① 共获得815篇样本文献。②

需要特别声明的是,由于希望展示国际关系学科北极文献研究的全貌,本文并未将期刊范围限定于核心期刊,因此,在面对庞大的样本文献时,可能会存在错删、漏删文献的情况,致使误差的出现。然而,图表所反映的变化仍具趋势性价值,有利于指引国内国际关系学科北极问题学术性研究的未来方向。

(一)中国社会科学领域北极学术研究发展历程

历经15余年的不断发展,中国社会科学领域的北极学术研究已然步入正轨。基于逐年文献量、文献增速、文献主题等数据的演变趋势,本文归纳2007年俄罗斯北极海底"插旗"事件、2013年中国成为北极理事会正式观察员国及2018年中国发布《中国的北极政策》白皮书为本领域发展的"三件大事",并据此划分该领域发展的"三大阶段"。事实上,这一观点与徐庆超以往的论述不谋而合,故本文将沿用徐庆超关于国内社会科学领域北极研究三阶段的论述,并通过进一步量化整合2020—2022年的相关文献,以期达成对国内社会科学领域北极学术研究脉络的整体认知。在差异性文章驱动力及写作目标的影响下,三大阶段呈现出多样化特征,具体论述如下所示。

---

① 含有"北极"主题但相关性弱的文献包括但不限于以"北极熊"指代俄罗斯的其他主题文献、娱乐期刊文献、短讯、新闻等。
② 本次样本文献的检索日期为2022年11月8日。

1. 第一阶段（2007—2012 年）：被动中求知

总体而言，本阶段的社会科学领域北极学术研究呈现"被动"与"扫盲"的主要特征。一方面，在文章驱动力方面，该阶段的文献均为对北极热点事件的"撞击性"反应。2007 年，俄罗斯北极海底"插旗"事件使得中国部分人士开始关注北极的战略地位，并对此展开学术研究。这一年中国知网共收录北极相关文献 21 篇，且基本指向"北极争霸""插旗北极""加拿大"等时事主题。然而，俄罗斯北极海底"插旗"事件逐步降温后，2008 年，国内对北极的关注度下降，北极相关文献仅有 3 篇。

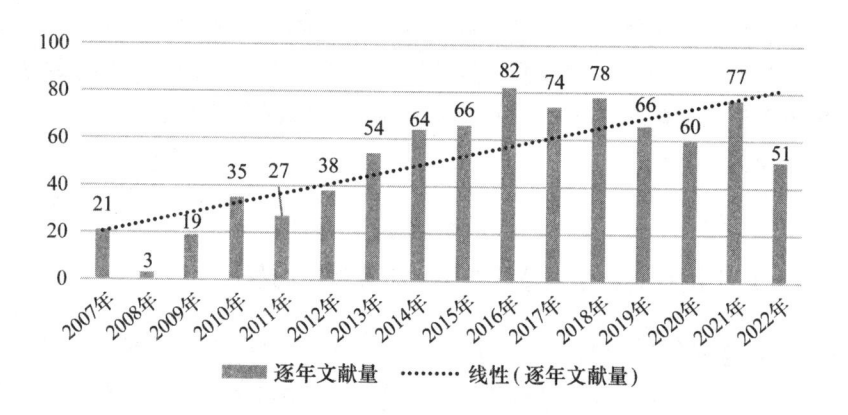

图 1 样本文献逐年数量示意图（单位：篇）

2010 年前后，北极国家持续激烈争夺北极利益的同时，国家间的合作也成为了北极领域的热点：一方面，2010 年 9 月 15 日，俄罗斯同挪威签署划定两国在巴伦支海边界的合作条约，结束两国长达 40 年的划界争端；另一方面，北冰洋沿岸五国对北极领土的争夺仍在继续，俄挪巴伦支海合作条约签署后，加拿大旋即宣称自身对罗蒙诺索夫海域拥有主权。[①] 面对此起彼伏的北极争夺，中国保持了对北极事务的关注：2010 年，中国知网收录北极相关文献 35 篇，达成空前峰值，且涵盖了"北极争端""国际

---

① 史春阳：《"北极五国"争北极》，《世界知识》2010 年第 22 期。

法""北极航道""他国北极政策""中国参与北极事务"等众多主题。2011—2012年，国内社会科学领域对北极表现持续兴趣，文献数量总体上升。然而，就文献内容而言，本阶段文献以反映北极热点事件、介绍北极概况为主，较少产出对北极的系统性研究，属于北极问题学术研究的"求知"时期，即文献写作的主要目标是"求取知晓""扫除盲区"，获取对北极地区的基础性认知。

2. 第二阶段（2013—2017年）：聚焦中求量

2013年5月15日，中国被北极理事会接纳为正式观察员国。至此，国内社会科学领域对北极的研究进入新阶段，并呈现"数量激增"和"聚焦自身"的新特征。首先，由于发展尚不成熟，本阶段呈现出追求数量扩张以实现增长的重要特征。据数据显示，三个阶段的逐年文献平均增量分别为24篇、68篇、66篇，[①] 这意味着本阶段发文数量居于三大阶段之首，且相较于第一阶段出现了大幅增长。其中，2016年更是成为了15余年发展历程中的峰值时刻，在数量上，该年度共收录北极相关文献82篇，成为截至2022年发文量最多的年份，同时在速度上实现了24.24%的高速增长。其次，相比于上一阶段被动关注他国在北极的政策与争端，本阶段呈现聚焦"中国角色与参与"的新特征。2013年中国知网收录的54篇北极相关文献中，以"中国理念与参与"为主题的文献共计24篇，占比约44.4%；2014—2017年，这一比例呈波动上升趋势。

同时，在"中国理念与参与"的文献主题下，受到前一阶段在被动中扫除盲区的惯性影响，相比于阐释"中国理念"，本阶段内学者更倾向于对"中国参与"进行研究，同时关注他国经验对中国参与北极事务的借鉴价值。数据显示，本阶段以"中国理念与参与"为主题的154篇文献中，侧重"中国参与"内容的文献数量为133篇，占比高达86.36%。具体而言，"中国参与"主题是以政策设计、国际法依据、北极机制、其他（与他国合作、北极外交、科研考察、北极航道、资源开发等具体领域）等为

[①] 原始数据为：2007—2012年文献量为143篇，2013—2017年文献量为340篇，2018—2022年（11月1日）文献量为332篇。

视角，认识中国对北极事务的参与。在聚焦自身参与的过程中，本阶段实现了社会科学领域北极相关文献数量的爆发，为后一阶段的质量发展奠定了坚实基础。

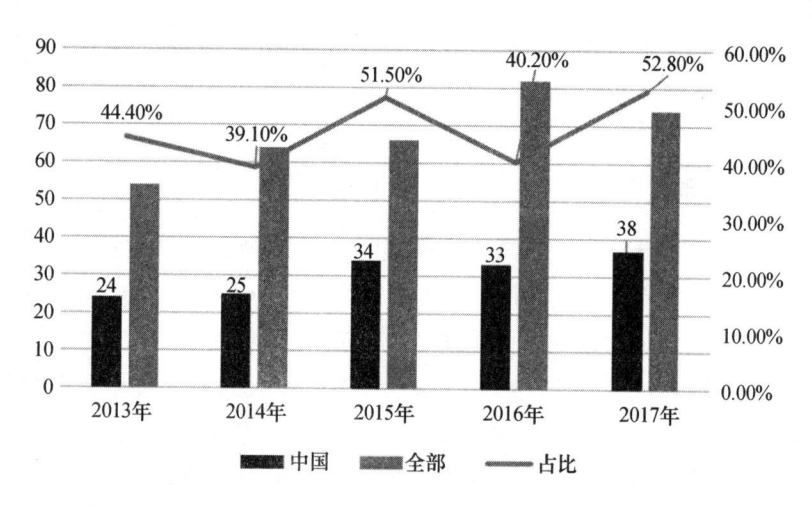

图2 2013—2017年主题为"中国理念与参与"的样本文献占比示意图（单位：篇）

3. 第三阶段（2018—2022年）：主动中求质

2018年1月26日，基于中国在北极的习惯做法与立场主张，中国政府顺应各方期待，发布包含自身北极政策目标、基本原则等内容的《中国的北极政策》白皮书，在填补中国北极政策顶层设计空白的同时，推动国内社会科学领域北极研究进入探索创新的新阶段。尽管在文献数量上本阶段并不突出，常常被学界认为有"告一段落"之感；[1] 然而，追求"主动"发展与"质量"发展正成为目前阶段的重要特征。

具体而言，本阶段学者注重弥补前一阶段侧重数量发展而产生的不足。在方法上，学者们愈发强调科学研究方法的重要性，结合宏观与微

---

[1] 徐庆超、王海媚：《21世纪以来中国的北极研究：进展与问题——徐庆超助理研究员访谈》，《国际政治研究》2021年第4期。

观、定量与定性、理论与实证等多重视角，通过应用计量分析、文献分析、比较分析等方法，力求弥补过去研究方法、视角单一的不足。在内容上，国内学界从认识"中国参与"到强调"中国理念"，特别是对"冰上丝绸之路""北极善治""北极命运共同体""共生"等具备中国特色的专有名词主动地作出阐释，并希望借此服务于本国北极战略，提升中国对北极事务的影响力。数据显示，2018—2022年以"中国理念与参与"为主题的171篇文献中，侧重阐释"中国理念"的文献量为61篇，相比于前一阶段，该阶段相关文献占比增至35.67%，显然，向世界阐释北极治理的中国智慧已成为该阶段的重要任务。

图3　2018年以来北极治理的中国理念词云图

历经三个阶段的发展，国内社会科学领域北极研究的水平总体攀升，主要体现为其在国家社会科学基金立项过程中的竞争力不断上升。作为国内在科研领域层次最高、权威性最强、资助水平最大的项目类别，国家社会科学基金面向全国、公平竞争、择优立项，是衡量高校社会科学领域科研能力的重要方式之一。① 据此，作者在中国知网"中国学术期刊网络出版中文社会科学总库"以"北极"为主题、"中国政治与国际政治"和"国际法"为学科、"学术期刊"为文献类型、2007—2022 年为时间段，查取知网对全部检索内容的可视化分析结果。② 经过全范围的检索，共获得 300 项以"北极"为主题的国家社会科学基金项目。对数据深入分析后可见，首先，2007—2022 年"北极"相关国家社会科学基金数量总体波动上升，并保持较为平稳的增长趋势。这一趋势的背后，一方面受惠于国家社会科学基金立项数量、金额的不断投入；另一方面，折射出国内社会科学领域北极研究的蓬勃发展，所产出的学术影响力不断增强。

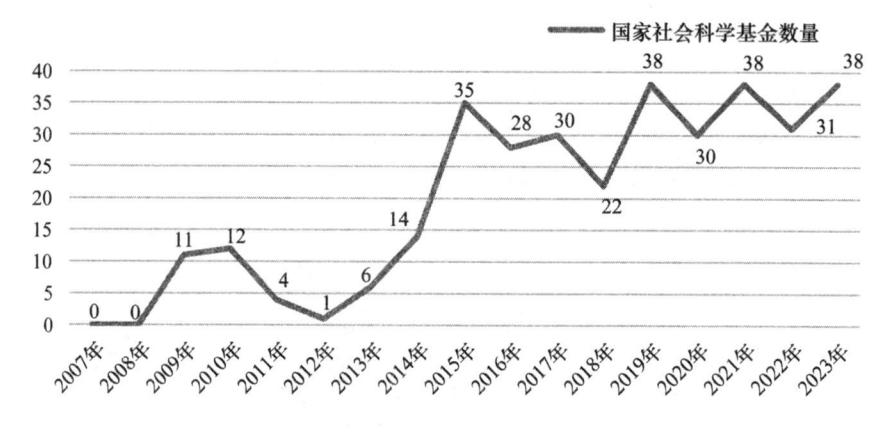

图 4 "北极"相关国家社会科学基金逐年数量示意图（单位：项）

"北极"相关国家社会科学基金的增长情况与国内社会科学领域北极研究的发展阶段相吻合。各阶段中"北极"相关国家社会科学基金数量呈线性上升态势。为排除由于各阶段年份不相等这一因素产生的干扰，本文对各阶段国家社会科学基金逐年增长量进行分析，三个阶段的结果分别为 7 项、23 项、32 项，同样呈现线性上升态势。同时，这一结果也印证了各阶段主要特征的正确性。进入第二阶段，国内社会科学领域的北极研究强

---

① 《机构职能》，全国哲学社会科学工作办公室，2018 年 12 月 26 日，http://www.nopss.gov.cn/n1/2018/1226/c220819-30488974.html.

② 本次国家社会科学基金项目的检索时间为 2023 年 3 月 2 日。

调经验借鉴、重"数量发展",故此阶段文献量及相应的立项量增速较快;而进入第三阶段,国内社会科学领域的北极研究追求理念阐释、重"质量发展",在文献增量及立项增量上都有所放缓,稳步前进。

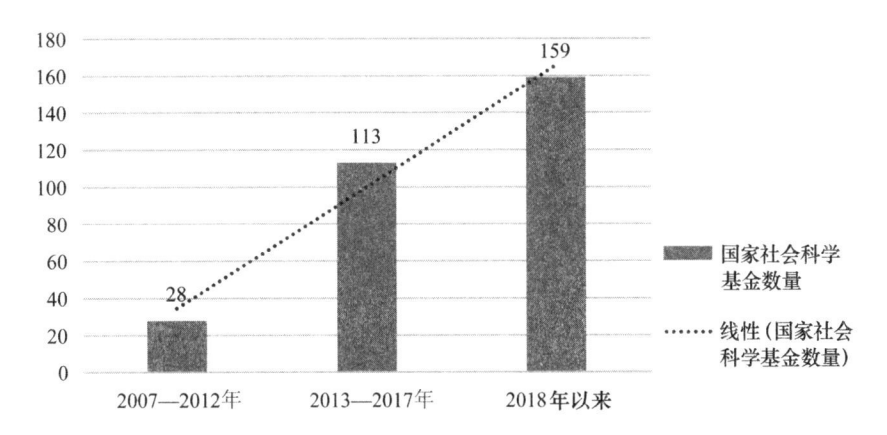

图 5 三个阶段"北极"相关国家社会科学基金数量示意图(单位:项)

(二)中国社会科学领域北极学术研究成果

国内社会科学领域北极研究之所以能够步步发展,依靠的是代代学者的付出与努力。据此,如表6所示,本文选取2007—2022年发刊逾10篇的作者共13位,以总括中国社会科学领域北极研究的领军人物。此外,赵隆、夏立平、丁煌、潘敏、匡增军、阮建平、杨剑、邹磊磊、陆俊元、张侠、杨显滨、郑雷、卢芳华、唐尧、吴昊、袁雪等人也为国内北极研究作出重要贡献,成为本领域的中流砥柱。

表7 样本文献中发表文献数量逾10篇的作者及其所属机构

作者	所属机构	文献量(篇)
李振福	大连海事大学	42
郭培清	中国海洋大学	38
孙凯	中国海洋大学	33

续表

作者	所属机构	文献量（篇）
肖洋	北京第二外国语学院	28
白佳玉	中国海洋大学	25
王晨光	中共中央对外联络部当代世界研究中心	22
章成	武汉大学	19
刘惠荣	中国海洋大学	18
赵宁宁	华中师范大学	16
董跃	中国海洋大学	13
杨振姣	中国海洋大学	12
程保志	上海国际问题研究院	11
杨松霖	武汉大学	10

而在以上学者的背后，其所属高等院校与科研单位也逐渐成为本领域的重要发展基地，不断吸引更多致力于北极研究的青年学者加入。总体来看，目前国内形成了以上海为核心、辐射地区为补充的北极问题研究局面。[1] 在上海地区，以中国极地研究中心、上海国际问题研究院、同济大学、华东政法大学、复旦大学、上海海洋大学、上海交通大学、上海海事大学为主的高等院校与科研单位是进行北极研究的重要基地；与此同时，中国海洋大学、大连海事大学、北京第二外国语学院、武汉大学、山东大学等高校的高水平北极研究使得国内不同地区的北极研究互为补充、联动发展。

进而，以高等院校及科研单位为核心，国内社会科学领域以跨学科、跨地区、跨国界为宗旨，力求形成更加广泛、深入、系统的学术交流网络。[2]

---

[1] 李振福、李诗悦：《中国北极问题研究：发展脉络、支撑体系和学科发展》，《俄罗斯东欧中亚研究》2020 年第 5 期。

[2] 徐庆超、王海媚：《21 世纪以来中国的北极研究：进展与问题——徐庆超助理研究员访谈》，《国际政治研究》2021 年第 4 期。

表8 国内主要学术交流网络发展示意表

成立时间	项目名称	所属高校及科研单位	项目重点
2012年	中俄北极论坛	中国海洋大学、圣彼得堡大学等	中俄学界北极问题交流的常态化制度平台
2013年	中国-北欧北极研究中心	中国极地研究中心、冰岛研究中心等10家来自中国及北欧五国的北极问题研究机构	中国与北欧五国开展北极学术交流与合作的平台
2014年	北太平洋北极研究共同体	上海国际问题研究院，日本、韩国的北极问题研究机构等	中、日、韩三国开展北极学术交流与合作的平台
2018年	中国高校极地联合研究中心	北京师范大学、中国海洋大学、吉林大学等国内25所高校	推动国内高校极地信息资源的共建和共享
2020年	东北亚北极航运研究联盟	大连海事大学等国内外26家单位	国内外学者围绕北极航线开展学术交流的平台

（三）中国社会科学领域北极学术研究重点内容

历经15余年发展进程，本领域逐渐走向系统化、重点化发展。学界以"北极治理"为核心，围绕北极治理主体、北极治理机制等展开研究，形成了国内社会科学领域北极研究的重点内容。

本文对"治理主体""治理机制"与"治理内容"三大领域进一步分类。首先，在"治理主体"领域中，国内学界在关注国家行为体的同时，逐渐关注非国家行为体的重要作用，原住民组织便是一个典型案例；其次，"治理机制"领域下，学界不仅局限于对北极合作机制的研究，相关国际法、治理模式等内容也成为了本领域研究的重要部分；最后，"治理内容"领域范围广泛，涵盖了（领土争端为主的）北极安全博弈、北极航道、北极渔业、大国合作等众多内容。

基于对国内社会科学领域北极研究重点内容的认识，通过手动查阅815篇样本文献摘要及关键词，本文进一步总结出"中国理念与参与""国际法""他国北极政策"等本领域文献主题关键词，并通过文献计量法

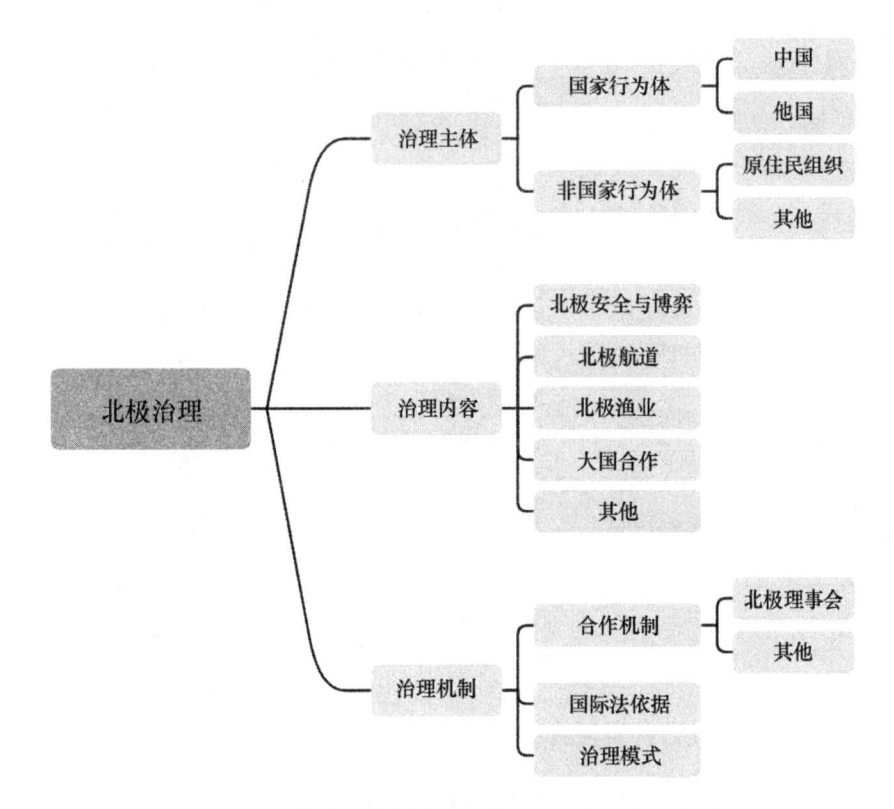

```
                          ┌─ 国家行为体 ─┬─ 中国
              ┌─ 治理主体 ─┤              └─ 他国
              │            └─ 非国家行为体 ─┬─ 原住民组织
              │                             └─ 其他
              │            ┌─ 北极安全与博弈
              │            ├─ 北极航道
  北极治理 ───┼─ 治理内容 ─┼─ 北极渔业
              │            ├─ 大国合作
              │            └─ 其他
              │            ┌─ 合作机制 ─┬─ 北极理事会
              └─ 治理机制 ─┤            └─ 其他
                           ├─ 国际法依据
                           └─ 治理模式
```

图6　国内社会科学领域北极研究的重点内容示意图

确定了中国社会科学领域北极研究的十大研究重点,以"中国理念与参与"为主题的文献量也因此高居榜首,共计352篇,占比约42.9%;对"国际法"为主题的研究文献次多,共计207篇,占比约25.2%;尽管关注中国自身的理念与参与,但"他国北极政策"主题下的相关内容仍持续受到国内重视,共计194篇,占比23.6%。与之并列的还有"北极安全与博弈"的研究主题。

社会科学领域北极问题的重点与主题一定程度上折射了其发展历程:在强调中国对北极事务的理念提出和积极参与的同时,学者们兼重经验借鉴,对他国的北极政策及行动保持关注,并逐渐由宏观向微观,对北极机制、组织、航道、渔业等具体议题不断深入,实现本领域的不断发展。

表9 样本文献的文献主题及对应数量示意表

文献主题	文献量（篇）
中国理念与参与	352
国际法	207
他国北极政策	194
北极安全与博弈	194
北极航道	109
其他	97
北极机制与相关组织	94
大国合作	69
北极渔业	21
北极综述	14

二、社会科学领域大众性研究概况

事实上，在社会科学领域及其中的国际关系领域，书籍并不能与学术文献严格拆分为两项内容：一方面，二者都尝试以科学的研究方法、严谨的学术用语、贴合的案例分析以进行论证；另一方面，部分书籍的出版正是为了更完善地阐述文献中的内容与观点，或更完整地回应由文献带来的辩论与争议。然而，本文仍选取书籍指标以体现社会科学领域北极问题大众性研究概况的原因是：首先，相比于学术论文，书籍的适用群体更加广泛，对于普通民众而言更易知晓和获取。其次，同一类目下的书籍数量一定程度上可以反映读者的阅读兴趣与关注度——读者的阅读、购买兴趣越高，出版社越倾向于加大相关类目书籍的出版力度，促使此类书籍数量增加。

据此，作者在国家出版发行信息公共服务平台以"北极"为关键词及标签进行高级检索，共获得 274 本样本书籍。[①] 受制于出版行业的滞后性，相比于学术性研究，大众性研究的发展进程较为缓慢。国内首本以北极为主题的书籍《极地国家政策研究报告（2013—2014）》出版于 2015 年。此后，北极书籍在人文历史、社会科学、自然科学及儿童读物四个领域中不断发展。274 本样本书籍中，儿童读物共有 136 本，占比约 49.6%，成为国内北极相关图书的最重要组成部分；社会科学读物次多，共计 61 本，占比 22.3%；人文历史、自然科学分居第三名、第四名。[②] 总体而言，儿童读物在北极书籍出版中占据大幅优势现象的出现，这一方面表明北极具有一定的教育价值及科普意义，另一方面也意味着公众习惯将"北极"与"少儿"挂钩，对北极的认知仅限于通俗浏览，认知程度较为浅显。

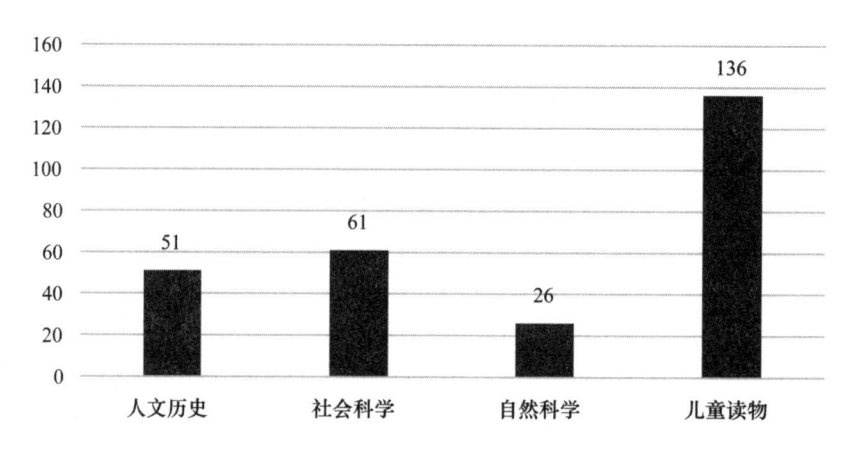

图 7　不同类别下北极相关图书数量示意图（单位：本）

进而，本文继续聚焦于社会科学领域下的北极书籍，并对其主题进行归纳分析，结果表明，尽管目前社会科学领域北极书籍数量较少，但已出版的图书主题与该领域内文献主题一致度较高，一定程度上可以被视作相应学术文献的延伸。此外，李振福、肖洋、章成、刘惠荣、赵隆、

---

① 考虑到书籍再版、再印刷等相关因素的影响，本次检索并未手动去除重复书目。
② 本次国家出版发行信息公共服务平台北极相关书籍的检索时间为 2023 年 3 月 5 日。

丁煌、杨剑等人同样成为了大众性研究的主要力量。宏观而言，北极相关书籍中，中国参与路径与他国经验借鉴兼顾并重，以"中国理念与参与"为主题的书籍数量最多，2018年《中国的北极政策》白皮书的发布同样成为本领域的大事件，白皮书被翻译成英语、俄语、法语、德语、西班牙语、阿拉伯语等多种语言，推动了本领域书籍数量、受众人群、书籍主题的多维发展；而以"他国北极政策"为主题的书籍数量次多，19本相关书籍围绕"北极国家"与"非北极国家"两方面展开论述，俄罗斯、美国、加拿大等国得到了部分作者的特别关注。微观而言，多数作者对北极航道、环境、气候、民族、资源、渔业等具体议题给予了一定的关注，不断填充对北极认知的细节认知。

表10 社会科学类别下北极相关图书主题示意表

文献主题	书籍量（本）
中国理念与参与	21
他国北极政策	12
其他	10
国际法	9
北极综述	9
北极航道	6
北极治理	6
大国合作	5
北极安全与博弈	3

注："其他"主题涵盖了北极气候、环境、民族、资源、经济发展可能性等主题。

三、现有研究不足及未来方向

尽管在学术、社会领域得到了双向发展，总体而言，国内社会科学领域的北极问题研究仍处于初级阶段,在理论研究、学科交叉、大众宣传等方面存在较大的上升空间,也在一定程度上成为了本领域的未来发展方向。

(一) 国内社会科学领域北极问题现有研究不足

1. 领域革新均由事件驱动,缺乏常态化理论研究

本文之所以选择"三件大事"为国内社会科学领域北极问题学术研究的阶段划分依据,是因为本领域的跨越式发展均是对事件发生的"撞击性"反应:2007年俄罗斯北极海底"插旗"事件使国内学界意识到世界上仍有一片重要的区域在自身视野之外,于是他们开始认识北极"是什么";2013年中国成为北极理事会正式观察员国后,国内学界开始思考中国应该"怎么做",并开始向社会民众介绍北极;2018年《中国的北极政策》白皮书的发布使得中国参与北极事务具备顶层设计,随着中国综合国力和国际影响力的不断加强,学者们深入思考中国在北极"怎样能做得更好"。一个领域想要进步,需要对重大事件作出迅速反应;而想要获得层次突破,则需要坚实的理论基础,也是其从"学科"走向"科学"的必由之路。

目前,国内社会科学领域北极学术、大众研究均缺乏相应的理论基础。研究者大多从自身的学科视角出发进行研究,研究成果也较为分散,系统性、框架性研究的缺失使得理论研究无从谈起。然而,尽管缺乏理论支撑,部分学者已然注意到科学研究的发展方向,并强调科学研究方法的重要性。但总体来看,本领域使用的科学方法仍然较为单一,以使用演绎法、定性分析法为主,较少出现对于北极事务的归纳分析、定量研究等,创新性不足。

2. 领域发展形式较为单一,缺乏跨学科交叉发展

随着北极的重要性日益凸显,社会科学、自然科学等领域都纷纷开展了对北极问题的相关研究。事实上,北极问题从来不是一个仅涉及单一学

科的议题，其中具体领域的可持续发展往往需要社会科学与自然科学的双重支持。例如，在"北极航线"的研究主题下，一方面，在线路选择时，需要认识和理解相关国际法依据、周边地缘政治、周边北极战略等社会科学问题；另一方面，航道开发过程中又会涉及到生态环境、海冰海雾、遥感技术、观测技术、突发事件应急保障等自然科学问题。总体而言，二者相辅相成、互为支撑，共同服务于北极问题研究的持续发展。[1]

然而，国内现有的北极问题研究多从单一学科视角出发，社会科学、自然科学等领域各自为营、割据发展：首先，从学术性研究视角而言，双领域对彼此的重视程度较低，交流并不频繁，社会科学领域的北极学术研究中也几乎未出现自然科学北极研究的相关成果；其次，从大众性研究视角而言，相比于社会科学，自然科学与人文学科的联系更加紧密，更倾向于使用科考日记、北极游记等方式展示自身科研成果，尽管对于大众而言接受度更高、可读性更强，但缺乏对北极问题的深层次探讨，使得民众对于北极的认知较为浅薄。

3. 领域存在学术壁垒，大众性研究未受重视

北极问题的大众性研究之所以重要，是由北极地区的特殊性决定的。气候变化涉及全人类的福祉，作为全球变暖的热点地区，北极必然获得更多的关注，民众也理应获得对北极地区的正确认知。然而，目前社会科学领域北极大众性研究却较少获得重视，更多的学者习惯于将其与学术性研究等同。事实上，尽管二者存在紧密联系，但相比于学术性研究，社会科学领域的大众性研究甚至并未走向正轨。其一，大众性研究缺乏多元指标及数据以提供支撑，单一的"书籍"指标难以反映大众性研究的全貌；其二，现有的"书籍"指标内有效数据不足。受制于出版行业的滞后性，国内社会科学类目的北极研究书籍自2015年才正式出版，目前大众性研究的发展历程较短，仍需未来追踪。其三，尽管民众可以通过相关书籍接触到北极研究，但由于缺乏基础认知，民众和学界逐步形成"壁垒"：对于民

---

[1] 李振福、邱嘉欣：《中国北极问题研究进展与趋势》，《大连海事大学学报》2022年第4期。

众而言，北极意味着科研、专业、遥远；而对于学界而言，民众缺乏知识积累，无法成为北极研究者。深层而言，民众对北极的认知较为单薄，更多地从儿童、文学视角等浅显视角出发了解北极，对气候变化中的北极并不敏感，缺乏对于北极的责任感和关心度。长此以往不利于北极问题研究的可持续发展。

（二）国内社会科学领域北极问题研究未来发展方向

结合社会科学领域北极问题研究的发展历程及现存不足，该领域可在若干方向继续发展：

1. 拓宽本领域横贯发展，关注研究内容的多样性

目前学者多从国家、国际组织等宏观层面解构北极研究，对智库、企业、媒体等微观行为体的关注度不足。然而，随着北极科研、经济、社会等领域的不断发展，各国较有影响力的智库、企业、媒体等很可能愈发多地参与到北极事务中去，其对大事件的反应同样值得关注。例如，在对 2018 年《中国的北极政策》白皮书的相关研究中，增添对"他国较有影响力的智库、企业、媒体等行为体的差异化回应与态度"的相关研究，不断丰富同一主题下的研究内容。[①]

2. 推动本领域纵深发展，加强基础性理论研究

注意到国际关系学科的多学科概括性特征，可尝试应用国际关系基本理论于社会科学领域北极问题研究，以填补该领域理论研究的缺失。例如，通过现实主义理论以认识、理解北极相关国家采取行动的依据，甚至对其未来行为进行预测；通过新自由制度主义以认知北极机制的形成、功能和不足；通过建构主义理论视角感受不同国家对北极话语体系的塑造，此理论同样适用于理解中国对北极事务的参与，特别是国家身份、话语权

---

① 徐庆超、王海媚：《21 世纪以来中国的北极研究：进展与问题——徐庆超助理研究员访谈》，《国际政治研究》2021 年第 4 期。

力等方面。

3. 增进社会科学、自然科学双领域的交叉研究

基于目前社会科学、自然科学各自为营的局面，可充分发挥国内现有的学术交流网络的作用，增设社会科学、自然科学北极研究的交流研讨会。首先，不定期开展双学科北极问题研究学者的研讨会议，破除隔阂，建立双方对彼此的客观认知，并介绍双方现有研究成果；其次，设置双学科交流合作的常态化平台与机制，定期更新双领域的前沿成果，保持双方交流途径的畅通。

4. 加强对大众性研究的重视程度，多途径提升北极研究的大众化水平

由于该领域目前存在衡量指标少、现有书籍指标样本数量不足、学术壁垒强等发展难题，可从以下双途径推动本领域的进步与发展：一方面，基于现有的书籍指标，研究者应更加注重学术论文与出版书籍之间的差异性，在书籍内容中降低学术性表述、增添基础性介绍，以更加通俗易懂的方式展开论述；另一方面，可尝试增添国家对北极问题的大众宣传途径、数量、效果等量化指标，尽可能补充本领域的全貌，推动大众性研究不断发展。

结 语

随着中国参与北极治理程度不断加深，国内社会科学领域的北极问题研究进程持续加快，在学界及社会层面得到了双向发展。首先，一批专家学者长期致力于北极问题研究，成为了本领域发展的中坚力量，其背后的高等院校及科研机构同时加快北极问题研究基地的建设与发展，积极吸引和补充本领域的后备力量。进而，以跨学科、跨地区、跨国界为宗旨，连接国内外的学术交流网络逐渐形成，使得本领域的学术影响力不断扩大。

其次，学者们以"北极治理"为核心，围绕治理主体、机制等内容，推动本领域研究内容重点化、多元化发展。然而，本领域的跨越式发展总体呈现被动性，均是对于事件发生的"撞击性"反应，由于缺乏相应的理论基石和跨学科交流机制，本领域未来仍需在横向、纵向双维度继续发展。

此外，在大众研究领域，社会科学领域的北极专著更多地被视作学术文献的延伸，然而，这却不代表北极问题的大众性研究可以被学术性研究所取代。恰恰相反，作为关乎人类福祉的全球性问题，北极问题应该也必须得到民众的关注，民众应正确认识北极问题所折射的气候危机与国家行动，而不是仅停留于儿童科普、文学作品等。北极问题大众性研究的发展之路仍任重道远，亟须调动多途径以提升民众对北极的认知水平。

中国开发与利用北方海航道研究

——基于 SWOT 分析方法[*]

王陈生[**] 王树春

【摘　要】近年来，随着全球变暖加速，北极地区的冰川正在逐渐消融，北方海航道的开发与利用问题日益受到世界主要国家的关注。中国政府和企业也愈发重视该问题。文章从中国视角出发，强调中国的主体作用，运用战略管理中的 SWOT 分析法，直观展示了中国在参与开发与利用北方海航道的过程中存在的优势与劣势、面临的机遇与威胁。目前，中国参与开发北方海航道正处于 SO 战略期，即自身优势和外部机遇都很显著的阶段，中国的参与正逢其时；中国利用北方海航道则正处于 ST 战略时期，即中国的优势和面临的威胁都很突出，需要中国发挥自身的优势抵御外部的威胁。在北方海航道基础服务设施不完善、破冰船数量不足和经济优势不明显等情况下，大规模商业利用北方海航道的条件尚未成熟，但鉴于北方海航道对中国维护海洋利益、保障能源安全等方面意义重大，中国仍应积极参与北方海航道开发工作，并引导船舶在条件成熟的情况下取道北方海航道。中国应以问题为导向，发挥自身优势规避劣势，坚持双边多边并举原则，有所侧重地加强同北极国家以及非北极国家间合作。

---

[*] 原文刊登在《国别和区域研究》2021 年第 1 期，第 103—136 页，题目为《中国开发与利用北方海航道研究——基于 SWOT 分析方法》，内容略有增改。

[**] 王陈生，广东警官学院侦查系讲师，广东外语外贸大学博士。

【关键词】 中国　北方海航道　SWOT 分析法　对策

　　北方海航道构成了东北航道的绝大部分，因此很多文献都将这两个术语视为同义词。① 从学术语言表达习惯上看，中国学者经常使用北极东北航道这一术语，而俄罗斯学者更倾向于使用北方海航道的表述。② 鉴于北方海航道是北极东北航道开发与利用的主要航段，因此本文将北方海航道作为主要研究对象，③ 采用俄罗斯学者常用表述即北方海航道。

　　北方海航道开发的历史由来已久，早在 13 世纪航道沿海地区的居民就在北方海航道进行了短距离航行。北方海航道的正式开辟是在 1878—1879 年间，当时瑞士籍探险家埃里克·诺登舍尔德带队沿着北方海线路进行了首次航行，但由于当时尚未发明破冰船，航行花费了数年的时间。而到了 1932 年，苏联探险家奥托·施密特在一个季度内实现了整个北方海航道的通航。1935 年苏联在北方海航道实现了首次运输航行。自此以后，北方海航道成为苏联重要的运输通道。④

　　中国早在 1925 年就加入《斯匹次卑尔根群岛条约》，正式开启了参与北极事务的进程。但中国对北极地区的研究进展缓慢，对北方海航道的开发更是滞后于世界主要国家。直到 1999 年，中国"雪龙"号科考船才成功进行了北极科学考察。⑤ 近些年来，随着全球变暖的加速，北极地区的冰川正在逐步消融，北方海航道的开发及利用问题日益受到世界各国的关

---

①　В. Л. Ерохин, "Северный морской путь и арктические транспортные коридоры: проблемы использования и прогнозы коммерциализации грузоперевозок," https://www.researchgate.net/publication/321385242.

②　在 20 世纪以前，俄罗斯学者通常也采用东北航道的表述，从 20 世纪以来俄罗斯学者改称之为北方海航道。参见："Как отправиться в экспедицию по Северному морскомупути?" https://www.russiadiscovery.ru/news/severnyi_morskoi_put/.

③　北极东北航道主要由五大航段构成：巴伦支海航段、喀拉海航段、拉普捷夫海航段、东西伯利亚海航段以及楚科奇海航段。北方海航道即由东北航道除去巴伦支海航段所剩下的四个航段构成。而巴伦支海航段是俄罗斯货物运输的主要海上通道，是比较成熟的航段，因此，北极东北航道开发与利用的重点是北方海航道。

④　"Как отправиться в экспедицию по Северному морскомупути?" https://www.russiadiscovery.ru/news/severnyi_morskoi_put/.

⑤　《中国的北极政策》白皮书，国务院新闻办公室，2018 年 1 月 26 日，http://www.scio.gov.cn/zfbps/32832/Document/1618203/1618203.htm。

注。中国政府和企业也都更加重视对北方海航道的开发和利用，开始积极探索北极航道的商业利用。与此同时，俄罗斯方面对中国频频发起邀请，并与中国就加强开发北方海航道合作达成共识。在此背景之下，加强对北方海航道的研究尤为必要。

目前国内研究北方海航道的相关成果比较丰富。从现有的研究成果看，大部分研究是围绕着中俄共建"冰上丝绸之路"、中俄北极合作、中俄共建北方海航道以及北方海航道的历史与现状展开的。这些成果的问世对我国开发及利用北方海航道大有裨益。然而，现有的研究成果也存在不足之处。例如，一些成果是在研究中俄共建"冰上丝绸之路"时兼论北方海航道的开发问题，这类研究大多一带而过不够深入，同时存在对北方海航道与"冰上丝绸之路"的概念界定不清的问题，在研究中常常模糊处理。大连海事大学的李振福对北极开发、"冰上丝绸之路"建设以及北方海航道等问题做了较为系统的研究，但在涉及北方海航道问题研究时，李振福是以中俄两国为主体，探讨的是中俄两国如何克服障碍积极合作的问题。[1] 总之，目前国内以中国为主体，研究其开发和利用北方海航道问题的学术成果并不多见，对开发和利用加以区别研究的成果更是凤毛麟角。

鉴于此，本文的研究将从中国视角出发，以中国为主体，采用企业战略管理中经典SWOT分析法对中国开发与利用北方海航道分别加以研究。所谓SWOT分析法是指基于内外部竞争环境和竞争条件下的态势分析，也称为态势分析法或优劣势分析法。SWOT分析首先是将与研究对象密切相关的各种主要内部优势（strengths）、劣势（weaknesses）和外部的机会（opportunities）和威胁（threats）进行系统梳理。在此基础上，依照矩阵形式进行排列，然后用系统分析的思想，综合考虑各种因素，从中得出一系列相应的结论，而结论通常有助于人们选择最佳的发展战略并做出正确的对策。利用SWOT方法对中国开发与利用北方海航道的内外部优势与劣势、机遇与挑战进行系统的对比研究，并建立SWOT矩阵，将各

---

[1] 参见易鑫磊：《中俄共建"冰上丝绸之路"：概念、目标、原则与路径》，《欧亚经济》2019年第4期；李振福、丁超君：《中俄共建北方海航道研究》，《俄罗斯学刊》2018年第6期；徐广淼：《苏联北方海航道开发历史探析》，《俄罗斯研究》2018年第4期。

种内外部条件加以组合考虑,从中得出中国相应的战略选择。本文希望通过 SWOT 方法对中国开发与利用北方海航道做对比研究,力图得出较为客观全面的认识及结论,对中国下一阶段参与北方海航道开发与利用工作有所裨益。

一、中国开发北方海航道的 SWOT 分析

(一) 中国开发北方海航道的内部优势与劣势

1. 中国开发北方海航道具有的优势

第一,地位优势突出。

近年来,随着全球气候变暖,北极地区航道的经济价值进一步展现出来,世界主要大国都积极参与到北极航道开发进程中来。中国作为一个非北极国家,虽然在参与北极事务时没有北极国家那样便利,但相比其他非北极国家而言,中国有着突出的地位优势。中国的地位优势主要表现在三个方面。首先,中国是全球性的政治经济大国。北极问题已超出北极国家间问题和区域问题的范畴,涉及北极域外国家的利益和国际社会的整体利益,攸关人类生存与发展的共同命运,具有全球意义和国际影响。[①] 中国作为世界上最大的社会主义国家,对北极地区的开发与保护肩负有自身的使命与担当。2018 年发布的《中国的北极政策》白皮书将中国开发北方海航道、参与北极事务上升到了国家意志层面,体现了中国作为世界性大国在北极地区及航道的开发与保护进程中大国的责任、使命与担当。其次,从地缘上看,中国是与北极利益攸关的"近北极国家",是陆上最接近北极圈的国家之一。这对中国有两个方面的影响,一方面,由于地缘上的接近,中国比其他非北极国家参与北方海航道开发更具地理优势;另一方

---

① 《中国的北极政策》白皮书,国务院新闻办公室,2018 年 1 月 26 日,http://www.scio.gov.cn/zfbps/32832/Document/1618203/1618203.htm。

面，鉴于北极地区的自然状况变化及其对中国的影响，中国合法参与航道开发是维护自身正当利益的合理举措。最后，中国是北极理事会的正式观察员国、是众多有关北极问题的国际公约与条约的签约国。2013年中国在北极八国一致同意下获得了北极理事会正式观察员国身份，表明国际社会普遍接受中国在北极地区的合法利益，有利于中国同其他国家展开北方海航道开发合作。① 中国作为《联合国海洋法公约》《斯匹次卑尔根群岛条约》的缔约国，依法享有在北极地区进行科考、航行、飞越、捕鱼、铺设海底电缆和管道等相关权利。这些都为中国参与开发北方海航道提供了依据与动力。

第二，资金优势凸显。

目前，北方海航道开发仍处于初期阶段，航道的航行条件、配套设施还不完善。无论是在港口现代化建设方面，还是搜救、导航及基础设施建设领域，都需要大量的资金投入，仅仅依靠俄罗斯的实力是远远不够的，必须要利用国际合作。② 在西方国家因乌克兰危机持续对俄罗斯进行经济制裁的背景下，俄罗斯从西方获得资金的渠道基本是关闭的，而俄罗斯自身的经济也不景气。俄罗斯一系列文件中，包括《2020年前俄罗斯联邦北极地区社会经济发展国家纲要》和《2020年前俄罗斯联邦运输系统发展纲要》都明确指出，计划从联邦预算中拨款100亿美元的基础上，再吸引200亿美元外部资金用于发展北方海航道项目。③ 正因如此，俄罗斯官方以

---

① Дмитрий Тулупов, "Членство Китая в Арктическом совете," https://russiancouncil.ru/analytics-and-comments/analytics/chlenstvo-kitaya-v-arkticheskom-sovete/.

② Александр Вороненко, "Перспективы российско-китайского сотрудничества в области освоения Северного морского пути и его коммерческого использования," http://sco-khv.org/ru/publication_254/.

③ Александр Вороненко, "Перспективы российско-китайского сотрудничества в области освоения Северного морского пути и его коммерческого использования," http://sco-khv.org/ru/publication_254/.

及普京总统本人多次邀请中国参与北方海航道开发,[①] 希望借助中国的资金开发北方海航道,发展俄罗斯北极地区。反观中国,经济发展速度有目共睹,自 2010 年以来中国稳居世界第二大经济体的位置,外汇储备世界第一。可以说,中国开发北方海航道的资金优势是其他国家无法比拟的。据资料显示,截至 2018 年 7 月,包括中国国家开发银行、兴业银行以及丝路基金等金融机构就向北方海航道拨款 190 亿美元用于开发。[②] 正如俄罗斯学者茹拉维尔所言,中国作为世界上第二大经济体,拥有相比其他亚洲国家参与北极治理的最大潜力。[③]

第三,外交优势明显。

中国参与北方海航道开发的外交优势主要表现在两个方面,即中国既同北极地区主要国家保持友好合作关系,又同非北极国家在北极合作中保持良好关系。在北极地区国家中,中国同俄罗斯、挪威、丹麦以及冰岛等国在北极开发及保护方面保持了良好合作关系。特别是鉴于俄罗斯控制着北冰洋和北方海航道近一半的海岸线与领土资源,俄罗斯控制的水域、港口是中国开发北方海航道的必经之地。毫无疑问,俄罗斯是中国在北极最

[①] 2015 年 10 月 12 日,俄罗斯副总理罗戈津与中国国务院副总理汪洋共同出席在哈尔滨举办的第二届中俄博览会开幕式时表示:中俄合作开发北方海航道具有巨大的潜力,中国可以参与北方海航道的运输基础设施建设以及造船、海上设备等项目建设;2015 年 11 月,统一俄罗斯党代表团访问中国时,代表团成员之一、俄罗斯国家杜马副主席斯利佩丘克在发表的题为《北方海航线和丝绸之路的配对项目》的演讲中表示,俄罗斯支持建设丝绸之路经济带,俄罗斯有一些重大项目,其中之一是开发北方海航线的项目,称之为"冷丝绸之路",俄罗斯邀请中国参与到北方海航道的建设中来;2018 年 10 月,俄罗斯总统普京在第十五届瓦尔代国际辩论俱乐部年会上表示,俄罗斯欢迎中国朋友在"一带一路"倡议框架内开发北方海航道。参见:Рогозин, "Северный морской путь – перспективный проект работы с КНР," РИА Новости, https://ria.ru/east_economy/20151012/1300440612.html; Слипенчук М. В., "Проект нового Шелкового пути может объединить транспортную инфраструктуру России и Китая," http://www.mvslipenchuk.ru/news/article.wbp?article_id=39b164e6-983d-45e9-b45d-360ad6ba3258;《普京称俄欢迎中国在"一带一路"倡议框架内开发北方海航道——外交部回应》,环球网,2018 年 10 月 19 日,https://3w.huanqiu.com/a/c36dc8/9CaKrnKdPMK?s=a%2Fc36dc8%2F9CaKrnKdPMK。

[②] Дмитрий Бокарев, "Перспективы проекта «Северный морской путь»," https://ru.journal-neo.org/2018/07/14/perspektivy-proekta-severny-j-morskoj-put/.

[③] Журавель В. П., "Китай, Республика Корея, Япония в Арктике: политика, экономика, безопасность," Арктика и Север, No. 24, 2016.

重要的合作伙伴之一。① 中俄关系的发展目前处于历史最好时期，关于这点在此无需赘言。2017 年 7 月，中俄两国领导人在多次会晤中谈及开展在北方海航道合作，使之与中国共建"一带一路"倡议对接，并就共同打造"冰上丝绸之路"达成了共识，使得中国开发北方海航道在中俄两国政策层面得到有力支撑。更有俄罗斯学者认为，中俄在北极地区的战略联盟正在形成。② 此外，挪威、丹麦、冰岛都是中国在北极地区的合作伙伴国，中国同这些国家的合作项目都在有条不紊的进行中。③ 中国同一些非北极国家的良好关系也有助于中国开发北方海航道。例如，中国从乌克兰进口"雪龙"号破冰船为中国开发北方海航道提供了技术支撑。中日韩三国北极事务高级别对话机制的常态化，也有利于三国协调立场，共同捍卫自身的合法权益。

2. 中国开发北方海航道存在的劣势

第一，北极域外国家的身份对中国维护航道开发相关权益的限制。

从地理上看，现有的八个北极国家（俄罗斯、挪威、芬兰、瑞典、丹麦、冰岛、加拿大和美国）领土都位于北纬 66°以北，即北极圈以北。所有北极国家都是北极理事会的成员，北极理事会是北极地区协调各方立场以及进行北极保护与开发的主要国际组织。④ 中国作为非北极国家，经过多年努力获得了北极理事会正式观察员国地位。中国虽然获得了参与理事会的发言权、项目提议权等，但并没有获得在理事会的表决权，不能参与

---

① Ерохин В. Л., "Северный морской путь как инфраструктурная основа Российско – Китайского Арктического Синего Экономического Коридора," https://www.researchgate.net/publication/323217848.

② Журавель В. П., "Китай, Республика Корея, Япония в Арктике: политика, экономика, безопасность", Арктика и Север, No. 24, 2016.

③ 中国和挪威在北极地区的合作由来已久，中国北极黄河站就是在挪威邀请帮助下建造的；丹麦一直较为支持中国在北极地区扮演更活跃的角色，中丹合作项目进展良好，中国四川新岳矿业公司是丹麦格陵兰岛的铁矿开采项目的投资者；冰岛也是中国北极重要伙伴，早在 2012 年中国就同冰岛达成了北极合作协议。参见 Журавель В. П., "Китай, Республика Корея, Япония в Арктике: политика, экономика, безопасность," Арктика и Север, No. 24, 2016.

④ Сергей Мануков, "Китай в Арктике: новая холодная война?" https://eadaily.com/ru/news/2018/02/03/kitay – v – arktike – novaya – holodnaya – voyna.

相关北极事务的决策。①

第二，缺乏开发北方海航道的统筹管理机构，各部门职责权限不清。

中国参与北方海航道开发，不同于中国在内江、内河、领海开辟一条航运通道，北方海航道开发属于国际合作层面，涉及面较为宽广。中国参与北方海航道的开发工作是中国政府主导推进的，涉及多个国家之间的合作。目前，中国在推进北方海航道开发工作中存在多头管理、分工模糊等现象，各部门权限、分工比较模糊，存在诸多职责交叉，缺乏统筹行动的管理机构，这些都不利于中国下一步工作的开展。

第三，极地问题研究有待深入，北极极寒恶劣气候下的航行经验与航行设备存在不足。

国内对北方海航道、"冰上丝绸之路"以及相关问题的研究成果较多，这些毫无疑问对中国开发北极航道、参与北极开发与治理工作有所帮助。但国内对北方海航道沿线地区的研究还远远不够，对北极原住民也缺乏关注。而这些正是我们在参与航道开发过程中需要注意的，也是绕不开的且必须要与之打交道的问题。此外，由于北极研究涉及面宽泛，国内研究北极相关问题的学者知识结构相对单一，往往会出现一种不协调的现象，即研究极地问题的学者不懂俄语，懂俄语的学者又不懂极地问题相关技术。因此，加强培养复合型的极地人才，服务于中国的北极开发与利用工作是当务之急。

北方海航道处于高纬度的北冰洋沿岸地区，该地区经常出现恶劣的天气条件，不仅包括严重的风暴，还包括极低温、冰块流动以及浅水区等问题，这些都可能会影响船舶正常航行以及船舶甲板机载系统的运行。北极的恶劣条件需要对材料和技术进行额外投资，以便建造更耐用和装备精良的船只。② 中国大部分海域地处热带与中温带之间，缺乏在高寒地带流冰环境下的航行经验。此外，中国目前拥有三艘极地破冰船，即"雪龙"

---

① Сергей Мануков, "Китай в Арктике: новая холодная война?", https://eadaily.com/ru/news/2018/02/03/kitay－v－arktike－novaya－holodnaya－voyna.

② Ерохин В. Л., "Северный морской путь как инфраструктурная основа Российско－Китайского Арктического Синего Экономического Коридора," https：//www.researchgate.net/publication/323217848.

号、"雪龙2"号和"中山大学极地"号。"雪龙"号购买自乌克兰，是中国首艘，也是目前中国在极地投入使用的唯一一艘破冰船。"雪龙2"号是第一艘中国自主建造的极地科考破冰船。"中山大学极地"号是中国高校唯一的极地多用破冰船。破冰船是北极地区发展的主要工具，中国破冰船数量仅为3艘，这与俄罗斯拥有的41艘现役破冰船①还存在很大差距。同时，中国建造破冰船与适合极地冰级航行船舶的能力还有待进一步提升。

（二）中国开发北方海航道的外部机遇与威胁

1. 中国开发北方海航道面临的机遇

第一，气候变暖、冰川消融为航道的开发提供了可能。

1997年，北冰洋夏季冰面积是冬季最大值的90%，而到2007年这一比例已下降到55%。1980—2011年期间的卫星数据显示，北冰洋的冰一直在急剧减少，并在2008年创下纪录的最低水平。② 2008年，北极冰层的空前融化使冰盖面积减少到100万平方米。北极地区第一次从冰封状态获得暂时"解放"，从而为非破冰船在西北航道和北方海航道航行提供了可能。③ 俄罗斯科学院报告显示，在2011—2013年，夏季冰盖面积比10年前减少了1/3。④ 对于北极地区冰川完全消融的预测，专家们莫衷一是。有专家认为，北极的冰将在2050年9月开始完全消融。⑤ 而美国国家冰雪数据研究中心主任马克·塞雷兹曾预测，到2030年夏季，北极地区海冰可能

---

① Сергей Мануков, "Китай в Арктике: новая холодная война?" https://eadaily.com/ru/news/2018/02/03/kitay-v-arktike-novaya-holodnaya-voyna.

② Альберт Фарре, Вилена Валеева, Ярослав Ефимов: "Анализ потенциала арктического судоходства," http://pro-arctic.ru/15/04/2015/expert/15541.

③ Ерохин В. Л., "Северный морской путь и арктические транспортные коридоры: проблемы использования и прогнозы коммерциализации грузоперевозок," https://www.researchgate.net/publication/321385242.

④ "Развитие, история, значение и крупные порты Северного морского пути. Где проходит Северный морской путь?" https://snegir.org/post/severnij-morskoj-put-istoriya-perspektivi/.

⑤ Ерохин В. Л., "Северный морской путь и арктические транспортные коридоры: проблемы использования и прогнозы коммерциализации грузоперевозок," https://www.researchgate.net/publication/321385242.

完全消失。① 尽管专家们预测的时间上存在一定出入，但无疑都表明了北极冰川在不远的将来将完全消融这个不争的事实。也正是北极冰川的消融为中国及其他国家开发北方海航道提供了可能。

第二，俄罗斯对中国的主动邀请。

北方海航道的地理位置清楚地表明，其大部分水域始终位于俄罗斯领海边界（12海里）内或专属经济区（200海里）或俄罗斯大陆架内。② 虽然由于美国和其他国家的公开反对，俄罗斯对航道地区拥有主权并没有获得国际社会的普遍承认，③ 但俄罗斯通过国内立法形式实际上实现了对北方海航道的完全控制④。鉴于俄罗斯在北方海航道开发中的地理以及相关技术优势，俄罗斯邀请中国共同参与航道开发，对中国而言是个不可多得的机遇。自乌克兰危机以来，俄罗斯同西方国家之间的关系就一直龃龉不断。俄罗斯所面临的艰难国际局势和西方持续施加的制裁压力迫使其寻找新的非西方伙伴，以吸引资金和技术用于北极项目。中国被认为是俄罗斯北极地区发展的主要合作伙伴之一。⑤ 因此俄罗斯对中国多次发出邀请。例如，2017年3月，在"北极-对话之地"国际论坛上，俄罗斯方面邀请中国对北方海航道项目及其基础设施进行投资。俄罗斯总统普京2017年在"一带一路"国际合作高峰论坛上发言时表示，希望中国能够使用北极路线并将其与共建"一带一路"倡议连接起来。对此，中方表示中国愿同俄

---

① 李振福、丁超君：《中俄共建北方海航道研究》，《俄罗斯学刊》2018年第6期。
② "Об утверждении правила плавания в акватории Северного морского пути," Министерство Транспорта Российской Федерации Приказ от 17 января 2013 года No. 7, http://rdocs3.cntd.ru/document/902396546.
③ 美国多次公开反对俄罗斯宣称对北方海航道拥有主权的行为。早在1965年，美国向苏联发出了抗议照会，反驳苏联的论点。美国认为，北方海航道是国际运输路线，所有国家都应享有沿着这条路线自由通行的权利。参照"Арктика может стать новым предметом споров США и России," https://oko-planet.su/politik/politiklist/236931-arktika-mozhet-stat-novym-predmetom-sporov-ssha-i-rossii-the-atlantic-ssha.html.
④ Грейть В. В.，"Северный морской путь — территориальные воды России или международный транспортный путь?" Молодой ученый, 2017. No. 13.
⑤ "Северный морской путь. Масштабное строительство и союзники России," https://topwar.ru/158877-razvitie-severnogo-morskogo-puti-masshtabnoe-stroitelstvo-i-nashi-sojuzniki.html.

罗斯共同打造"冰上丝绸之路"。①

第三，北极大国博弈加剧，更有利于中国参与航道开发。

2014年乌克兰危机后，地缘政治不稳定现象凸显，并且已经蔓延到全球，这无疑也影响到了北极地区。北极地区出现的紧张局势，主要与各大国在大陆架划分、石油和天然气钻探等引发的经济和生态问题以及北方海航道的利用问题等息息相关。② 2019年8月，美国公开表示希望收购丹麦格陵兰岛就是美国加强北极存在的举动。对此，俄罗斯学者认为，美国目前在北极只拥有阿拉斯加一小部分地区，收购格陵兰岛将扩大其在北极的主权范围。美国将会扩大在北极地区的军事部署、资源的抢夺，以及加强对北方海航道的控制。③ 此外，更有美国分析家建议，由于俄罗斯在北极理事会中扮演的重要角色，应该建立一个新的北极国际组织取代北极理事会。④ 俄美在北极地区博弈日益加剧，在很大程度上稀释了北极相关国家对中国参与北极航道开发的关注，也客观促使相关国家对中国进入北方海航道开发工作持乐观态度。

2. 中国开发北方海航道面临的威胁

第一，美国对中国参与北极事务的排挤。

美国对中国参与北极地区的活动一直持负面评价，在涉及中国参与北极地区问题上进行打压。例如，中国于2018年提出了"近北极国家"概念，美国国务卿蓬佩奥公开对中国提出此概念的意图表示怀疑，并针锋相

---

① "Северный морской путь. Масштабное строительство и союзники России," https：//top-war. ru/158877 - razvitie - severnogo - morskogo - puti - masshtabnoe - stroitelstvo - i - nashi - sojuzniki. html.

② Лукин Ю. Ф.，"Северный морской путь：возможности и угрозы，"Арктика и Север，No. 1，2015.

③ "В США хотят купить Гренландию у Дании - СМИ. Чем это опасно для России?" Крым про Мир, https：//zen. yandex. ru/media/crimean/v - ssha - hotiat - kupit - grenlandiiu - u - danii - smi - chem - eto - opasno - dlia - rossii - 5d56498cf8a62300ada02e11.

④ Эдвард Чесноков，"Почему Трамп хочет купить Гренландию," https：//www. kp. ru/daily/27016/4079267/.

对提出:"只有北极国家和非北极国家,没有所谓其他国家。"① 在2019年5月的北极边界国家会议上,蓬佩奥更是无理要求中国应关闭在冰岛和挪威的科考站,停止对俄罗斯控制的北方海航道进行投资。② 美国认为中国参与北方海航道开发的进程会增强俄罗斯对航道的控制。③ 无论美国出于何种原因对中国参与北方海航道开发进行打压,这一客观行为都会对中国参与航道开发工作产生一定负面影响。

第二,俄罗斯国内对中国参与北极事务尚存在一定的防备心理。

俄罗斯对中国参与北方海航道开发还存在一些担忧。有俄罗斯学者认为,随着中国海上力量的加强及俄罗斯由于西方制裁导致的海洋能力的衰退,可能会损害俄罗斯的利益。俄罗斯一直追求在北极地区的绝对优势,任何国家在该地区的发展都会受到其防备心理的影响。

第三,日韩等国对中国参与北极事务所形成的竞争压力。

中日韩都地处东亚地区,同时也都是能源进口大国,对北方海航道和北极能源有着共同的利益诉求。中国参与北方海航道开发面临日韩等国的强劲竞争。韩国参与建立新的北极航道有自身的优势,因为韩国是世界上最重要的造船强国之一,韩国造船公司现代重工、三星重工、大宇造船和海洋工程建造的破冰船、石油开采平台以及其他高科技船舶设备等在世界上都极具竞争力。④ 韩国采取了一系列实际行动,提议在俄罗斯北极地区建立一个名为"俄罗斯-韩国北极合作与研究中心"的联合研究机构。韩国还同俄罗斯共同发起了代号为"亚太北极理事会"的北极多边合作区域机制,并将此机制视为提高韩国作为主要北极门户国家以及连接俄罗斯、北极和亚太的主要平台。⑤

---

① "США выступили против присвоения Китаю статуса приарктической страны и обвинили Россию в агрессии в Арктике," https://www.vestifinance.ru/articles/118805.

② Руслан Хубиев, "И Арктика тоже : что лежит за принятием в США новой《Северной Доктрины》," http://www.iarex.ru/articles/70568.html.

③ Руслан Хубиев, "И Арктика тоже : что лежит за принятием в США новой《Северной Доктрины》," http://www.iarex.ru/articles/70568.html.

④ Журавель В. П., "Китай, Республика Корея, Япония в Арктике: политика, экономика, безопасность," Арктика и Север, No. 24, 2016.

⑤ Журавель В. П., "Китай, Республика Корея, Япония в Арктике: политика, экономика, безопасность," Арктика и Север, No. 24, 2016.

日本是较早关注北极地区的非北极国家，早在2010年就制定了其北极战略，并在外交部下设立了所谓的北极特遣部队，旨在对北极地区的经济、安全、生态以及海洋国际法等方面的变化进行全面监测分析。日本希望在北方海航道开发中获得特殊地位，不允许其竞争对手在北极地区获得任何优先权，意图通过积极发展与北极国家之间的双边关系、维持其在北极主要国际组织中的地位等方式维护其优先地位。[1]

（三）中国开发北方海航道的战略选择

根据上述对中国开发北方海航道影响因素的分析，可以构造 SWOT 矩阵，对中国开发北方海航道战略选择进行系统的归纳和总结。

建立 SWOT 对策分析矩阵，可以清楚地认识到，中国开发北方海航道的优势与劣势及机遇与挑战，以便于科学制定下一步战略对策。SWOT 组合分析总共分为：SO 战略（发挥优势，抓住机遇）、WO 战略（抓住机遇，减少劣势）、ST 战略（发挥优势，避开威胁）、WT 战略（避开威胁，减少劣势）四种战略组合。通过对比分析不难发现，虽然中国的域外国家身份、航行经验与设备的不足以及面临的美国排挤、日韩的竞争等对中国开发北方海航道有所制约，但中国在地位、资金和外交等方面的突出优势以及同俄罗斯保持的良好合作关系等都很好地克服了上述的不足与挑战。总体而言，目前中国正处于 SO 战略，即抓住外部机遇、发挥自身优势的阶段。依据中国开发北方海航道 SWOT 对策分析矩阵，可以将中国开发北方海航道的战略对策归纳如下：

---

[1] Журавель В. П., "Китай, Республика Корея, Япония в Арктике: политика, экономика, безопасность," Арктика и Север, No. 24, 2016.

表11 中国开发北方海航道 SWOT 对策分析矩阵①

内部能力 外部因素	优势（S） 1. 地位优势突出 2. 资金优势凸显 3. 外交优势明显	劣势（W） 1. 北极域外国家 2. 缺乏统筹管理机构 3. 极地问题研究不够深入 4. 北极航行经验与设备不足
机会（O） 1. 气候变暖冰川消融 2. 俄罗斯的主动邀请 3. 北极大国博弈加剧	SO 战略 1. 发挥中国的优势，争取在北极开发大潮中有所作为 2. 利用雄厚的资金优势，对航道基础设施进行投资 3. 坚持独特身份定位，有所侧重地深化同北极国家和非北极国家间的合作关系，避免陷入大国博弈的窠臼	WO 战略 1. 加强与俄罗斯的北极合作，重点学习相关经验及技术，克服域外国家的身份限制 2. 深化北极问题研究，成立中国北极开发统筹管理机构，科学高效参与北极开发
威胁（T） 1. 美国的挤压 2. 俄罗斯仍有所防备 3. 日韩等国的竞争	ST 战略 1. 发挥中国地位、资金及外交等优势，积极应对日韩等国的恶性竞争，抵御美国排挤 2. 深化同俄罗斯航道开发合作，加强互信，构建中俄罗斯北极利益共赢合作机制	WT 战略 1. 积极同日韩开展北极相关合作，尤其注重技术与经验的交流 2. 持续跟踪北极问题研究，了解航道附近国家的文化、习俗、宗教，掌握北极开发各参与方的最新动态，加强交流

第一，加强同各北极国家之间的合作。尽管中国有自己的地位优势，但在协调北极地区事务的主要国际组织北极理事会中，中国仅享有参与理事会会议的发言权、提议权，并不享有决策权、表决权，这就决定了中国参与北方海航道开发尚存在身份地位短板。为此，中国要加强同北极国家

---

① 对策分析矩阵中 SO 战略、WO 战略、ST 战略以及 WT 战略的对策是经过提炼总结后的结果。笔者将中国开发北方海航道的优劣势、机遇挑战一一进行组合，有所侧重地将同类项进行合并提炼。

之间的合作，在合作中维护自身权益。另外，北方海航道距离中国相对较远，中国也需要沿岸国家提供后勤补给、港口休整等服务。特别是俄罗斯实际控制了北方海航道的绝大部分，中国应该尤为注重加强中俄共同建设航道的合作。

第二，加强同非北极国家之间的合作。中国加强同日韩等非北极国家的合作尤为必要。在全球民粹主义泛起的大背景下，北极国家排外的趋势值得我们跟踪关注。个别国家无视各国提出的自由通行权，单方面立法将北极航道"内水化"的举动不利于北极航道的国际化。中国应该加强同非北极国家之间的协作，维护自身合法权益。此外，中国参与北极航道开发相对较晚，经验与技术装备都还有较大进步空间。韩国相关造船技术比较成熟，应加强同韩国之间的技术合作与经验交流等。

第三，发挥资金优势，对北方海航道相关基础设施进行投资。如前文所述，中国在开放北方海航道中的资金优势是别国所无法比拟的。中国应该扬长避短，发挥自身的资金优势克服在相关技术、经验上的短板。俄罗斯经济遭受制裁一直低迷，对航道开发资金需求的缺口很大，中国应该抓住机遇进行投资，积极参与到北方海航道的开发进程中。

二、中国利用北方海航道的 SWOT 分析

（一）北方海航道内在优势与劣势

1. 北方海航道的优势

第一，北方海航道与传统航道相比距离近、耗时短、更经济。

北方海航道大部分沿着俄罗斯北部海岸线，是从中国绝大部分地区到欧洲的最短航线。中国北方港口经由北海、波罗的海到达西欧的路线比传

统航道约近25%—55%。① 总体而言，中部上海港和南部香港港经由北方海航道到欧美相关港口的航程都更短，优势较为明显。② 航程短带来一系列可观的经济优势，如可以大大节约时间、原油、租船费用、船员工资以及保险费等成本。2013年中国商船首次经过北方海航道到达欧洲花费33天，比传统的印度洋、苏伊士运河航线节约时间15—17天，节省费用82万美元。总体估计，中国的货船经由北方海航道供货至欧洲可以提前15天交货，每次航行可以节约高达50万美元。③

表12 中国到美国及欧洲部分港口距离一览表（单位：公里）

航道港口	北方海航道	西北航道	经过马六甲海峡和苏伊士运河航道	经过巴拿马运河航道
上海—鹿特丹（荷兰）	16100	15793	19550	25588
上海—波尔多（法国）	16100	16750	19030	24980
上海—马塞（法国）	19160	19718	16460	26038
香港—巴塞罗那（西班牙）	18950	20090	14693	25044
上海—纽约（美国）	17030	19893	22930	20880
香港—纽约（美国）	18140	20985	21570	21260

资料来源：Комиссина И. Н，"Арктический вектор внешней политики Китая，" Проблемы национальной стратегии，No. 1，2015。

第二，航道运量潜力大，无需排队等待通航。

与传统航道相比，在北方海航道的众多优势中，较值得一提的是，北方海航道的负荷程度比较低。传统航道沿线的马六甲海峡和苏伊士运河都存在航道狭窄的路段，大量船只通过时排队等待现象普遍。尽管2015年苏伊士运河第二支线航道开通，运河的通航容量从每天的49艘增加到了97

---

① Борис Хейфец，"Северный морской путь – новый транзитный маршрут «Одного пояса – одного пути»"，Международная жизнь，Июль 2018.

② 通过查阅相关文献，中国经北方海航道到欧洲港口的航程距离不同的专家给出的数据结果不尽相同，测量方式、航道变化、冰的厚度、船员的经验等都会给上述数据带来影响。本文采用的是一位俄罗斯学者给出的数据，细微的差距不影响本文的相关观点。

③ Борис Хейфец，"Северный морской путь – новый транзитный маршрут «Одного пояса – одного пути»"，Международная жизнь，Июль 2018.

艘，但等待通航的时间并没有减少太多。如果在传统航道上的中国船只不想排队，只能选择不经过苏伊士运河而绕道非洲好望角，那将使本已十分漫长的传统航道延长至近两倍。相比之下，北方海航道则不需要排队等待，也没有船舶通行费，只需支付俄罗斯破冰船护航的费用。①

此外，乌克兰危机后，受西方对俄制裁影响，北方海航道的过境船只以及货物过境运输量自 2014 年开始锐减。北方海航道的总运输量自 1991 年至 2017 年总体上处于增长趋势，但过境运输量在 2014 年后开始锐减，过境运输量占总运输量的份额也不断降低。为了扭转航道的颓势，俄罗斯总统普京在 2018 年 3 月 1 日俄罗斯联邦议会的致辞中表示，俄罗斯应该抓住中国实施共建"一带一路"倡议的契机，将北方海航道打造成为全球运输系统的重要组成部分，到 2025 年北方海航道的年货运量应将增加到 8000 万吨。② 从 1991 年至 2016 年北方海航道的货物总运输量一直处在缓慢增长中，直到 2017 年才突破 1000 万吨。这些数据表明了两层含义：其一，北方海航道的货物总运输量自 1991 年至 2017 年一直处于增长中，且 2015 年后增长在增速，这表明未来这一增长态势将得到保持。同时，这也说明随着气温的升高、航行条件的改善，北方海航道的航运价值在提高。其二，2017 年航道货物的年总运输量才突破 1000 万吨的大关，这与普京总统表示的到 2025 年总运输量增加到 8000 万吨的目标相差甚远，北方海航道的运量潜力巨大。

第三，通行规则日渐完善，安全性更高。

长期以来，在北冰洋地区中没有一个被所有国家普遍承认的法律制度。③ 北极航道的地位问题也未有明确认知。俄罗斯和加拿大通过国内立法的形式实际上控制了北方海航道和西北航道。俄罗斯在 19 世纪和 20 世

---

① Ерохин В. Л., "Северный морской путь как инфраструктурная основа Российско - Китайского Арктического Синего Экономического Коридора," https://www.researchgate.net/publication/323217848.

② Дмитрий Бокарев, "Перспективы проекта «Северный морской путь»," https://ru.journal-neo.org/2018/07/14/perspektivy-proekta-severny-j-morskoj-put/.

③ Лукин Ю. Ф., "Северный морской путь: возможности и угрозы," Арктика и Север, No. 1, 2015.

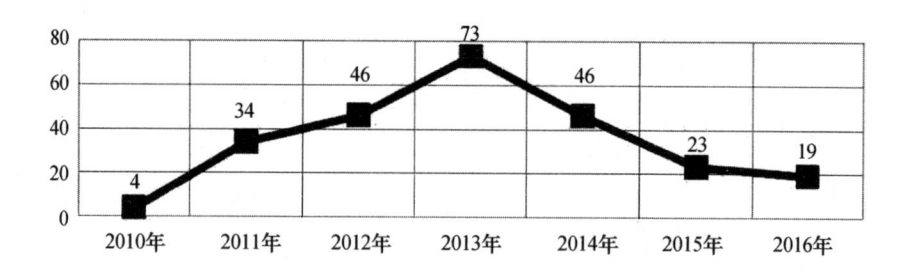

图 8　2010—2016 年通过北方海航道的过境船只数量

资料来源：Ерохин В. Л.，"Северный морской путь и арктические транспортные коридоры: проблемы использования и прогнозы коммерциализации грузоперевозок," https：//www.researchgate.net/publication/321385242。

纪颁布了许多法规性法律，以确保俄罗斯在北极地区的主权。[①] 这种实际控制与国际航道概念相对立，被视为航道国际化十分严峻的挑战。各国在实际使用北方海航道时，需要按照俄罗斯的要求提前报备，获批后方可进入。由于俄罗斯依据的是自己的国内法，在解释时往往具有随意性和可操作性，不免对中国开发北方海航道带来诸多不便。2014 年 5 月 20 日，国际海事组织正式批准了《极地区域船舶航行安全规则》，2017 年 1 月 1 日正式生效。该规则进一步明确了中国无害化通航北极航道的权利，为中国开发北方海航道提供了法律依据，为中国开发和使用航道提供了一个基本操作指南，有利于中国维护在北极地区通航合法权。也在一定程度上限制了俄罗斯与加拿大对北极航道的航行控制，有利于中国船舶取道北极航道。[②]

就安全性而言，显然北方海航道比传统航道的安全性更高。传统航道必须要经过几个瓶颈地区，例如，马六甲海峡以及海湾地区的曼德海峡和

[①]　例如，1926 年 4 月 15 日，苏联宣布位于北冰洋的领土和岛屿为其领土，苏联对这些岛屿拥有主权。2012 年 7 月 28 日生效的第 132 号联邦法律规定北方海航线海航线是俄罗斯国家运输交通线等。参见 Грейть В. В.，"Северный морской путь — территориальные воды России или международный транспортный путь？"Молодой ученый，No. 13，2017。

[②]　张木进、王晨光：《中国建设"冰上丝绸之路"的战略选择——基于"态势分析法"（SWOT）的分析》，《和平与发展》2018 年第 4 期。

霍尔木兹海峡等。这些地区十分不稳定，随时可能会发生军事冲突，这些路段也极易被武装部队所把持。① 自 2018 年 5 月特朗普宣布退出"伊核协议"以来，美伊之间的关系就不断恶化，海湾地区的局势也日益严峻。2019 年 7 月以来英伊之间更是爆发了互扣油轮事件，海湾地区局势可以说是剑拔弩张。伊朗方面多次表示在不得已情况下将封锁霍尔木兹海峡。此外，在马六甲海峡，尤其是在曼德海峡，海盗活动十分猖獗，都威胁到了传统航道的安全。反观北方海航道，它大部分穿过俄罗斯的沿岸地区，在俄罗斯控制中，虽然通航需要获得俄罗斯的审批，但船只的安全能够得到保障。正如俄罗斯学者所言，俄罗斯对该航道主要部分的完全控制，保证了不论地缘政治冲突如何，船舶的航行安全都可以得到保障，"没有任何力量能够干扰船只在我们自己沿海地区航行"。

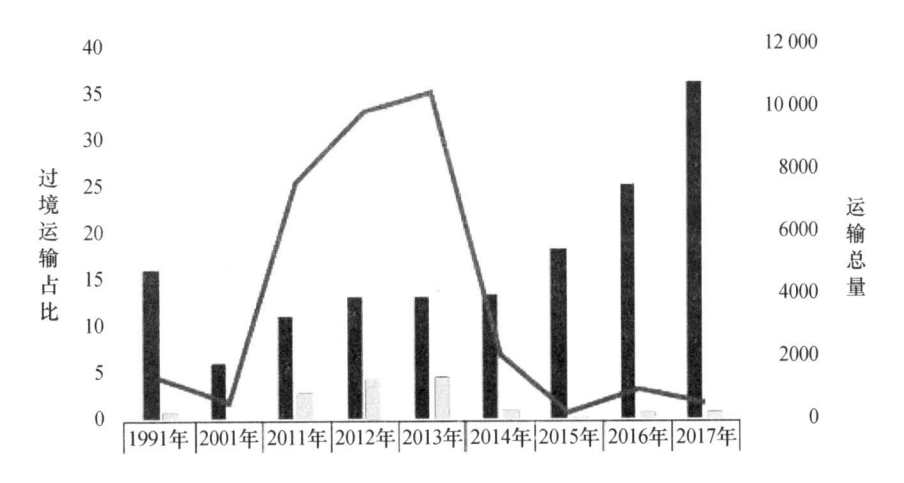

图 9　俄罗斯北方海航道沿线货物运输增长动态

资料来源：Борис Хейфец, "Северный морской путь – новый транзитный маршрут «Одного пояса – одного пути»," Международная жизнь, Июль 2018.

---

① Дмитрий Бокарев, "Перспективы проекта «Северный морской путь»," https://ru.journal-neo.org/2018/07/14/perspektivy-proekta-severny-j-morskoj-put/.

2. 北方海航道的劣势

第一，航道部分海域、海峡的深度不够，限制了大吨位船舶通行。

北方海航道依次穿过喀拉海、拉普捷夫海、东西伯利亚海和楚科奇海四大海域，航道上连接这四大海域的大小海峡高达50多个。这些海域的海底环境较为复杂，存在诸多海沟、大陆浅滩及海底山脉等，都对过往船舶的航行安全造成一定威胁。四大海域中拉普捷夫海和东西伯利亚海小于30米的浅水区所占比例较高，分别为71.2%和86.5%，远高于喀拉海和楚科奇海。由于北极地区极易冰封，航线并不固定，船舶通行要考虑实际冰情随时小幅度改变航线走向，但拉普捷夫海和东西伯利亚海的绝大部分深度较浅显然会威胁到船舶航行安全。总之，较浅的深度加上复杂的冰情，使得这些深度浅的海域不太适合吃水深的大型船舶航行。① 此外，一系列海峡（如白令海峡、桑尼科夫海峡和喀拉海峡）的深度不够，也限制了大吨位船只的通行。② 资料显示，截至2010年，在北方海航道通航的船舶最大吃水深度为10.5米，宽度为34米。历史经验表明，北方海航道能够保证吃水深度为6—8米的船舶航行安全，但对于吃水深度在13—15米的船舶并无法保证。③ 显然，这严重限制了北方海航道作为国际运输通道的通航能力。

表13 北极海域的深度分布

深度范围（米）	面积占比（%）			
	喀拉海	拉普捷夫海	东西伯利亚海	楚科奇海
0—10	3.5	11.1	14	1
10—20	5.3	37.4	47	

---

① Афонин Андрей Борисович, "Севморпуть: безопасен там, гдеосвоен," https://goarctic. ru/travel/vozmozhen – li – bezopasnyy – sevmorput/.

② Борис Хейфец, "Северный морской путь – новый транзитный маршрут «Одного пояса – одного пути»," Международная жизнь, Июль 2018.

③ Афонин Андрей Борисович, "Севморпуть: безопасен там, гдеосвоен," https://goarctic. ru/travel/vozmozhen – li – bezopasnyy – sevmorput/.

续表

深度范围（米）	面积占比（％）			
	喀拉海	拉普捷夫海	东西伯利亚海	楚科奇海
20—30	10.1	22.7	25.5	6
大于30	81.1	28.8	13.5	93

资料来源：Афонин Андрей Борисович，"Севморпуть：безопасен там，где освоен，"https：//goarctic.ru/travel/vozmozhen-li-bezopasnyy-sevmorput/。

第二，特殊的自然地理现象不利于船舶的航行。

首先，北极地区经常出现恶劣的天气条件，包括强风暴、极低温等，都可能会影响船舶甲板机载系统的运行，[1] 北极恶劣气候对船上人员和相关航行设备都是极大的挑战。其次，虽然全球气候变暖致使北极冰川日渐消融，北方海航道通行条件也日益改善，但是大量浮冰的存在依然威胁船舶的航行安全。除了流冰、浮冰外，天气状况不稳定也导致冰盖可以在各种地方迅速形成[2]，机组人员不得不临时放慢速度、改变船舶航向。由此带来的后果，除了增加船舶通航的风险外，还扰乱船舶到港时间，导致货运成本增加。[3] 因为从北方海航道货物运输商业化的角度看，集装箱运输公司需要严格按时完成工作，严格遵守装卸、运输和卸货计划，这有助于最大限度地提高物流效率，降低成本。而到港时间的延误将导致需要额外支付罚款以及增加破冰支援服务费用等。[4] 再次，北方海航道地处北纬70°—75°的北极地区，高纬度地区的磁场强，卫星通信运营商无法工作，

---

[1] Ерохин В. Л.，"Северный морской путь как инфраструктурная основа Российско-Китайского Арктического Синего Экономического Коридора，"https：//www.researchgate.net/publication/323217848.

[2] Абукова Л. А.，ДмитриевскийА. Н.，МастепановаА. М.，"Северный морской путь как фактор развития экономической интеграции в Северо-Восточной Азии，"Актуальные проблемы нефти и газа，2017.

[3] Ерохин В. Л.，"Северный морской путь и арктические транспортные коридоры：проблемы использования и прогнозы коммерциализации грузоперевозок，"https：//www.researchgate.net/publication/321385242.

[4] Ерохин В. Л.，"Северный морской путь и арктические транспортные коридоры：проблемы использования и прогнозы коммерциализации грузоперевозок，"https：//www.researchgate.net/publication/321385242.

也直接导致船舶的导航系统容易出现故障,[①] 增加了航行的困难。最后,北极地区存在极光和强折射现象。放射状的极光结构往往会快速变化,加上伴随的磁暴会破坏短波无线电通信。北极地区水与下层空气之间的温差很大,因此,折射现象比正常情况下更易出现。在折射增强的情况下,可以在正常距离更远的地方看见远处的物体。远处稀薄的冰,在折射的作用下看起来像立在海面上的一堵巨大的墙,而冰上的一些垂直条纹会被航海家看成是洁净的水面或海草。[②] 可以说,折射带来的视觉假象给正在航行中船舶带来十分严峻的挑战。

第三,北方海航道大部分经由单一俄罗斯沿岸地区,不符合国际远洋货物运输利益最大化原则。

国际远洋运输不比国内货物运输,除了航程更远外,其流程手续也较为繁琐。出于安全与经济的考虑,远洋货轮一般都采用载重量为几十吨的大型船舶。在中国,国际远洋货物运输主要由中国远洋运输集团、中国海运集团等大型国企负责经营。国际远洋货物运输分为集装箱运输、干散货运输和油气运输三种方式。出于商业经济利益最大化的考虑,大型的远洋货运公司会给客户提供国际船舶的船名、船期、港口船期、港到港船期以及航行路线等基本信息,客户可在参考上述基本信息的基础上根据自身货物运输需要进行订舱服务。[③] 考虑到远洋货物运输的特征,北方海航道与传统航道相比并不具备竞争力。北方海航道沿线绝大部分都是单一俄罗斯地区,而俄罗斯的北部沿岸地区经济发展及港口建设都相对落后,并不能达到远洋运输中集装箱运输、干散货运输的理想状态,即在沿途进行卸货与重新装载货物,以实现资源利用与利益的最大化。2018 年,中俄双边贸易额达到 1070.6 亿美元,而同期中国外贸进出口总值高达 4.62 万亿美元,

---

① Борис Хейфец, "Северный морской путь – новый транзитный маршрут «Одного пояса – одного пути»," Международная жизнь, Июль 2018.

② "Единая государственная система информации об обстановке в Мировом океане," Единая Государственная Система Информации Об Обстановке в Мировом Океане, 2004, http://esimo.oceanography.ru/esp2/index/index_esp_id/15/section_id/9/menu_id/3992.

③ 国际远洋货物运输相关信息参考中国远洋运输集团和中外运集装箱运输有限公司官方网站的相关信息。参见中国远洋运输集团官网,http://www.coscoshipping.com/col/col6879/index.html; 中外运集装箱运输有限公司官网,https://ebusiness.sinolines.com.cn/snlebusiness/default.aspx。

同俄罗斯的双边贸易额仅占中国进出口总额的 2.3% 左右。2018 年，中国的前三大贸易伙伴分别是欧盟、美国和东盟，其中 2018 年同东盟的进出口贸易增长 11.2%，远高于欧盟（7.9%）和美国（5.7%）。① 商务部部长助理李成钢于 2019 年 7 月表示，2019 年 1 月至 6 月，中国与东盟进出口贸易额为 2918.5 亿美元，同比增长 4.2%。中国已连续 10 年保持为东盟第一大贸易伙伴，东盟已成为中国第二大贸易伙伴。② 上述数据表明，目前中国主要贸易国家为欧盟和东盟国家，而北方海航道并不经过东盟国家，相反传统航道则覆盖东盟国家。因此，结合国际远洋运输的特征和中国主要贸易国家来看，北方海航道与传统航道相比并不具有竞争力。

（二）中国利用北方海航道外部机遇与威胁

1. 外部机遇

第一，北方海航道水域相关基础服务改善。

俄罗斯官方认为，北极地区及其附属的资源将成为 2020 年后世界的主要话题，出于这样的认识，俄罗斯加快了对北方海航道的开发与掌控。③ 早在 2015 年俄罗斯政府就批准了北方海路综合开发项目，该项目旨在为北方海航道发展导航、水文气象检测、海上救援以及港口建设等提供服务设施。④ 在俄罗斯政府的主导下，俄罗斯为航道的通行做了大量基础工作，北方海航道通航条件和相关配套设施都有了较大的提升。例如，俄罗斯拥有世界上最强的破冰船队伍之一，2016 年仅投入运营的核动力破冰船就有

---

① 《中国二〇一八年进出口总值逾三十万亿》，《人民日报》（海外版）2019 年 1 月 22 日第 10 版。
② 《东盟已成中国第二大贸易伙伴》，中华人民共和国商务部官网，2019 年 8 月 1 日，http://www.mofcom.gov.cn/article/i/jyjl/e/201908/20190802886691.shtml。
③ "Россия сделала сильный ход в битве за Арктику," http://www.morvesti.ru/detail.php?ID=80669&sphrase_id=2177822.
④ "Развитие инфраструктуры Северного морского пути как элемента единой Арктической транспортной системы России," Аналитическое управление Аппарата Совета Федерации, 17.10.2016.

4艘。① 但俄罗斯为实现北方海航道的全年通航，以及给过往船舶提供更加高效、安全的破冰引航服务，于2017年底列装最新型功率为60兆瓦的"北极"号核动力破冰船。② 除此之外，为了改善北方海航道的导航管理，俄罗斯于2012年成立了北方海航道管理局，负责对航道中船舶位置进行日常监管，并为船舶提供沿途的冰情、航路及水文气象条件等必要信息。③ 为确保在北方海航道上的航行安全，俄罗斯还在迪克森（俄罗斯最北端的城市定居点）建立了海上救援协调中心，并在提克西（俄罗斯城镇）和佩维克市设立了海上救援分中心。俄罗斯对航道水域相关设施的改善对北方海航道的竞争力有很大的提升，也为中国使用航道提供了机遇。

第二，南部传统航道安全问题严峻。

经马六甲海峡、苏伊士运河的传统航道安全问题严峻，也促使中国选择北方海航道。对于传统航道的安全问题前文已有论述，在此不做赘述。传统航道安全形势严峻，无疑使得中国使用北方海航道的动力更强。因为对中国而言，两条航线的起点相同、终点都是欧洲，这两条航线在特殊情况下是可以相互替代的。

第三，中俄北极能源合作项目的启动。

北方海航道沿线地区储藏有大量的天然气、石油、有色金属等资源，据估计，其中石油和天然气的储量超过1000亿吨，占世界石油和天然气储量的30%。目前仅在亚马尔半岛邻近水域就发现了11个天然气田和15个凝析气田，已探明约有16万亿立方米可靠天然气储量，另据预测，有潜力的未探明天然气储量约22万亿立方米。对此，俄罗斯学者感叹，未来北方海航道货物运输的主要增长将与北极地区的燃料、能源、冶金和化学等产

---

① 2016年运营的4艘核动力破冰船分别为：2艘双核反应堆功率为75000马力的"亚马尔"号和"五十年胜利"号以及2艘单反应堆的"泰米尔"号和"瓦伊加奇"号。参见"Развитие инфраструктуры Северного морского пути как элемента единой Арктической транспортной системы России," Аналитическое управление Аппарата Совета Федерации, 17.10.2016.

② "Развитие инфраструктуры Северного морского пути как элемента единой Арктической транспортной системы России," Аналитическое управление Аппарата Совета Федерации, 17.10.2016.

③ "Развитие инфраструктуры Северного морского пути как элемента единой Арктической транспортной системы России," Аналитическое управление Аппарата Совета Федерации, 17.10.2016.

业的发展息息相关。①

俄罗斯北极地区虽富含大量能源资源,但俄罗斯囿于自身实力,在开发北极能源项目上需要寻求国际合作。中国是世界石油、天然气的主要进口国,两国在北极能源问题上的合作可以说是不谋而合。中俄亚马尔液化天然气项目就是两国北极能源合作的旗舰工程。中方是北极亚马尔液化天然气项目的第二大股东,持股高达29.9%(其中丝路基金占有9.9%股权,中石油占20%),其他参加者分别为诺瓦泰克公司和法国道达尔公司,分别持股50.1%和20%。② 中国参与北极亚马尔液化天然气项目有助于加强中国能源安全,因为该项目几乎86%的液化天然气产品将被运往亚太地区国家,而中国就占到25%。③ 2018年7月,俄罗斯诺瓦泰克公司通过北方海航道从萨贝塔港口首次向中国江苏省供应了液化天然气。④ 毫无疑问,未来北方海航道将是中国从北极进口能源的主要航道,这条航道对中国实现能源进口多样化的重要性不言自明。有俄罗斯学者表示,北方海航道就是中国获取北极能源的新通道。⑤

2. 外部威胁

第一,航道相关配套设施还存在短板。

相关配套设施或服务的短板主要表现在三个方面:破冰船、船舶原油补给和海上救援。首先,破冰船的数量不足,且处于"青黄不接"时期。前文提到俄罗斯破冰船不论是数量还是质量都居全球第一位,现役破冰船

---

① Лукин Ю. Ф., "Северный морской путь : возможности и угрозы," Арктика и Север, No. 1, 2015.

② Борис Хейфец, "Северный морской путь – новый транзитный маршрут «Одного пояса – одного пути»," Международная жизнь, Июль 2018.

③ Борис Хейфец, "Северный морской путь – новый транзитный маршрут «Одного пояса – одного пути»," Международная жизнь, Июль 2018.

④ "Северный морской путь. Масштабное строительство и союзники России," https://topwar.ru/158877 - razvitie - severnogo - morskogo - puti - masshtabnoe - stroitelstvo - i - nashi - sojuzniki.html.

⑤ Александр Вороненко, "Перспективы российско - китайского сотрудничества в области освоения Северного морского пути и его коммерческого использования," http://sco - khv.org/ru/publication_254/.

有41艘，计划建造的有11艘，其中还不乏最新型核动力破冰船。但这样的数量还远达不到北方海航道运营中的现实需要，例如，在2013年的北方海航道航行中，71艘船舶中就有36艘（50%）被迫等待航行。① 原因除了破冰船客观数量不足外，还存在诸多其他因素的影响。如在实际的航行中许多大吨位油轮由于船体太宽需要两艘破冰船同时护航才能顺利通过。②

其次，船舶海上原油补给问题。考虑到北方海航道的长度，中国船舶经过该航道向西驶向欧洲港口的过程中，不可避免地存在燃料补给问题。问题是俄罗斯方面暂时并无计划在其北极大陆架的油田开采现场直接形成加油点，而在北极条件下，向船舶输送燃料经济上不可行，加油的问题则需要通过建造容量更大的冰级油轮来解决。③ 最后，海上救援问题。虽然俄罗斯已在北方海航道沿线建设了一些海上救援中心，如上文提及的在迪克森建立了海上救援协调中心，以及在提克西和佩维克市设立了海上救援分中心。但鉴于航道的长度，目前在北方海航道地区进行海上救援的效率仍比较低。通过对北极事故发生率和救援行动的经验进行分析可以发现，地面搜救设备和救援船还不足以确保足够的行动响应水平。④

第二，俄罗斯对进入北方海航道的船舶设置了诸多繁琐条款。

北方海航道大部分沿着俄罗斯北极沿岸水域，依据1982年《联合国海洋法公约》的第234条相关规定，为防止、减少和控制专属经济区内覆冰区域的船舶对海洋环境的污染，俄罗斯享有制定和执行非歧视性法律法

---

① Борис Хейфец, "Северный морской путь – новый транзитный маршрут «Одного пояса – одного пути»," Международная жизнь, Июль 2018.

② Ерохин В. Л., "Северный морской путь как инфраструктурная основа Российско – Китайского Арктического Синего Экономического Коридора," https：//www.researchgate.net/publication/323217848.

③ Ерохин В. Л., "Северный морской путь как инфраструктурная основа Российско – Китайского Арктического Синего Экономического Коридора," https：//www.researchgate.net/publication/323217848.

④ "Северный морской путь. Масштабное строительство и союзники России," https：//topwar.ru/158877 – razvitie – severnogo – morskogo – puti – masshtabnoe – stroitelstvo – i – nashi – sojuzniki.html.

规的权利。① 据此条款，俄罗斯在20世纪90年代就以国家立法的形式制定了在其北方领海和毗邻水域航行相关规定，并先后经过多次修订。目前执行的是俄罗斯交通部于2013年4月根据联邦第132号法律批准的《北方海航道航行规则》，② 虽然俄罗斯公开表示规则的执行是为确保船舶航行安全、高效，减少和控制船舶对海洋环境的污染，但实际上规则中的诸多条款为外国船舶进入北方海航道带来不便。例如，规则中规定外国商船要想进入北方海航道通航，必须提前15日向北方海航道主管机关提交航行申请，以便在严格规定的期限内获得签发许可证。在北方海航道航行时，外国船只必须严格遵守俄罗斯的相关规定并交纳保险费。此规定还要求外国船舶必须在接近北方海航道水域边界72小时内告知主管机关，并汇报船舶每天的移动轨迹和经过相关水域的时间等。此外，根据该规则，在北方海航道中航行是需要进行强制性引航（破冰、引航）服务的，而破冰相关费用的确定极具随意性。俄方会依据《自然垄断法》，单方面对船舶的容量、船舶冰级、航行距离进行评估，以确定船舶的破冰费用。③ 俄方对提供破冰引航服务乐此不疲不难理解，因为有利可图，俄罗斯为一艘船进行破冰护航可以获得高达10万美元的收入。④ 但不合理的规则无疑会成为阻碍外国航运公司大规模使用北方海航道的制约因素。

第三，北方海航道的经济优势并不十分明显。

北方海航道之所以被国际社会所关注，主要是因为其从欧洲至亚洲比

---

① Владимир Котляр, "Использование ледоколов в акватории Северного морского пути дляобеспечения безопасности мореплавания судов под иностранным флагом: правовые основы исложившаяспрактика," https://russiancouncil.ru/analytics-and-comments/analytics/ispolzovanie-ledokolov-v-akvatorii-severnogo-morskogo-puti-d/.

② Владимир Котляр, "Использование ледоколов в акватории Северного морского пути дляобеспечения безопасности мореплавания судов под иностранным флагом: правовые основы исложившаяспрактика," https://russiancouncil.ru/analytics-and-comments/analytics/ispolzovanie-ledokolov-v-akvatorii-severnogo-morskogo-puti-d/.

③ Владимир Котляр, "Использование ледоколов в акватории Северного морского пути дляобеспечения безопасности мореплавания судов под иностранным флагом: правовые основы исложившаяспрактика," https://russiancouncil.ru/analytics-and-comments/analytics/ispolzovanie-ledokolov-v-akvatorii-severnogo-morskogo-puti-d/.

④ Тодоров А., "Международный транзитный потенциал Северного морского пути: экономический и правовой аспекты," Проблемы национальной стратегии, No. 3, 2017.

传统经苏伊士运河的航道距离更短，可以节约成本。但比较目前多种综合因素之后，我们会发现这种经济优势并不十分明显。首先，国际石油价格的急剧下降。国际石油价格的下跌带来的是相关碳氢化合物原料及产品价格的大幅下降。船舶海洋运输的燃料成本也随之急剧下降，结果是以前高燃料成本下北方海航道与通过苏伊士运河的传统航道相比，距离近带来的巨大燃料成本优势正在逐渐丧失，加上船舶本身在北方海航道的冰原之间移动也会增加燃料的消耗。[①] 其次，高昂的破冰引航服务费。以一艘7万吨船舶为例，其穿过苏伊士运河的通行费为25万美元，而经北方海航道需要支付的破冰护航费用则高达37.5万美元。[②] 俄罗斯破冰船护航的高成本抵消了取道北方海航道相比通航苏伊士运河的经济优势。最后，通航苏伊士运河的费用在降低。随着苏伊士运河第二条航道的开通，其通航能力提高了一倍。埃及政府为了扭转船舶绕道非洲好望角的趋势，提高运河的吸引力与竞争力，于2016年6月降低了30%的通航费。北方海航道通航费用的提升使得传统航道在经济上更具竞争力。

（三）中国利用北方海航道的战略选择

根据上述对中国利用北方海航道影响因素的分析，可以构造SWOT分析矩阵，对中国利用北方海航道战略选择进行系统的归纳和总结。

虽然中国利用北方海航道有一些优势与机会，但劣势与威胁也毫不逊色。由于特殊的自然地理现象、较为落后的相关航道基础服务设施以及极地航行技术与经验的不足，当前及未来一段时期内中国利用北方海航道的优势还不能完全凸显。对企业来说使用北方海航道的动力、经济吸引力稍显不足，因为传统航道是相对成熟的航线。总之，在航道相关服务设施不

---

① Ерохин В. Л.，"Северный морской путь и арктические транспортные коридоры: проблемы использования и прогнозы коммерциализации грузоперевозок," https://www.researchgate.net/publication/321385242.

② Лукин Ю. Ф.，"Северный морской путь：возможности и угрозы,"Арктика и Север，No. 1，2015.

完善、破冰船数量不足等情况下，中国大规模商业利用北方海航道并不合适。① 尽管现阶段商业上的经济利益并不明显，但未来实现盈利的潜力巨大。但是，中国利用北方海航道对中国的意义重大，主要表现在以下几个方面：首先，战略价值重大，有利于中国维护国家海洋利益；其次，有助于保障中国能源安全，北极地区富含能源，北方海航道是中国进口北极能源的主要通道；最后，取道北方海航道与中国振兴东北老工业基地相得益彰。

表 14 中国利用北方海航道 SWOT 对策分析矩阵②

内部能力 外部因素	优势（S） 1. 北方海航道距离更近 2. 航道运量潜力大 3. 安全性更高	劣势（W） 1. 部分海域、海峡深度不够 2. 特殊的自然地理现象对航行的困扰 3. 经单一俄罗斯地区，不符合国际远洋运输利益最大化原则
机会（O） 1. 航道相关基础服务的改善 2. 传统航道安全问题突出 3. 中俄北极能源合作项目	SO 战略 1. 引导中国船舶在条件成熟时取道北方海航道进行货物运输 2. 深化中俄能源合作，发挥北方海航道能源运输优势 3. 规避风险，选择安全航道	WO 战略 1. 利用现代航行技术及北方海航道相关保障设施，避开危险海域，保障航行安全 2. 扬长避短，深化中俄能源合作，打造北方海航道能源通道
威胁（T） 1. 相关配套设施尚存短板 2. 俄罗斯设置诸多繁琐条款 3. 经济优势逐渐丧失	ST 战略 1. 推进相关极地航行保障设施建设，发挥航道运量优势 2. 训练适应北极气候航行的机组人员，未雨绸缪，为将来大规模利用航道做好准备 3. 加强与俄方沟通，以便更快捷高效获得进入许可	WT 战略 1. 加大对北极地区科考及航道勘探工作，建立大数据支撑平台，保障船舶安全高效通航 2. 加强同俄罗斯合作交流，学习极地航行经验，适应北极特殊自然地理现象

① Ерохин В. Л., "Северный морской путь как инфраструктурная основа Российско-Китайского Арктического Синего Экономического Коридора," https://www.researchgate.net/publication/323217848.

② 对策分析矩阵中 SO 战略、WO 战略、ST 战略以及 WT 战略的对策是经过提炼总结后的结果。笔者将中国利用北方海航道的优劣势、机遇挑战一一进行组合，有所侧重地将同类项进行合并提炼。

总体而言，当前中国利用北方海航道处于 ST 战略时期，即发挥优势规避威胁。通过分析中国利用北方海航道 SWOT 对策分析矩阵，可以将中国下一步的战略对策总结如下：

第一，加强与俄沟通合作，学习相关极地水域作业经验。

与俄方保持良好顺畅的沟通，对中国利用北方海航道尤为重要。俄罗斯早在苏联时期就开始利用北方海航道进行国内运输，积累了丰富而独特的极地水域航行经验，包括预防和消除可能碰到的险情等。而中国船员在极寒水域的航行经验则相对不足，在这些方面中俄合作大有可为，如在俄罗斯北极地区组织训练中国船员等。[①] 此外，中国船舶要想进入北方海航道航行，必须依据俄方制定的《北方海航道航行规则》的相关要求，进行提前报备、走流程，等待发放许可方能进入。中俄之间保持良好沟通也有助于中方及时获得相关资讯，以便更加高效地获得许可。

第二，建立北极船舶作业统一调度中心，组成北极船队。

破冰引航费用过高，使得中国船舶取道北方海航道的动力不足。中国大规模利用北方海航道的前景在于必须降低运输成本，具体措施是减少单一船舶独自航经北方海航道，组成一支船队，形成规模效应。[②] 组成船队、形成规模效应的好处在于，船舶在北方海航道航行更加安全，而且能够分担相关破冰、引航等费用，从而达到降低成本的目的。但企业行为具有自发性、盲目性，中国政府应该主导成立北极船队或北极船舶作业调度中心等机构，统一调度中国船舶，形成一定规模后再通行北方海航道。

第三，加大对北方海航道的科研投入，积极参与改善航道航行条件的工作。

尽管俄罗斯近几年一直在加大对北方海航道相关服务设施的建设，但俄罗斯受自身实力限制，相关工作进展比较缓慢。中国应该利用自身经济、科技、卫星导航等方面的优势，积极参与到航道基础设施的改善工作

[①] Александр Вороненко, "Перспективы российско - китайского сотрудничества в области освоения Северного морского пути и его коммерческого использования," Опубликовал sco - khv, 22.09.2017.

[②] Александр Вороненко, "Перспективы российско - китайского сотрудничества в области освоения Северного морского пути и его коммерческого использования," Опубликовал sco - khv, 22.09.2017.

中去。例如，目前在北极高磁环境下，导航问题尚未完全解决，中国可以重点突破在北极地区提供连续稳定的卫星导航服务技术等。这些工作不仅有助于中国船舶在北极地区顺利通航，也有助于加强中国维护相关北极利益的能力。

结　语

文章从中国视角出发，强调中国的主体作用，运用战略管理中的SWOT分析法，直观展示了中国参与开发与利用北方海航道存在的优势与劣势、面临的机遇与威胁。目前，中国参与开发北方海航道正处于SO战略期，即自身优势和外部机遇都很显著的阶段，中国的参与正逢其时；中国利用北方海航道则正处于ST战略时期，即中国的优势和面临的威胁都很突出，需要中国发挥自身的优势抵御外部的威胁。在北方海航道基础服务设施不完善、破冰船数量不足和经济优势不明显等情况下，大规模商业利用北方海航道的条件尚未成熟，但鉴于北方海航道对中国维护海洋利益、能源安全以及振兴东北老工业基地等方面意义重大，中国仍应积极参与北方海航道开发工作，并引导船舶在条件成熟的情况下取道北方海航道。针对现阶段中国开发与利用北方海航道遇到的问题与挑战，中国应该以问题为导向，加强自身相关技术的突破以及能力的提高。同时，中国也要坚持双边多边并举原则，加强同北极国家和非北极国家间的合作，克服自身劣势，应对外部威胁。

中国与冰岛的北极合作研究

陈禧楠[*]　张书华

【摘　要】 冷战后,中国与冰岛长期保持良好的北极合作,积极在科研、经贸、地热以及多边治理等领域开展合作。纵观中国与冰岛多年的北极合作情况,不难看出,双方合作关系稳定发展。在可预测的将来,中国与冰岛将会继续保持良好且稳健的北极关系,并适时拓宽合作领域,以进一步提升合作水平。

【关键词】 中国　冰岛　北极合作

一、成果

自中国和冰岛建交以来,两国长期保持稳定而友好的关系,尤其是在北极领域合作成果颇丰。首先,两国历届领导人均有意愿加强双方在北极地区的合作。其中,2012年中国与冰岛签署的《中华人民共和国政府与冰岛共和国政府关于北极合作的框架协议》在中冰北极关系中具有里程碑意义,协议提出将密切两国在北极事务中的交流与合作,在极地、海洋、航

---

[*] 陈禧楠,广东外语外贸大学国际关系学院国际政治专业2019级本科生。

运等领域开展务实合作,以促进北极地区的和平、稳定与可持续发展。[①]这是中国与北极国家缔结的首份北极领域合作的专门协议,该协议的签订推动中冰北极关系迈上了新的台阶,此后两国在北极地区的合作不断深入。其次,中国和冰岛多年来在科技、能源、多边治理等方面都开展了积极的合作。

(一)科技领域

冷战后,中国和冰岛在北极地区的合作主要集中于科学技术领域。2012年4月,中国国家海洋局和冰岛外交部签署了《中国国家海洋局与冰岛外交部海洋与极地科技合作谅解备忘录》。该备忘录明确通过联合举办学术研讨会、互派科学家交流学习、开展教育培训等方式,搭建合作平台,推动两国海洋与极地科技工作的发展。[②]

2012年8月,中国第五次北极科学考察队乘坐极地科考破冰船"雪龙"号于16日抵达冰岛首都雷克雅未克开启对冰岛为期4天的访问。访问期间,中国极地研究中心与冰岛签署协议,双方确定将在冰岛北部建立联合极光观测台。[③] 与此同时,两国还举办了第二届中冰北极科学研讨会等学术活动。此次访问是中国北极科学考察队对北极国家的首次正式访问,不仅增进了中冰两国在北极科学研究、海洋观测及应对气候变化等领域的合作,[④] 而且两国的北极关系也由此升温。此外,"雪龙"号访问冰岛期间还面向全体冰岛民众开放,冰岛总统及政府官员也正式访问了"雪龙"号。[⑤] 通过近距离的接触以及深入的沟通交流,有利于冰岛政府及民众进一步了解中国的北极政策,为提升中冰北极合作水平奠定了一定的基础。

---

① 《专家:中国开发北极获冰岛支持 深度参与意义大》,中国新闻网,2012年4月23日,https://www.chinanews.com.cn/hb/2012/04-23/3838421.shtml。
② 刘惠荣主编:《北极地区发展报告(2014)》,社会科学文献出版社2015年版,第188页。
③ 《中国"雪龙"号首次穿越北冰洋 冰岛民众参观踊跃》,环球网,2012年8月20日,https://world.huanqiu.com/article/9CaKrnJwL8L。
④ 《"雪龙"号科考队将应冰岛总统之邀访问该国》,中国政府网,2012年8月10日,http://www.gov.cn/jrzg/2012-08/10/content_2201687.htm。
⑤ 《"雪龙"号科考船将首次访问北极国家》,中国政府网,2012年8月14日,http://www.gov.cn/jrzg/2012-08/14/content_2204200.htm。

同年，中冰两国签署了《中华人民共和国政府与冰岛共和国政府关于北极合作的框架协议》及《中国国家海洋局与冰岛外交部海洋与极地科技合作谅解备忘录》。在此基础之上，中国极地研究中心与冰岛研究中心于2013年9月签署并开始落实《中国－冰岛联合极光观测台框架协议》，2014年6月中冰联合极光观测台正式破土动工，历时两年，于2016年10月竣工，并在2017年夏季投入使用。中冰联合极光观测台的建设不仅弥补了当时中国、冰岛乃至世界在极光观测领域的空白，而且是非北极国家与北极国家开展长期务实合作的一种新模式[1]，标志着中冰两国北极科研合作向前迈出了坚实的一步。[2] 2013年12月10日，中国极地研究中心、冰岛研究中心等十家来自中国与北欧五国的北极研究机构于上海签署《中国－北欧北极研究中心合作协议》，并宣告中国－北欧北极研究中心正式成立。为进一步推进合作，中国与冰岛提议将中冰北极研究合作扩大到北欧五国。[3] 中国－北欧北极研究中心的建立有利于开展北极地区的国际合作，促进北极的可持续发展，也使得中冰北极合作更加密切。2017年，中国极地研究中心提出将中冰联合极光观测台升级为中冰北极科学考察站的设想，在极光观测研究基础上，增加大气、海洋、冰川、地球物理、遥感和生物等方面的监测任务，冰方表示全力支持。2018年10月18日，中国第二个北极科学考察站中冰北极科学考察站正式运行。[4] 借助双方优势建设的北极科学考察站，不仅意味着中冰两国极地科学考察能力的提高，而且促进了中冰北极关系的发展。

由此可见，多年来中国与冰岛之间的科技合作频繁、成果显著，科技领域为中冰北极合作最突出的领域。

---

[1]《海洋局：中冰联合极光观测台建设取得重要进展》，中国政府网，2016年10月26日，http://www.gov.cn/xinwen/2016-10/26/content_5124514.htm。
[2]《中冰极光观测台破土动工 两国北极科研合作再上台阶》，人民网，2014年6月5日，http://world.people.com.cn/n/2014/0605/c1002-25105654.html。
[3]《中国－北欧北极研究中心成立 召开首次成员机构会议》，中国政府网，2013年12月12日，http://www.gov.cn/gzdt/2013-12/12/content_2546677.htm。
[4]《中－冰北极科学考察站正式运行》，中国新闻网，2018年10月18日，https://www.chinanews.com/sh/2018/10-18/8653794.shtml。

（二）地热领域

能源领域也是中国和冰岛北极合作的重点领域之一。冰岛的能源供应以氢能及地热能等可再生能源为主，冰岛拥有丰富的地热资源以及先进的利用地热的技术，因而地热产业长期以来都是冰岛的优势产业。加之，近年来中国政府愈加注重环境保护，积极发展清洁能源，且中国有丰富的地热资源有待开发，这促使中冰两国在地热能领域达成合作共识。[1]

2006年11月，中石化新星公司与冰岛极地绿色能源公司合资成立了中石化绿源地热能开发有限公司，两国在地热领域开始合作。十余年来该公司从陕西起步，坚持高效、可持续的地热能开发理念，市场不断扩大，逐渐成为国内第一大地热供暖企业，实现稳定发展。2012年4月，中国国土资源部与冰岛外交部签署了《关于地热与地学合作的谅解备忘录》，双方承诺将进一步深化地学与地热资源利用领域的合作，推动全球地热资源的可持续利用和环保清洁能源技术的发展与应用。[2] 该备忘录的签署构建起了中冰北极能源合作的新格局。除此之外，时任国务院总理温家宝还考察了冰岛最大的地热电站——赫利舍迪地热电站，并与多国学者开展了友好的交流，此间中冰双方均表达了深化地热领域合作的意愿。2016年9月23日，中石化新星公司与冰岛国家能源局、冰岛极地绿色能源公司签署《中冰地热技术研发中心合作协议》，这意味着中冰地热技术研发合作中心建设工作正式启动。12月9日，中冰地热技术研发合作中心揭牌仪式在北京举行。中冰地热技术研发合作中心的建立旨在加强中冰两国在地热能方面的合作，通过互派科研人员进行交流学习，提高双方地热开发技术水平，推动两国在地热领域保持长期稳定的合作关系。[3] 2018年9月，商务部国际贸易谈判代表兼副部长傅自应与冰岛外交外贸部部长索尔达松举行

---

[1] 杨洋：《浅析冰岛的北极政策》，外交学院2018年硕士学位论文。
[2] 《中冰签署〈关于地热与地学合作的谅解备忘录〉》，中国政府网，2012年5月2日，http://www.gov.cn/gzdt/2012-05/02/content_2128005.htm。
[3] 《中石化中冰地热技术研发合作中心揭牌》，国务院国有资产监督管理委员会官网，2016年12月13日，http://www.sasac.gov.cn/n2588025/n2588124/c3834520/content.html。

会谈，会谈后双方签署《中华人民共和国商务部与冰岛外交外贸部关于共建地热合作工作组的谅解备忘录》。① 该备忘录的签署又进一步推动了中冰两国在地热领域的密切合作。2019 年 12 月 2 日，中国和冰岛地热培训项目揭牌仪式在北京举行。国内地热行业的 41 名骨干人才参加了首期培训，由来自联合国大学地热学院等专业机构的 11 位国际专家和 16 位国内专家为学员授课。该培训项目是中冰地热技术研发合作中心获得的重要成果之一，为中冰双方培养地热领域的专门人才以及深化交流合作开拓了新的平台。②

综上所述，中国与冰岛在冷战后积极开展地热领域的合作，主要表现为签署双边协议以及进行地热开发技术方面的联合研究与人员交流，合作水平不断提升。

（三）经贸领域

中冰经贸关系的深化为两国在北极地区的合作创造了契机。

2005 年 5 月 1 日，中冰两国签署了《中华人民共和国商务部与冰岛外交外贸部关于加强经济与贸易合作的谅解备忘录》，其中明确规定双方将于 2005 年启动一项可行性研究，以期在将来建立中国和冰岛自由贸易区，自此，建立中冰自由贸易区的工作正式启动并进入可行性研究阶段。经过长达一年多的调研和相互了解，双方皆认为建立自贸区有利于促进两国关系的进一步发展。因此，两国于 2006 年 7 月在冰岛首都雷克雅未克签署议定书，决定结束科研阶段，于 2007 年开始进入自贸区协议的谈判阶段。③ 2008 年的金融危机重创冰岛经济，当时中国给予了冰岛极大的帮助，甚至远超欧洲国家。2013 年冰岛入欧谈判陷入僵局，在此背景下，中国与冰岛

---

① 《商务部国际贸易谈判代表兼副部长傅自应与冰岛外交外贸部长索尔达松举行会谈》，中华人民共和国商务部官网，2018 年 9 月 8 日，http: //fuziying. mofcom. gov. cn/article/collection/201809/20180902784691. shtml。

② 《中冰地热培训项目正式揭牌》，光明网，2019 年 12 月 3 日，https: //tech. gmw. cn/ny/2019 - 12/03/content_33370107. htm。

③ 《中冰建立自贸区势必推动中冰经贸合作》，中华人民共和国商务部官网，2017 年 6 月 5 日，http: //is. mofcom. gov. cn/article/ztdy/200706/20070604747860. shtml。

签署了《中华人民共和国和冰岛政府自由贸易协定》，该协定是中国与欧洲国家签署的第一个自由贸易协定，可谓是中冰经贸关系史上的一座里程碑。该协定的生效为中冰关系的长远发展注入巨大活力，[1] 同时也为中冰北极合作水平的进一步提升创造了良好的经济环境，有利于实现以经济合作带动政治合作的局面。

近年来，随着科技的发展以及交通运输成本的降低，世界电子商务发展迅猛，中国与冰岛抓住发展机遇，积极开展在电子商务方面的合作。2018 年 9 月 7 日，中国商务部国际贸易谈判代表兼副部长与冰岛外交外贸部部长举行会谈，双方就加强中冰经贸合作深入交换意见，签署了《中华人民共和国商务部与冰岛外交外贸部关于电子商务合作的谅解备忘录》。[2] 该备忘录的签署意味着双方在电子商务领域的合作迈上了一个新的台阶，有利于促进两国经济的增长，实现互利共赢。

虽然从目前来看，中国与冰岛之间的经贸合作成果不及上述其他两个领域丰富，但是中冰在经济上互补性强，未来合作前景远大。

（四）多边治理领域

中国和冰岛除了开展多领域的双边北极合作，在国际层面也构建了不少合作平台。2013 年 5 月 15 日，在瑞典基律纳召开的北极理事会第八次部长级会议上，中国被批准成为北极理事会正式观察员国，享有合法权利。[3] 中国成为北极理事会正式观察员国离不开冰岛的支持，早在 2012 年冰岛政府已表示支持中国成为北极理事会的正式观察员国。获得北极理事会正式观察员国的身份有助于提升中国在北极治理等全球议题的话语权，也体现出中冰北极关系的稳定发展。

---

[1] 《中冰经贸部长宣布自贸协定将正式生效》，中华人民共和国商务部官网，2014 年 6 月 26 日，http://www.mofcom.gov.cn/article/ae/ai/201406/20140600641626.shtml。

[2] 《商务部国际贸易谈判代表兼副部长傅自应与冰岛外交外贸部长索尔达松举行会谈》，中华人民共和国商务部官网，2018 年 9 月 8 日，http://fuziying.mofcom.gov.cn/article/collection/201809/20180902784691.shtml。

[3] 《中国成为北极理事会正式观察员国 将享合法权利》，中国新闻网，2013 年 5 月 15 日，https://www.chinanews.com.cn/gj/2013/05-15/4822384.shtml。

为了避免在北极治理方面被边缘化,时任冰岛总统格里姆松倡议成立北极圈论坛。与此同时,北极圈论坛大会与中国方面合办北极圈中国论坛,将北极事务中有关中国的问题作为议题,① 对进一步拉近中冰北极关系以及中国和北欧国家的关系发挥积极作用。北极圈论坛成立之后,中国每年派团参加在冰岛举行的历届北极圈论坛大会。除此之外,中国与冰岛的双边合作也得以深入发展,双方不仅签订了自由贸易协定,而且在北极能源开发领域也进行了密切的合作,这对中冰两国而言无疑将实现双赢。②

中国与冰岛在多边治理方面的合作主要体现在北极理事会与北极圈论坛这两个国际平台的相互支持上。虽然中冰在该领域保持良好的合作关系,但是合作程度有待深入发展。

二、特点

(一) 稳定性

冰岛是中国在北欧的重要合作伙伴,两国关系稳健发展,两国的政治互信不断增强。自 1971 年建交以来,中冰两国领导人多次互访,两国在极地、科技、能源以及经贸等领域均开展了积极的合作,尤其是在北极地区的合作成果颇丰。两国的友好关系为中冰北极合作奠定了坚实的基础,多年来,中国与冰岛也保持着积极、稳定的北极关系。

自 2012 年中国与冰岛政府签署了《中华人民共和国政府与冰岛共和国政府关于北极合作的框架协议》与《中国国家海洋局与冰岛外交部海洋与极地科技合作谅解备忘录》以来,两国的北极合作开始步入正轨并日益密切。例如在科技领域,2013 年 9 月中冰签署并开始落实《中国 – 冰岛联

---

① 姜胤安:《北极安全形势透析:动因、趋向与中国应对》,《边界与海洋研究》2020 年第 6 期。
② 郇玙、张晨曦:《北极圈论坛的源起、发展及影响》,《辽东学院学报(社会科学版)》2022 年第 2 期。

合极光观测台框架协议》。中冰联合极光观测台的建立一方面将有利于填补中国与冰岛北极光长期监测的空白；另一方面能够进一步增强中国、冰岛以及全球对北极空间环境变化和空间天气活动的长期监测预报能力[①]。中冰联合极光观测台建立后中冰在该领域的合作顺利开展，且双方极光观测水平都有所提高。因此，中国极地研究中心于2017年倡议将中冰联合极光观测台升级为中冰科学考察站，冰岛政府欣然同意。通过此举中国与冰岛在科技领域的北极合作得以深化发展，不再局限于原有的极光观测领域，而是拓展至整个科学研究领域。由此可见，多年来中国与冰岛的北极关系呈现出稳定性的特点，并体现出逐步深入发展的趋势。

除此之外，在地热、经贸以及多边治理领域，中国和冰岛也通过签署合作协议、搭建合作平台来拉近双边北极关系，促使中冰北极合作水平呈现稳步攀升的趋势。由此可见，中国与冰岛的北极关系多年来不断深化发展，合作成果日益丰富，合作关系未曾中断，且较少出现争议与冲突。

总而言之，由于中冰两国存在共同利益诉求以及北极政策的契合之处，双方在北极事务上顺利达成合作共识，希望通过两国稳定的北极合作以实现各自的国家利益。

（二）互惠性

中国与冰岛一直以来秉持互利共赢的原则，积极开展北极合作。

冰岛拥有探索北极的天然地理优势，但是缺乏一定的资金、人才以及技术的支持。然而，改革开放以来中国国力不断增强，能够为冰岛提供其所需要的帮助。而且，近年来中国北极科研活动日趋活跃，但是囿于非北极国家的身份，缺少参与北极治理的借力点，冰岛则恰恰能够弥补中国所缺。因此，立足于互利共赢的原则，中冰两国在北极地区的合作一拍即合。

尤其是在多边治理领域更能体现出中冰北极合作的互惠性。冷战后，

[①] 《海洋局：中冰联合极光观测台建设取得重要进展》，中国政府网，2016年10月26日，http：//www.gov.cn/xinwen/2016-10/26/content_5124514.htm。

中国一直积极参与北极事务。2006年中国开始申请成为北极理事会的正式观察员国。2007年，中国成为该组织的特别观察员国。2012年4月，中国再次递交成为北极理事会正式观察员国的申请。在2013年5月15日的北极理事会第八次部长级会议上，中国被批准成为北极理事会的正式观察员国[1]。根据媒体报道，中国的候选资格获得了包括冰岛在内的所有北欧国家的支持。冰岛支持中国成为北极理事会正式观察员国体现出中国与冰岛良好的北极合作关系，也有利于维护中冰两国各自在北极的现实需求，对双方而言都是大有裨益的。

中国与冰岛的北极合作立足于两国的现实考量，两国的合作有助于实现对双方都有利的双赢局面。中国与冰岛在科研、地热、经贸等领域开展北极合作，一则有利于提升双方在北极科学考察以及能源开发等方面的技术水平，以更好地深入了解北极、利用北极；二则有利于维护两国在北极地区各自的国家利益，通过积极参与北极治理，进一步深化两国在北极地区的合作。

（三）务实性

在当前国际公共事务治理方面，科学知识通常在公共政策的制定过程中发挥决定性的作用。同理，在参与北极事务的过程中，获取关于北极的专门知识与技能将有效帮助一国提升其在北极治理中的影响力。[2]

冷战后，中国与冰岛围绕科学研究领域开展务实合作，首要目标是认识北极，不断提高双方的科学研究能力和水平，以便为进一步保护北极环境、利用北极资源以及参与北极治理奠定良好的认知与技术基础。

2012年8月16日，中国北极科考队乘坐"雪龙"号极地破冰船首次访问冰岛。此次"雪龙"号对冰岛的访问开辟了中冰北极合作的新局面，且有利于加强中冰极地与海洋科研合作。2013年9月签署并开始落实《中

---

[1] 《北极理事会接纳中国为永久正式观察员国》，观察者网，2013年5月15日，https://www.guancha.cn/strategy/2013_05_15_144858.shtml.

[2] 赵宁宁：《中国与北欧国家北极合作的动因、特点及深化路径》，《边界与海洋研究》2017年第2期。

国－冰岛联合极光观测台框架协议》，2018年10月，中冰联合极光观测台正式升级为中冰北极科学考察站。在中冰与其他北极国家合作方面，2013年成立了中国－北欧北极研究中心作为多边合作平台，将中冰北极科研合作扩大至北欧五国。将科技领域与其他合作领域对比可知，中国与冰岛在科技领域的合作成果最为丰富，并不断得以深入发展。且由于科技合作在北极合作中的重要性之高，中冰两国政府着意大力开展科技方面的合作反映出中冰北极关系显著的务实性，双方均将北极科学研究置于北极合作的优先位置。

三、成因分析

中冰政治及经济关系的稳定发展为两国在北极地区的合作奠定了一定的基础。笔者认为，主要存在以下因素对中冰北极合作产生影响：

（一）中国和冰岛对于北极合作的现实考量

1. 中国的现实考量

中国参与北极事务由来已久，尤其是1996年成为国际北极科学委员会成员国之后，其北极科研活动日趋活跃。近年来，随着北极地区热度的提升以及综合国力的增强，中国的北极活动已从单纯的科学研究拓展至北极事务的多方面。[1] 为更加深入地参与北极治理，中国积极谋求与北极国家的合作，其中自然也包括冰岛。笔者认为，中国与冰岛开展北极合作主要有以下几个方面的考量：

其一，虽然根据《联合国海洋法公约》《斯匹次卑尔根群岛条约》等

---

[1] 《中国的北极政策》，国务院新闻办公室，2018年1月26日，http://www.scio.gov.cn/zfbps/32832/Document/1618203/1618203.htm。

国际条约以及国际法相关规定，中国在北极地区享有科研、航行、捕鱼、资源勘探与开发等自由或权利。但由于中国并非北极国家，若想开展更深入、广泛的北极活动，还缺少一个着力点和突破口。基于此，与北极国家建立合作关系是中国的必然选择。冰岛紧贴北极圈，且多年来与中国保持友好的双边关系，无疑是中国的最佳合作对象之一。

其二，冰岛作为中国参与北极事务的突破口，能够为中国开展北极活动提供一个借力点，进而有利于中国深入探索北极，充分开发利用北极资源，保护北极的生态环境及依法参与北极治理，以维护中国在北极的正当利益。中国虽非北极国家，但也是最接近北极圈的国家之一，故中国也是北极事务的重要利益攸关方。北极地区的生态环境及其变化对中国的气候及环境有直接影响，进而关系到中国在农业、林业、渔业、海洋等领域的经济效益。①

其三，与域内国家开展合作是中国参与北极事务的有效渠道之一，中国在北极问题上获得冰岛等北极国家的支持，有助于增加中国在北极治理中的参与度。与此同时，中国与冰岛等国家开展北极合作有利于共同打破北极国家间对话的僵局，谋求在北极事务上更为宽广的空间。② 中国积极开展与其他国家的北极合作，努力为北极事务贡献中国智慧与中国力量，在北极治理中发挥着举足轻重的作用。

2. 冰岛的现实考量

冰岛位于北极圈附近，战略位置非常重要。多年来，冰岛积极开展北极活动，作为北极理事会的创始成员国之一，冰岛在北极事务中拥有一定的话语权。近年来，在经济全球化、世界多极化的趋势之下，加之全球气候变暖带来北极资源价值有所提升，北极地区受到广泛的关注。在此背景下，冰岛基于国家现实需求的考虑，谋求与中国等域外大国的合作。笔者认为，冰岛选择与中国开展北极合作的原因主要有以下三点：

---

① 《中国的北极政策》，国务院新闻办公室，2018年1月26日，http://www.scio.gov.cn/zfbps/32832/Document/1618203/1618203.htm。

② 钱婧、朱新光：《冰岛北极政策研究》，《国际论坛》2015年第3期。

其一，维护在北极地区的正当诉求是冰岛与中国进行北极合作的首要目标，其中包括经济及环境方面的效益。数个世纪以来，冰岛的生计与福祉是由北极地区的自然资源和气候条件所决定的。因此，冰岛在北极地区中存在着既定利益。[①] 由于全球气候变暖，冰雪融化加速，越来越多的北极资源将得以开发利用。冰岛抓住历史机遇，寻求与中国等其他国家的合作，有利于共同开发利用北极的航道资源、矿产资源、渔业资源及旅游资源等丰富多样的资源，以促进本国的发展。而且由于北极的环境与气候对冰岛的影响不容忽视，冰岛在开发利用北极之余，还需要保护北极的生态环境，并加强在这方面与其他国家的合作，共同应对环境变化带来的挑战。

其二，冰岛作为北极国家自身实力较为欠缺，选择合作可以提升其在参与北极治理时的话语权。因此，冰岛对域外行为体参与北极事务持较为开放的态度，并积极推动北极议题国际化，希望借助域外国家的经济实力与国际影响力对俄罗斯、美国和加拿大等北极大国形成战略制衡[②]，化解在北极事务中被边缘化的风险。

其三，冰岛与中国开展北极合作，除了有利于借助中国的力量缓解其在北极地区的发展困境，还有利于与中国共同开发北极资源、保护北极的生态环境。此外，中国是世界第二大经济体，且近年来科学技术水平不断提升，培养了大量专门人才，有利于弥补冰岛由于综合国力较弱在北极活动中存在的劣势。而且中国历来除了主张依法合理利用北极资源之外，也格外重视北极地区的环境保护问题，因此冰岛与中国在北极地区的合作自然水到渠成。

3. 两国共同的现实考量

2018年1月26日，中国国务院新闻办公室发布《中国的北极政策》白皮书，阐释了中国参与北极事务的政策目标、基本原则以及主要政策主张。中国的北极政策目标可以概括为认识北极、保护北极、利用北极以及

---

① 钱婧、朱新光：《冰岛北极政策研究》，《国际论坛》2015年第3期。
② 岳鹏：《北欧国家北极战略评析》，《区域与全球发展》2022年第2期。

参与治理北极。为了实现上述政策目标，中国本着尊重、合作、共赢、可持续的原则参与北极事务。中国的主要政策主张包括以下五点：不断深化对北极的探索和认知；保护北极生态环境和应对气候变化；依法合理利用北极资源；积极参与北极治理和国际合作；促进北极和平与稳定。① 基于此，中国积极参与北极事务，广泛开展与他国的合作，以促进北极的和平与发展。

2021年10月，冰岛外交部颁布了《冰岛关于北极地区事务的政策》，主要阐述了冰岛的北极政策，该文件是对2012年版冰岛北极政策的修订，将原北极政策中提出的12条原则加以修改并增添至19条，主要包括申明冰岛作为北极国家的特殊地位，主张通过和平方式解决北极地区的争端，支持北极理事会的工作，重视加强与北欧国家在北极事务上的合作，应对气候变化带来的挑战等内容。② 该政策文件反映出冰岛政府试图采取和平与合作等温和的手段来维护冰岛在北极地区的利益。

由两国发布的北极政策可知，中国与冰岛参与北极事务的政策主张存在不少共同之处。首先，中国与冰岛均注重加强对北极地区的科学考察与研究。其次，两国都重视依法合理开发北极的航道资源、渔业资源、旅游资源、矿产资源以及地热能等清洁能源。除此之外，中冰也强调合作保护北极的生态环境及生物多样性，以促进北极可持续发展。再次，中冰双方皆主张积极开展与其他国家的北极合作。最后，两国都十分注重维护北极地区的和平与稳定，反对将北极军事化。以上北极政策理念的契合点也是中冰北极合作得以顺利开展多年的原因之一。

综上所述，正因为中冰在参与北极治理中的互补性以及共同的现实考量的存在，两国达成合作共识，积极开展在北极地区的合作活动，并长期保持良好且稳定的北极关系。

---

① 《中国的北极政策》，国务院新闻办公室，2018年1月26日，http://www.scio.gov.cn/zfbps/32832/Document/1618203/1618203.htm。

② "Iceland's Policy on Matters Concerning the Arctic Region," Reykjavik: The Ministry for Foreign Affairs of Iceland, 2021.

(二) 其他影响因素

1. 冰岛的特殊地理位置

冰岛具备优越的地理位置，其经济发展主要依赖于北极自然资源的开发，如渔业是其传统优势产业。由此可知，冰岛对在北极地区的发展具有相当的现实需求，冰岛历届政府都将北极问题视为外交政策的优先事项。此外，虽然冰岛紧贴北极圈，却孤立于北大西洋中部，位于欧洲的边缘地带，且综合实力较弱，在北极事务中有被边缘化的风险。因此，冰岛在难以确保自身发展实力与其现实需求相匹配时，寻求对外合作可以打破当前掣肘，故与他国开展北极合作也同样是冰岛为维护其在北极地区国家利益的必然选择。

2. 北极大国博弈

近年来，北极的气候及环境发生显著变化，可开发利用的资源逐渐增多，各国在北极地区的竞争与博弈也日益加剧，尤其是美国与俄罗斯这两个北极大国。美俄均重视加强在北极地区的军事活动，企图通过军事手段在北极博弈中占据上风。美俄采取军事等强硬方式有利于其在北极资源的争夺战中获得优势地位，并有助于维持与增强其在北极国际治理中的主导权与影响力。

自2022年2月俄乌冲突后，由于美俄两国关系的全面恶化，其在北极地区的明争暗斗也更加激烈。美国竭力拉拢其盟友开展对俄罗斯的全面制裁，企图在贸易、金融、科技等各领域孤立俄罗斯。因此，北极又成为双方博弈的场所。[①]

3. 美国与冰岛的特殊关系

根据宪法，冰岛不设军队。1949年，冰岛加入北约。1951年冰岛与美

---

① 《不应将冲突对抗带入北极》，人民网，2022年9月6日，http://world.people.com.cn/n1/2022/0906/c1002-32520450.html。

国签署了防务协定，由美国负责其防务。美国借助冰岛的战略位置，既有利于在战时为其军事行动提供协助，又可以在和平时期监视苏联海军在大西洋方向的军事活动。而冰岛则可以在不建立本国军队的前提下，通过利用美国及北约的军事力量达到免受苏联威胁的目的。[1] 冷战后，冰岛的战略地位有所下降。美国于2006年撤除其驻冰岛军事基地并将协议区域内土地和设施归还冰岛。美国的举动引起冰岛政府的不满，认为这是美国对冰岛地位的轻视以及对冰岛安全的忽略，并强调即使美方撤出军队，仍有保护冰岛的责任与义务。

冰岛在2021年出台的《冰岛关于北极地区事务的政策》中也表示，在国家安全方面，冰方将与北约的关系以及与美国签署的防务协定视为主要支柱。由此可见，冰岛对与美国等北约国家在军事安全方面合作的重视程度。

而美国凭借其强大的综合国力，在北极争夺战中占据优势地位。同时为了维护其霸权，美国将北极视为大国博弈的新战场，不断增强在北极地区的军事存在，以此与其他北极大国相抗衡。为此，美国还积极拉拢其盟友，试图共同遏制俄罗斯对北极事务的参与，并削弱其在北极日益提升的影响力。

4. 其他北欧国家的影响

为更好实现其在北极地区的国家利益，冰岛长期坚持全方位、多层次的北极合作原则。既立足于西北欧，积极开展与格陵兰岛、法罗群岛在商业、教育、服务业等领域的双边贸易与合作，又以国家安全政策为基础，不断加强与北欧国家及北约盟国之间的合作。[2] 其中，北欧国家虽然具有天然的地理位置优势，但是由于国力较弱，难以在北极争夺战中占据上风，因此它们在域内开展紧密合作以壮大自身力量，同时对域外大国参与北极事务持较为积极开放的态度，以此借助同域外国家的合作来维持北极地区的和平。

---

[1] Gudni Th. Jóhannesson, "To the Edge of Nowhere: the U. S - Icelandic Defense Relantions during and after the Cold War," Navalar College Review, Vol. 57, No. 3/4 (Summer/Autumn), 2004.
[2] 钱婧、朱新光：《冰岛北极政策研究》，《国际论坛》2015年第3期。

四、前景

(一) 短期前景

近年来,地缘政治竞争加剧,大国博弈在各领域上演,北极领域也不例外。中国与冰岛在科研、经贸、地热等领域达成合作共识,在多边治理中相互支持,充分发挥各自优势,以此维护两国在北极地区的合作关系。

结合中冰多年的北极关系以及当下的国际环境来看,笔者认为,两国的北极关系在短期内仍将保持稳定发展。中国与冰岛在北极政策理念上有不少契合之处,双方也有共同的现实考量,中冰在科研、经贸、地热等领域,将在短期内保持稳定的合作关系。

(二) 长期前景

随着国际竞争的日趋激烈,各大国已将北极视作新的角逐场。从长期来看,虽然两国在军事、政治等领域开展北极合作的可能性较低,但是中冰从两国共同的现实考量出发,将会试图开展更加宽领域与深层次的北极合作,以巩固原有的北极关系。加之,北极自然环境发生显著变化,全球变暖导致冰雪融化加速,北极可开发利用的资源不断增多,例如,共同开发利用航道、矿产、渔业、旅游等资源将成为未来极具潜力的合作领域。

在航道开发领域,由于气候变化致使北极航道将有望成为国际贸易运输的重要干线,而冰岛作为北极圈附近的国家,其在北极航线中具有重要的战略地位。伴随北极航线的开发,冰岛将有可能成为中国贸易运输途中的补给站,[1] 其重要性不可轻视。因此,中国与冰岛在航运方面的合作,将有助于利用北极资源促进两国经济发展。

---

[1] 刘惠荣主编:《北极地区发展报告 (2014)》,社会科学文献出版社2015年版,第188页。

在非生物资源领域，众所周知北极地区拥有大量石油、天然气等矿产资源。初步调查显示，北极地区潜在的可采石油储量约为2500亿桶，相当于目前被确认的世界原油储量的25%，天然气储量约为50万亿—80万亿立方米，相当于世界天然气储量的45%。[1] 由于全球气候变暖，北极的矿产资源在未来将有可能得以开发利用。但是北极地区的自然环境恶劣，对开采矿产资源提出了极高的技术要求。冰岛若想利用丰富的油气资源以提振其经济，必然离不开其他国家在技术以及人才方面的帮助。

在生物资源领域，北极拥有丰富的优质渔业资源。且根据联合国粮食及农业组织的信息，冰岛被列入世界捕鱼量最大的国家名单之中，冰岛渔业占国内生产总值的10%以上，渔业是其传统支柱性产业，在冰岛经济社会中具有不可替代的重要地位。近年来中国与冰岛渔业合作保持良好的势头，中国从冰岛进口最多的是渔产品[2]。2021年，冰岛向中国出口了1.32亿美元的商品，其中主要产品是非鱼片冷冻鱼，共计85.8万美元。[3] 鉴于冰岛在渔业资源方面的既有优势以及气候变化带来的影响，中国与冰岛未来在该方面将有远大的合作前景。

在旅游资源领域，近年来北极旅游逐渐成为新兴的北极活动，而中国由于经济不断发展以及人口不断增加，也成为了北极游客的主要来源国之一。[4] 冰岛凭借独特的地理条件，拥有的多样化旅游资源能够满足各类旅行者的需要。尤其是在2008年经济危机之后，冰岛政府重点发展旅游业，入境旅游蓬勃发展、日益兴盛，冰岛旅游业成为冰岛的第一产业。[5] 随着全球变暖，越来越多北极旅游资源得到开发，加上人民生活水平的逐步提高，中国与冰岛将会愈加重视两国在旅游方面的合作。

---

[1] Ossur Skarphéinsson, "The Arctic as a Global Challenge – Issues and Solutions," March 8, 2013, https：//www.government.is/media/utanrikisraduneyti–media/media/Raedur/The–Arctic–as–a–Global–Challenge---Speech–by–Ossur–Skarphedinsson.pdf.
[2] 《驻冰岛大使何儒龙走访冰岛渔业协会》，中华人民共和国商务部官网，2022年6月22日，http：//www.mofcom.gov.cn/article/zwjg/zwxw/zwxwoz/202206/20220603320977.shtml。
[3] 冰岛统计局官网，https：//www.statice.is/。
[4] 《中国的北极政策》，国务院新闻办公室，2018年1月26日，http：//www.scio.gov.cn/zfbps/32832/Document/1618203/1618203.htm。
[5] 张鸿、吴建、何小雪：《基于大数据的冰岛旅游业发展现状探析》，《当代旅游》2021年第16期。

结　语

　　纵观冷战后中国与冰岛的北极关系，双方在多个领域取得丰硕的合作成果。在科技领域，从"雪龙"号访冰到建立中冰联合极光观测台，再到中冰北极科学考察站的建设，双方合作水平步步攀升。在地热领域，从两国企业之间的合作到两国签署官方的合作协议，推动了双方合作的进一步发展。在经贸领域最突出的成就是2013年签署的《中华人民共和国和冰岛政府自由贸易协定》。多边治理领域的合作则主要体现在中冰于北极理事会与北极圈论坛这两大北极国际治理平台的相互支持上。

　　通过对中国与冰岛历年的北极合作成果进行梳理不难发现，中冰北极合作基于互惠性和务实性的原则，且多年来两国北极关系得以稳定发展。

　　中国与冰岛长期维持良好的北极关系主要原因在于两国存在共同的现实考量。中冰之间尚有很大的合作潜力，未来将会积极拓展在航道、渔业、矿产、旅游等领域的合作，以筑牢两国合作之基。

冷战后北约对北极地区政策演变：
特点、动因及影响

李瑾菡　卢人琳[*]

【摘　要】 冷战至今，北约对北极地区的政策大致可分为谨慎、克制、激进三个阶段，其政策呈现出内容上愈发关注"硬安全"、变化由危机触发、决策受到内部分歧限制的三个特点。研究发现，北约国家对安全利益的诉求、地缘政治事件的冲击以及俄美在北极地区竞争的加剧促使北约改变了低调的态度，开始谋划积极地介入北极事务。北约的政策调整也使得冷战后盛行已久的"北极例外主义论"日益失效，北极治理走向"分而治之"，进一步恶化北极地区的安全形势，促使安全格局向俄美两极化发展。未来短期内，北约将持续排挤俄罗斯，渲染"俄罗斯北极威胁论"，团结盟友以积极介入北极事务。但从长期来看，北约并不能将俄罗斯完全排除出北极地区，而是需要同俄罗斯改善关系，与俄罗斯竞争的同时保持合作。

【关键词】 北约的北极政策　北极地区　政策演变　俄罗斯

---

[*] 李瑾菡，广东外语外贸大学国际关系学院外交学专业2020级本科生；卢人琳，广东外语外贸大学国际关系学院国际关系专业2022级硕士研究生。

引 言

北大西洋公约组织,简称北约,是第二次世界大战后成立的跨大西洋政治军事同盟,由美国牵头主导,基本职责是通过政治和军事手段保证其成员国的自由和安全。[①] 冷战时期,作为西方与苏联最接近的地区之一,北极地区被北约视为战略要地,军事活动频繁。冷战之后,北极地区不再是美苏两大阵营对抗的前线,俄罗斯在北极的军事资产也逐渐减少,北约逐渐对其失去兴趣。"9·11"事件以后,北约的关注重点逐渐转向阿富汗战争、伊拉克战争等区域外事务,并寻求自身作为军事同盟继续存在。但随着全球气候的变化,北极冰盖融化速度大大超过预期,其所具有的经济利益和地缘战略地位的重要性逐渐凸显,该地区的安全形势也发生了变化。

2009年1月29日,北约和冰岛政府联合举办关于高北地区安全前景的研讨会,时任北约秘书长夏侯雅伯出席会议并发表演讲。这是冷战结束以来,北约高层首次将北极视为一个战略上非常重要的地区,认为北约需要持续关注北极地区,采取新的手段并提出解决方案。[②] 同时,这也是北极成为国际社会关注的新焦点以来,北约高层首次全面论述北约北极政策未来的可能走向。在这之后,北约愈发关注北极地区。而2014年的乌克兰危机和2022年的俄乌冲突使北约对北极地区政策出现了新动向。北极的军事化在2014年乌克兰危机之后再次回到北约的视野中,北约开始强化盟友在防务上的合作并加强军事演习。而2022年俄乌冲突后,北约一改之前克制的态度,开始高调介入北极事务。

目前,国内学界已经在"国别北极政策"这一议题上积累了丰富的成果,但只有少许研究聚焦"北约北极政策"。因此,本文尝试梳理冷战后

[①] "NATO Checklist," NATO, https://www.nato.int/nato-welcome/files/checklist_en.pdf.
[②] "Speech by NATO Secretary General Jaap de Hoop Scheffer on security prospects in the High North," January 29, 2009, https://www.nato.int/cps/en/natohq/opinions_50077.htm.

北约对北极地区的政策演变,并总结其特点,探究北约在北极地区的利益诉求以及北约对北极地区政策演变的动因,进一步总结北约政策调整所带来的影响,展望北极地区未来的形势走向。

一、冷战后北约对北极地区的政策演变

冷战后,北约对北极地区的政策演变大致可以分为三个阶段:低调参与(1991—2013年),有限介入(2014—2021年),高调示强(2022年至今)。

(一)低调参与(1991—2013年)

冷战之后,随着苏联解体、两极体系瓦解,北极地区不再是苏联和西方零和博弈的战略要地,北约对北极在传统安全领域的关注逐渐下降。在这一阶段,北约对北极地区在整体上保持谨慎的态度,政策聚焦在军事机构调整以及"软安全"领域。

在军事机构改革上,北约关闭区域性指挥部,建立功能性指挥部。北约撤销了位于挪威的北约盟军北欧司令部,在荷兰布林瑟姆和英国诺斯伍德建立了北约盟军联合空军司令部和北约欧洲盟军联合海军司令部。同时,撤销了北美盟军最高司令部,创建新的盟军转型司令部,并将总部设在美国诺福克,职能部门设在挪威斯塔万格和波兰彼得哥斯。冷战结束后,俄罗斯不再被视作迫在眉睫的军事威胁,北约成员国在北极地区的军事政策也失去了依据。北约将其在北方的部分资产下放,从以联盟治理为主向构建国家能力的趋势过渡。在这种情况下,北约需要有效的政治和军事协调程序以及完备的计划和应急程序,才能在危机发生时有效应对。[1]

---

[1] Helga Haftendorn, "NATO and the Arctic: is the Atlantic Alliance a Cold War Relic in a Peaceful Region Now Faced with Non-military Challenges?" European Security, Vol. 20, Issue 3, 2001, pp. 337-361.

在"软安全"领域，主要涉及政府治理、大陆架划界、科学研究合作、航运和经济合作等方面。2009年，在冰岛雷克雅未克举行的国际研讨会上，与会人员提出北极国家正在面临新的挑战：气候变化、北极冰盖的融化、重要能源和海洋资源的日益可及性以及在北极开辟新航线的可能性，强调了北约在北极地区的利益，并认为北约的任务是维护"软安全"。同时，认为北约应对北极非军事风险的能力相当有限。该地区当前的问题可能不能通过军事压力得到解决，而要通过北极国家在其管辖范围内的国家政策手段，通过北极理事会框架内的政府间合作来解决。[①]

2009年4月，北约在法国斯特拉斯堡、德国凯尔举行峰会并发表宣言，宣言提出："高北地区的发展引起了越来越多的国际关注。我们欢迎冰岛主动主办北约研讨会，并提高盟国对高北地区安全和安保相关发展（包括气候变化）的兴趣。"这是北约首次在声明中提及北极问题。2010年11月，在里斯本峰会上，北约宣布其未来可能的北极政策将与该组织传统的"部队生成"和"威慑"角色完全不同，主要是监控可持续发展和政治稳定，不会将这一角色明确地与传统的"安全"联系在一起。[②] 但在2010年北约通过的战略概念中，北约强调联盟在安全领域的优先事项转向非军事风险和威胁，但并未提及北极问题。北极问题在2012年北约芝加哥峰会发布的声明中也未被提及。

（二）有限介入（2014—2021年）

2014年乌克兰危机爆发，俄罗斯与西方的关系陷入紧张态势，俄罗斯逐渐被北约国家尤其是其他北极国家塑造为政治安全领域的存在性威胁。在此之后，北约对北极地区的关注度逐渐上升，但总体保持克制的态度，其政策主要聚焦于寻求有限合作，加强军事部署。

---

① Lev Voronkov, "The Arctic for Eight – Evolution of NATO's Role in the Arctic," Russia in Global Affairs, June 30, 2013, http：//eng.globalaffairs.ru/number/The – Arctic – for – Eight – 16058.

② Nigel Chamberlain, "NATO's Developing Interest in the Arctic," NATO Watch, Briefing Paper, No. 27, November 20, 2012, https：//natowatch.org/sites/default/files/briefing_paper_no_27_ – _nato_and_the_arctic.pdf.

一方面，北约与俄罗斯保持有限合作。2014年乌克兰危机之后，北极国家在安全领域同俄罗斯的合作受到了明显的限制，但在北极治理的商业等民事与功能性领域的合作得以保持。克里米亚"脱乌入俄"以后，北极国家开始将俄罗斯排除在北极安全部队圆桌会议和北极防长论坛之外。[①]北极安全部队圆桌会议和北极防长论坛是北极国家讨论安全议题的平台，其将俄罗斯排除在外意味着双方失去了交流北极安全议题的平台，双方误解与不信任可能性增加。但是，北极国家并没有将俄罗斯排除出北极理事会。2015年在美国担任北极理事会轮值国期间，俄美表示北极理事会不应讨论非北极外交冲突间问题，这使得北约北极国家仍能通过北极理事会和俄罗斯展开沟通。[②]尽管俄罗斯与北极国家的部分经济合作受到北约成员国对俄罗斯经济制裁的影响，北约部分国家与俄罗斯依然保持在北极地区的搜救、渔业、航运、北极理事会等功能性领域的合作。2016年，华沙峰会期间，北约成员国在面对面交谈中确定了北极不是北约面临的首要问题。[③] 2020年，认为北约应该发挥更大的作用的呼声增加，但北约负责国防投资的助理秘书长卡米尔·格兰德在采访中表示，"北约还没有走到那一步"，[④]再一次体现了北约对北极地区政策仍较为克制。

另一方面，北约开始加强在北极的军事存在。首先，设立新司令部。北约在2018年6月正式设立战役级联合作战指挥机构——诺福克联合部队司令部，并在2021年形成全面作战能力，增强北约在北大西洋和北极地区的日常战备水平。其次，加强防务合作。北约北极成员国充分利用其地缘

[①] 北极安全部队圆桌会议成立于2011年，宗旨是"建立对话，并就可能促进该地区和平进步与稳定的具体行动达成一致意见"，它是一个非条约实体，每年将北极八国以及英国、法国和荷兰的总军官聚集在一起，意在促进北极八国武装力量的高级官员与英国、荷兰和法国武装力量的高级官员之间的对话并增进双方的共识。北极防长论坛为北极国家的防长们提供每年一次的机会，就关键的安全问题或趋势交换意见和想法，是一个非正式但更具排他性的战略论坛。

[②]《美、俄表示北极理事会不应讨论非北极外交冲突问题》，极地与海洋门户，2015年4月30日，http://www.polaroceanportal.com/article/112。

[③]《北约应对北极地区事务作出表态》，极地与海洋门户，2016年7月14日，http://www.polaroceanportal.com/article/112

[④] Sebastian Sprenger, "NATO's Camille Grand on the alliance's Arctic tack," May 12, 2020, https://www.defensenews.com/global/europe/2020/05/11/natos-camille-grand-on-the-alliances-arctic-tack/?utm_source=Sailthru&utm_medium=email&utm_campaign=EBB%2005.12.20&utm_term=Editorial%20-%20Early%20Bird%20Brief.

条件，加强同美国、英国等具有先进军事力量国家的合作。2021 年，挪威同美国达成协议，美国有权不受阻碍地进入和使用挪威的四个军事基地，其中两个军事基地位于北极地区。另外，北约也加紧对接北欧五国的防务合作，将北欧五国之间在军备采购、人员培训、信息共享等领域防务合作纳入北约框架之下。同时，北约在北极地区开展军事演习频率大大提高。自 2018 年以来，北约开始在北极多次进行针对俄罗斯的大规模联合军事演习，其中最为著名的是 2018 年的"三叉戟接点"演习。这是北约自 1991 年以来最大规模的演习，共有 31 个国家参加，共计 5 万名士兵、250 架飞机、65 艘战船和 1 万多辆战车。[①] 此次演习中，美国"杜鲁门"号航空母舰罕见驶入北极海域，这是美国航母在冷战后首次进入北极地区。2020 年 5 月，北约开展联合海军打击演习，美国驱逐舰"波特"号、"唐纳德库克"号、"富兰克林罗斯福"号以及英国护卫舰"肯特"号进入巴伦支海。"波特"号和"唐纳德库克"号装备有"战斧"巡航导弹和"宙斯盾"导弹防御系统，对俄罗斯进行了抵近侦察，这是美英两国水面舰艇自 20 世纪 90 年代以来首次进入巴伦支海。[②] 同年 9 月，英国、美国、挪威等国组建联合编队进入巴伦支海，成为冷战后进入该海域规模最大的北约特遣部队。

（三）高调示强（2022 年至今）

2022 年俄乌冲突爆发后，北约进一步调整其在北极地区的政策，成员国希望北约发挥更大作用的意愿迅速提升，北约开始对北极地区采取激进的态度，政策主要聚焦扩张盟友、在北极地区塑造敌人并在北极治理中开展"排俄运动"。

北约北扩，再次扩充势力版图。2014 年乌克兰危机后，芬兰和瑞典加入北约的意愿日益加强。冷战后，芬兰和瑞典保持中立国的角色，尽管两

---

① 《数说北大西洋公约组织"三叉戟接点"军演》，新华网，2018 年 10 月 26 日，http://www.xinhuanet.com/world/2018-10/26/c_129979391.htm?agt=2337%27。

② Юрий Гаврилов, "Северный флот следит за кораблями НАТО в Баренцевом море," https://rg.ru/2020/05/04/severnyj-flot-sledit-za-korabliami-nato-v-barencevom-more.html.

国没有加入北约，却与北约通过"和平伙伴关系计划"保持了密切的联系。2022年俄乌冲突爆发后，芬兰和瑞典彻底改变中立立场，向北约递交了入盟申请。2023年4月4日，北约秘书长正式宣布芬兰成为北约第31个成员国，并明确将继续推动瑞典入约进程。① 芬兰与俄罗斯有长达1340公里的边境线，北伸北极圈，若瑞典也成功加入北约，北极八国中将有七个国家为北约盟友，北约将正式实现"北极北约化"。

北约力图排挤俄罗斯，在俄乌冲突爆发后第一时间全方位暂停与俄罗斯在北极地区的合作，并在北极地区渲染"俄罗斯北极威胁论"。乌克兰危机之后俄罗斯对北极地区的政策进行调整，加快了北极军备建设步伐，北约开始更多地从进攻性而非防御性角度看待和评估俄罗斯北极地区的军备建设行为。北约各国认为俄罗斯限制了北约自由活动的能力，进一步危害了大西洋的安全。在俄乌冲突爆发后，除俄罗斯外的七个北极国家共同发表《关于俄罗斯入侵乌克兰后北极理事会合作的联合声明》，七国宣布暂停参加北极理事会及其下属工作组的其他所有会议。② 自此，北极理事会被迫停摆，北约北极国家与俄罗斯在北极事务上的沟通渠道被阻断，北约意图将俄罗斯排除出北极地区的治理机制。即使2023年北极理事会恢复部分合作，但俄罗斯仍被排挤在外。

二、冷战后北约对北极地区的政策特点

（一）内容上：愈发关注"硬安全"

"硬安全"是指导弹防御、预警、部署海空军、战略威慑、通航自由、海洋监控等侧重于军事方面的安全。在北约重新关注北极地区之初，其多

---

① "Doorstep statement by NATO Secretary General Jens Stoltenberg ahead of the meetings of NATO Ministers of Foreign Affairs," https://www.nato.int/cps/en/natohq/opinions_213416.htm.

② "Joint Statement on Arctic Council Cooperation Following Russia's Invasion of Ukraine," March 3, 2022, https://www.state.gov/joint-statement-on-arctic-council-cooperation-following-russias-invasion-of-ukraine/.

次强调北约在北极地区的角色不会与"安全"联系在一起，而主要是监控可持续发展和政治稳定，认为在北极地区加强军事部署会影响北极的地缘政治环境，引发多极化冲突。2009 年，时任北约秘书长夏侯雅伯称，北约可以提供五个方面的帮助，包括信息和情报收集、营造稳定环境、提升国际和地区合作、对资源开发的管理工作提供支援以及支持保护关键性基础设施。北约不应当成为北极国家在领土、海洋权益主张的仲裁者，而应提供一个"论坛"，为北约北极国家提出、讨论并分享自身关心的问题创造便利。①

但是，2014 年乌克兰危机发生后，这种避北极地区"硬安全"不谈的政策逐渐改变，北极国家的安全焦点迅速转向俄罗斯与西方日益恶化的关系上。北约对俄罗斯的威胁感知更是在俄乌冲突后达到顶峰。2022 北约新版战略概念强调："俄罗斯是对北约安全和欧洲 - 大西洋地区和平与稳定的最重大和最直接的威胁。在高北地区，它有能力破坏盟军的增援和穿越北大西洋的航行自由，这是对联盟的一个战略挑战。俄罗斯在波罗的海、黑海和地中海地区的军事集结，以及与白俄罗斯的军事一体化，会挑战北约的安全和利益。"② 为了应对俄罗斯在北极地区军事基础设施的建设以及北极舰队的地位升级，北约不断加强在北极地区军事的"事实存在"。2021 年 5 月，俄罗斯北方舰队司令亚历山大·莫伊谢耶夫曾指出，"北约正在持续增加北极地区演习活动的强度和规模，这类演习的数量增加了 17%，侦察活动增加了 15%"。③ 美国、英国等北约盟国更是实现了冷战后的突破，首次派遣水面舰艇等进入北极地区。

（二）演变上：危机促变

北约作为冷战时期的遗产，俄罗斯一直是其重点关注的对象。尽管在

---

① "Speech by NATO Secretary General Jaap de Hoop Scheffer on security prospects in the High North," January 29, 2009, https://www.nato.int/cps/en/natohq/opinions_50077.htm.

② NATO, "NATO 2022 Strategic Concept," Adopted by Heads of State and Government at the NATO Summit in Madrid, June 29, 2022.

③ "Russian Northern Fleet's Commander Points to Increased NATO Activities in Arctic," Tass, Dec. 28, 2019, https://tass.com/defense/1104455.

冷战后很长一段时间里，俄罗斯寻求与北约开展合作与沟通，但进程缓慢，效果不佳。而俄罗斯是北极地区最大的国家，其北部狭长的海岸线直面北冰洋，约有1/5的领土位于北极圈以内，在北极地区具有重要的安全利益和事关国家复兴的经济利益。为了维护在北极地区的利益，俄罗斯不断加紧在北极地区的基础设施建设和军事存在，而这被北约视为维护北极地区利益的首要和最大的威胁。

纵观冷战后北约对北极地区政策的演变，2014年的乌克兰危机和2022年俄乌冲突是其政策发生变化的重要刺激因素。乌克兰是俄罗斯重要的地缘缓冲地带，俄罗斯在乌克兰危机及其进一步升级过程中的强硬态度，使得北约国家对俄罗斯的威胁感知持续增强，北约和俄罗斯的关系也进一步恶化。正是在乌克兰危机和俄乌冲突刺激下，北约对北极地区的政策做出调整，经历了由谨慎到克制再到激进的转变。

在危机促变的背景之下，北约对北极地区的政策也显示出了连贯性较弱的特点。危机性事件的爆发使得北约内部长期以来存在的分歧被掩盖，同盟凝聚力迅速增强。然而，俄乌冲突的爆发使同盟内部的分歧再次凸显，推进形成统一政策的动力下降，政策的落实难度上升。从关注"软安全"到关注"硬安全"，北约多次在不同非正式场合提及北极地区，呼吁增强在北极地区的声音也逐渐加大，"北极"或"高北"等关键词间断性地出现在北约峰会的宣言中，但至今，北约对北极地区也未形成明确而统一的政策。

（三）决策上：受内部分歧限制

北约是一个庞大的军事同盟，其成员国不仅有北极国家，还有大部分非北极国家。北约遵循的是"协商一致"的原则，但由于其成员在北极地区的利益并不完全相同，北约的北极政策在决策上呈现出受内部分歧限制的特点。

一方面，北约对北极地区政策的制定受到同盟内北极国家和非北极国家之间利益分歧的限制。北约对北极地区的介入能够使得北约国家一致对外，拥有更多的资源和力量与俄罗斯抗衡，但也要考虑到非北极国家的参与可能削弱北极国家在北极地区治理中的主导地位。一直以来，北极国家基于自身地缘优势，坚持认为北极治理是由北极国家主导的区域性事务，北极治理机制也应由北极国家主导，并不希望非北极国家过多地参与到北极治理当中。

另一方面，政策的制定还受到北极国家之间利益分歧的限制。北极国家最看重的是北约维持区域稳定的功能，这样可以帮助它们在北极地区最大化各自的利益。[①] 它们对北约在北极充当什么样的角色并没有形成统一的看法：挪威、冰岛对北约介入北极地区持支持态度，丹麦持谨慎态度，加拿大则经历了由坚决反对到支持的转变，美国主要关注自身能否在北极地区和北约中发挥领导作用。挪威希望依靠北约的支持，与俄罗斯在北极权益问题上讨价还价。但在和俄罗斯签订《俄罗斯联邦与挪威王国关于在巴伦支海与北冰洋的海域划界与合作条约》之后，挪威大大降低了使用北约成员国身份的热情。冰岛则看重北约在民事方面的供给，强调北极的非军事化，认为北约应该提升对北极的情况监控、发展军事民事能力以应用于北极灾害救援等应急行动。作为北极领土大国，加拿大在北极事务上更强调主权。在2014年以前，加拿大坚决反对北约介入北极，认为北约不是一个适合讨论北极事务的平台。但随着北极地区形势的恶化，加拿大的态度渐渐发生转变。2022年，北约秘书长在加拿大总理特鲁多的陪同下访问了加拿大极地地区，这显示出加拿大对北约参与北极事务态度的转变。

三、冷战后北约对北极地区的政策演变动因

（一）北约成员国的利益诉求

北约对北极地区的政策的改变主要缘于北约成员国对安全利益的诉求

[①] Helga Haftendorn, "NATO and the Arctic: is the Atlantic Alliance a Cold War Relic in a Peaceful Region Now Faced with Non-military Challenges?" European Security, Vol. 20, Issue 3, 2001, pp. 337 – 361.

和遏制俄罗斯发展的需要。此外，北约北极国家的态度转变也是北约得以向积极介入的方向转变的重要影响因素之一。

北约成员国对安全保障的共同利益诉求促使北约积极介入北极事务。在北约北极国家中，挪威本土东北部与俄罗斯接壤，"新北约国家"芬兰与俄罗斯拥有长达1340公里的边境线，如果发生紧急情况，它们都将直面来自俄罗斯的威胁。北极地区是北约国家与俄罗斯战机、导弹、核潜艇攻击对方的最短路径，北冰洋常年厚达数米的冰层，为战略核潜艇提供了天然隐蔽所，这是其他国家对俄罗斯在北极地区军事部署感到不确定的主要原因，而模糊的认知也使威胁感知加大。因此，北约对北极地区政策的首要目标和最低目标是通过威慑和防御，保障北约北极国家的安全。

借助联盟合力来遏制俄罗斯在北极地区的发展是北约成员国乐见其成的情况。由于北极地区恶劣的天气条件，北极地区的军事设施建设、军力部署以及人员训练等一系列活动都面临着花费多、难度大、耗时长、极具不确定性的困难。但俄乌冲突之后，俄罗斯在北极地区的实力增长逐渐进入快车道，目前已经形成了较为成熟的作战系统，包括具有独立军事行政地位的北方舰队、500多处军事基础设施、较为完善的防空网、北极战术群，以及具有压倒性优势的强大的破冰船队。因此，北约希望加紧介入北极地区，发挥盟友不同的优势，促成盟友间达成更深层次的合作，共同承担联盟义务，以遏制俄罗斯在北极地区的进一步崛起，避免"一家独大"的局面发生。

北约成员国在北极地区的利益诉求并不完全相同，因此，在俄乌冲突之前，成员国对北约介入北极存在较大的分歧。在北约北极国家中，加拿大与部分北约成员国存在主权争议，如加拿大与美国在育空地区和阿拉斯加州之间的波弗特海问题上存在主权争议，在迪克森海峡、胡安·德·富卡海峡、玛基亚斯海豹岛和北岩岛也存在划界争端。加拿大与其他国家在西北航道的性质上存在原则性分歧。美国希望将北极纳入其全球战略之中，将北极地区作为其维持全球霸权地位的其中一环。而其他北极国家因为自身科技水平、资金和军事实力及规模限制，则希望通过北约这个平台在北极地区扮演更重要的角色。英国、法国等北约非北极国家更是希望通过北约提高自身参与北极事务的合法性和参与度。此外，北约非北极国家的介入也引发北极国家对于自身既得利益的担忧。然而，俄乌冲突爆发后，来自俄罗斯的威胁使得北约盟国认为安全威胁高于一切，希望借助北约力量捍卫自身安全，因此，北约应该积极介入北极在这一时期成为成员国的共识。

（二）地缘政治事件的冲击

2014年的乌克兰危机和2022年的俄乌冲突是冷战后北约的北极地区政策调整的关键节点和重要动因，直接影响了北约对北极地区的政策调整。

2013年末，乌克兰爆发反政府示威活动；2014年，克里米亚举行公投并入俄罗斯，这一地缘政治事件使得欧洲地缘政治环境恶化，同时引发对北极再军事化的讨论，这成为北约意图积极介入北极事务的开端。俄罗斯认为北约在冷战后并没有信守承诺而持续东扩，美欧自始至终都没有接受俄罗斯融入欧洲安全体系，而是将俄罗斯当作"冷战的失败者"，以对待战败者的方式对待俄罗斯，不断压缩俄罗斯的生存空间。而以美国为主导的北约认为，克里米亚"脱乌入俄"是俄罗斯有意彻底改变冷战结束以来的安全秩序，因此，多个北约国家对俄罗斯实施了大规模的制裁。俄罗斯与北约关系的恶化打破了北约北极国家从前对北极再军事化的讨论的禁锢。北约北极国家直接将俄罗斯排除在北极安全部队圆桌会议和北极防长论坛之外，断绝与俄罗斯就北极安全问题沟通的渠道，仅保留在北极治理、经济商业领域等与俄罗斯有限的合作。

2022年俄乌冲突爆发，北约国家与俄罗斯的关系陷入冷战结束以来的最低点。西方国家陷入了"恐俄症"，北约将俄罗斯定义为最大和最直接的威胁，并视俄罗斯为"异质国家"。虽然北约已经通过不断东扩实现了对俄罗斯西南向的包围与遏制，但其并不甘心于这种单向包围与遏制，而是希望通过促使芬兰和瑞典加入北约，趁俄罗斯深陷乌克兰之际实现对俄罗斯的北向包围，破坏俄罗斯通过北极突破北约包围的战略构想。另外，波罗的海地区作为北约深入欧陆核心区的延伸地带，是美国、欧洲、俄罗斯争夺的焦点，也是北约抵近遏制俄罗斯的最前线。因此，如果能掌控该地区，北约就能够遏制俄罗斯进出大西洋的通道，特别是波罗的海能源供应链与物流链，进而常态化威胁圣彼得堡－莫斯科的国际经贸环境，进一步压缩俄欧合作的地理空间，破坏欧盟对俄罗斯的战略互补构想。①

（三）俄美北极竞争的加剧

冷战后，由于国内经济发展形势并不乐观，俄罗斯政府对偏远地区有效控制的能力相当有限。俄罗斯在北极地区关闭和舍弃了许多苏联时期留下的军事设施，北方海航道的运输量也急剧减少。在此背景下，美国对北极事务的关注度也大大下降，美国的北极事务似乎变成了阿拉斯加州的事务，②这使得北约对北极地区的政策制定失去了重要的领导者。

2014年乌克兰危机之后，俄罗斯加快在北极地区的军事部署。2014年12月，俄罗斯设立北极联合战略司令部，相当于俄罗斯的"第五军区"，管辖俄罗斯在北极地区的所有部队；2020年6月，普京签署法令，自2021年1月1日起，北方舰队成为独立的军事行政单位，进而获得"第五军区"的地位，这标志着俄罗斯完成了北极地区的军区划分。俄罗斯还通过在北极地区建立了五大兵种，使其拥有了一支能够在北极条件下开展独立、系统作战能力的武装力量。同一时期，奥巴马政府在2013年发布美国首份正式的北极战略报告《北极地区国家战略》，并于2014年和2015年先后两次发布《北极地区国家战略实施方案》，进一步落实美国北极战略。但在这一时期，美国开始谋求"重返亚太"，对北极的关注度仍较少。奥巴马政府时期的北极政策较关注在非传统安全领域的国际合作，并希望通过将俄罗斯纳入北极治理机制中来牵制俄罗斯在北极地区的行为，而特朗普政府时期的北极政策则贯彻其"美国优先"的原则，对带领北约对北极地区的政策作出谋划缺乏动力。在缺乏统一领导的情况下，北约成员国仍倾向于通过双边合作或多边合作在北极国家内部展开合作。在这一时期，

---

① 肖洋：《芬兰、瑞典加入北约对北极地缘战略格局的影响》，《和平与发展》2022年第4期。
② 孙凯、潘敏：《美国政府的北极观与北极事务决策体制研究》，《美国研究》2015年第5期。

俄美对北极地区的重视程度都在逐渐提升，俄美北极竞争态势初显。但由于北极仍然不是美国的战略重点，俄罗斯在北极的军事部署和经济开发都发展较快且受到阻碍较少，缺乏美国领导的北约在这一阶段对介入北极事务仍保持克制的态度。

2021年，俄罗斯将负责北极地区防务的北方舰队正式升级为与其他四大军区并列的独立军事行政单位，下辖专门负责北极作战的独立步兵第14集团军。可见，随着时间的推移，俄罗斯在北极地区再军事化的趋势逐步增强。在俄乌关系持续恶化的背景下，拜登政府于2022年10月7日发布了新版《北极地区国家战略》，这是美国第二次就北极问题发布重要战略文件。其中，拜登政府将安全问题列为美国北极战略"四大支柱"之首，多次提及通过"全政府"方式合力应对北极地区所面临的威胁与挑战。① 2022年8月，美国国务院宣布拟设立北极事务大使职务，4个月后，迈克尔·斯弗拉加被提名为北极事务大使候选人，这也进一步证明了美国对北极事务的重视。美国已经将北极战略纳入其国家战略，作为维护其全球霸权地位的一个支点，希望通过北极战略的布局，在地缘上进一步围堵俄罗斯，挤压俄罗斯的生存空间，并对俄罗斯形成战略威慑。

四、冷战后北约对北极地区的政策影响

（一）"北极例外主义论"日益失效

"北极例外主义论"强调，冷战结束后，北极地区作为北极国家间的"对话之地"和"合作之地"，已经远离域外地缘政治事件的影响，成为以区域治理、和平共存为主要特征的一块"特殊区域"。② 然而，自乌克兰危

---

① "National Strategy For Arctic Region," White House, Oct. 22, 2022, https://www.whitehouse.gov/wp-content/uploads/2022/10/National-Strategy-for-the-Arctic-Region.pdf.
② Juha Kaayla and Harri Mikkola, "On Arctic Exceptionalism," FIIA (Finnish Institute of International Affairs) Working Paper, No. 85, 2015, pp. 6-7.

机以来，北极独立于世界政治格局之外的美好设想被逐渐打破。在北约的克制下，虽然俄罗斯与西方国家的合作关系并未完全中断，依然保持在北极地区的搜救、渔业、航运、北极理事会等功能性领域的合作，但"北极例外主义论"失效已初见端倪。北约加强了其在北极地区的"事实存在"，通过设立军事指挥机构以及加强军事演习来应对俄罗斯对北约北极国家的威胁。俄乌冲突爆发后，北极理事会的停摆、北约北扩使得"北极例外主义论"已然失效。尽管北极理事会在设立之初就已经把安全议题排除在外，但其仍成为以美国为首的北约国家在北极地区制裁俄罗斯的工具。在"北极北约化"的背景之下，北约加强对北极地区的介入将使北极地区的治理"冷战特色"日益凸显，北极国家之间的合作将受到俄罗斯与北约变化关系的影响。

（二）北极安全格局向俄美两极发展

北约对北极地区采取更为积极的态度，这体现了美国重返北极的意愿的进一步提高。美国作为北约的主导国，其对北极地区政策的态度，在一定程度上能够对北约北极政策的内容产生重要影响。

瑞典和芬兰加入北约后，北极地区安全格局从冷战后"一超多强"的金字塔型格局，转变为以北约北极国家与俄罗斯为两端、芬兰和瑞典为缓冲带的哑铃型格局。[1] 近年来，俄罗斯在北极的军事能力有了长足进步，尽管尚未恢复到冷战时的水平，但俄罗斯在北极地区的体系化军事部署使其成为北极安全格局中的重要一极。而北约北极国家的核心是美国。得益于北约盟友在北极的协作和自身军事实力的增强，领导北约的美国正成为北极安全格局中的另一极。未来，北极的安全博弈将呈现出俄罗斯同以美国为首的西方国家竞争的"两极"格局发展。

---

[1] 肖洋：《芬兰、瑞典加入北约对北极地缘战略格局的影响》，《和平与发展》2022年第4期。

（三）北极治理走向"分而治之"

北极国家是最重要的北极治理主体，随着瑞典和芬兰加入北约，北约实现了"北极北约化"，俄罗斯被逐渐排出北极理事会、北极安全部队圆桌会议和北极防长论坛。北极国家间关系可能从合作逐渐走向对抗，而俄罗斯与其他北约北极国家的对立使得北极治理主体间关系出现异化。① 在未来的北极事务中，俄罗斯面对的将不再是某个单一的北极国家，而是北约的北极联盟，这将对俄罗斯在北极合作中的主动性和利益的获取造成巨大的负面影响。作为北极地区最重要的治理机制，北极理事会将俄罗斯排除在外将使其在北极治理中的核心地位受到削弱。俄乌冲突的爆发表明，将安全议题排除在外的北极理事会和现阶段以应对非传统安全为主的北极治理体系并不能完全适应形势变化。未来，北极国家达成合作的难度将进一步加大，北约对于北极日益激进的政策将促使对北极传统安全议题探讨的回归，也将使得北极治理机制更加多样。

五、北约对北极地区的政策前景

（一）短期：团结盟友，大力渲染"俄罗斯北极威胁论"

北极地区的合作本质上还是大国主导的合作，在短期内，以美国为首的北约不会放过乌克兰危机这个塑造外部敌人的大好机会，大力宣传俄罗斯在北极地区的威胁，并压制俄罗斯与其他国家在北极的合作。

俄乌冲突成为北约扭转其"脑死亡"的重要契机，北约有意将俄罗斯再次塑造成其同盟全方位的敌人，以此来巩固同盟的基础，在增强同盟存在的合法性的基础上提高盟友的向心力。在北极政策上也不例外，北约将

---

① 徐庆超：《俄乌冲突长期化及其对北极治理的溢出效应》，《当代世界》2022年第7期。

在短期内持续渲染俄罗斯所带来的威胁，通过增强盟友的"恐俄情绪"来弥盖盟友之间对北极地区不同的利益主张，将遏制俄罗斯作为成员国参与北极事务共同的优先项。2023年5月11日，挪威从俄罗斯手中接任北极理事会主席国。鉴于挪威对于北约介入北极事务的积极态度，短期内北约北极国家可能仍然拒绝俄罗斯回归北极理事会，俄罗斯与其他七国在北极事务上的合作可能暂停数年甚至数十年。[1] 失去与其他七国合作机会的俄罗斯将更多寻求同非北极国家在北极事务中展开合作。面对这种情况，为了制约俄罗斯在北极的进一步发展，"俄罗斯北极威胁论"将逐步成为北约国家的共识。

（二）长期：加紧介入，逐渐恢复与俄罗斯的有限合作

从长期来看，在大国战略竞争加剧的大背景下，北约的北极政策仍然会呈现以大国竞争为主、合作为辅的特点。北约将进一步介入北极，北约盟友会在支持北约加强在北极地区的军事存在以提供安全保障的基础上，恢复与俄罗斯的有限合作，将北极纳入北约全球战略中的重要一环。为了进一步提高北约在北极的军事协同能力，进而形成对俄罗斯的威慑，北约可能会考虑在北约设立北约北极司令部，增强盟友在外交、军事与信息分享上的合作，将美国、英国、德国、法国等国的军事力量引入北极，把挪威、冰岛、芬兰和瑞典等北极国家的区域知识和意大利等国家的技术专长相结合，更好地发挥盟友的专长，以更好地适应北极恶劣的军事作战环境，切实提高北约的介入能力。

然而，由于俄罗斯在北极地区的重要性，北约在北极"另起炉灶"、将俄罗斯完全排除出北极治理的可能性较小。俄罗斯的北极领土面积约为480万平方公里，[2] 是北极领土面积最多的北极国家，同时，北极海域的大

---

[1] Martin Breum, "Though official Arctic contacts with Russia are closed, an array of unofficial bridges could stay open," Arctic Today, Oct. 19, 2022, https：//www.arctictoday.com/though–official–arctic–contacts–with–russia–are–closed–an–array–of–unofficial–bridges–could–stay–open/?wallit_nosession = 1.

[2] "Арктические регионы России," https：//arctic–council–russia.ru/useful/?ysclid = lny7tvgvzh590115348.

部分位于俄罗斯的专属经济区或领土内,这使得俄罗斯成为重要的北极国家。而一个没有俄罗斯存在的北极治理机制的合法性和影响力是存疑的,暂停与俄罗斯合作将对北约在北极的发展造成负面影响。北约需要与俄罗斯在科学研究、气候变化、生物多样性等方面开展合作,获得来自俄罗斯的一手数据,才能对北极有进一步的了解认识,这也有利于北约进一步介入北极。北约与俄罗斯恢复在北极事务合作的时间以及程度将受到俄乌冲突的影响,但北约国家特别是北约北极国家对与俄罗斯恢复在低政治领域的有限合作仍保持着较高的意愿。

结　语

冷战以后,北约对北极地区的政策大致可以分为三个阶段,经历了从谨慎到克制再到激进的政策转变,政策聚焦也从军事机构调整、关注"软安全"领域,演变为以寻求有限合作、增加军事存在为主,并在2022年进一步北扩盟友,将俄罗斯塑造为北约在北极地区的威胁,并在北极治理机制中排挤俄罗斯。北约最初低调务实的态度可以认为是北约、俄罗斯与美国达成的一种微妙的平衡,而这种平衡在大国竞争加剧的背景下被逐渐打破。对于北约北极政策的制定,不仅北极国家与非北极国家存在博弈,北约北极国家之间也存在不同的利益诉求。而美国作为北约的核心国家以及领导者,其对北极和北约的重视程度和对北极的政策将很大程度影响北约能否弥合成员国的利益差异,形成统一连续的政策。可以预见,未来北极的区域治理将逐渐走向俄美共同领导,传统安全议题也将逐渐重回北极治理的议程中。北约对北极事务的介入已是大势所趋,未来,北约与俄罗斯在北极地区可能呈现出军事、主权等高政治领域相互竞争,经济、科学研究、文化保护等低政治领域保持合作的局面。

21世纪英国北极政策研究：
演进、特征、动因及展望

张佳楠[*] 张书华

【摘 要】 英国在21世纪先后经历了前北极政策时期（2000—2012年）、路径探索时期（2013—2017年）、战略转型时期（2018—2021年）和危机驱动时期（2022年至今）。参与北极事务可获得的潜在经济利益使英国在前北极政策时期对北极科研的投入增加，建立起其在北极科研领域的优势，为路径探索时期将科研与气候变化等低政治领域议题作为其北极参与的切入点奠定基础。随着英国脱欧后对外政策的转变，北极政策进入战略转型期，安全利益成为关注重心之一；在俄乌局势紧张的影响下，危机驱动使安全与意识形态成为英国北极政策的首要关切。然而，危机驱动下形成的具有强烈意识形态色彩的北极政策与英国一直声张的北极经济利益产生了背离。长期来看，在危机解除后，英国北极政策仍将受到综合利益诉求驱动，促进北极多边国际合作将回归英国北极政策的主线。

【关键词】 英国 北极 政策研究

引 言

英国与北极之间有着千丝万缕的联系。地理上，英国设得兰群岛的最

---

[*] 张佳楠，广东外语外贸大学国际关系学院国际组织与全球治理专业2020级本科生。

北端位于北极圈以南仅400公里处，这使得英国是北极八国之外地理位置上最靠近北极的国家。历史上，英国是最早在北极地区开展经济活动的国家之一。17世纪起，英国皇室特许设立的哈德逊湾公司从北极地区获取资源、赚取经济利益来支持英国的工业扩张。然而，在20世纪时英国对北极的关注一度降低，导致英国在进入21世纪以前，从未发布过正式的北极政策文件。

在进入21世纪后，随着全球化进展、气候变化和科技进步，北极地区的重要性逐渐显现。英国对北极的关注度也有所提升。随着北极地区对英国的重要性日渐提升，英国开始制定北极政策。由于英国是非北极国家，出于对北极国家在北极地区拥有的主权的尊重，① 英国在制定北极政策时，其文件正文用词十分谨慎，最大限度规避了在正文中使用"政策"（policy）指代文件主体，而使用了"政策框架"（policy framework）或者"框架"（framework）。② 英国北极政策框架由英国外交部发布，阐明了英国的北极利益、英国的北极参与方式和原则等，具有明显的对外政策特征，是英国在北极事务参与中的指导性文件和总体方针。因此，英国"北极政策框架"文件的内容代表了英国的"北极政策"。

2013年，英国发布了其第一个北极政策框架文件《适应变化：英国对

---

① "北极国家"指在北极圈以北拥有领土的国家：加拿大、丹麦（格陵兰岛）、芬兰、冰岛、挪威、俄罗斯、瑞典和美国；"非北极国家"与之相对，即除北极国家之外的其他国家。参见"The Rising Importance of Non‐Arctic States in the Arctic," Wilson Quarterly, Feb. 21, 2022, https://www.wilsonquarterly.com/quarterly/the‐new‐north/the‐rising‐importance‐of‐non‐arctic‐states‐in‐the‐arctic。

② 英国在发布《适应变化：英国对北极政策》时称"政府于2013年10月17日发布了北极政策框架（Arctic Policy Framework），阐述了对北极的总体方针"；同时，在《适应变化：英国对北极政策》的正文部分，均使用"本框架"（This framework）或"该政策框架"（This policy framework）指代本份文件，具体参见 Foreign & Commonwealth Office, "Adapting To Change: UK policy towards the Arctic," https://assets.publishing.service.gov.uk/government/uploads/system/uploads/attachment_data/file/251216/Adapting_To_Change_UK_policy_towards_the_Arctic.pdf。在发布《超越冰层：英国对北极政策》时提到该文件是对"北极政策框架的更新"；并在正文中强调该文件是英国"北极政策框架的第二版"（This second iteration of our framework）；同时，与《适应变化：英国对北极政策》类似，在《超越冰层：英国对北极政策》的正文部分，均使用"本框架"或"该政策框架"指代本份文件，具体参见 Foreign and Commonwealth Office, "Beyond the ice: UK policy towards the Arctic," https://assets.publishing.service.gov.uk/government/uploads/system/uploads/attachment_data/file/697251/beyond‐the‐ice‐uk‐policy‐towards‐the‐arctic.pdf。

北极政策》，成为世界上第一个发布北极政策文件的非北极国家。自 2013 年第一份北极政策框架文件出台以来，短短的 11 年间，英国政府已经发布了三份北极政策框架文件，表明英国对北极地区的政策发生了相当大的变化。英国的第三份北极政策框架文件，体现了英国面临着国际国内诸多不稳定因素的情况下的最新北极参与立场。

在英国北极政策框架不断演化的进程中，学界对于英国北极政策的研究也层出不穷。目前关于"英国与北极"这一领域的现有研究的特征十分明显。学界的研究主要聚焦于前两份北极政策框架文件，或阐明某一份北极政策文件的内容、背景与影响，[①] 或对"近北极国家"的北极政策进行比较研究，[②] 为中国政府的北极政策制定与实施提供参考措施及建议，[③] 或重点关注英国北极事务参与中某一领域的具体研究，如经济、国防、气候变化与环境保护等。[④] 从整体上看，学界在该领域比较缺乏对英国北极政策演进脉络的整体纵深的研究，即对政策演变过程中由国际国内背景的互动所导致的动因的具体研究。此外，截至目前，学界的研究中还没有基于英国政府于 2023 年 2 月 9 日颁布的第三份北极政策框架文件《展望北方：英国和北极》的研究。在今天看来，仅以 2013 年和 2018 年的两份北极政策框架文件作为主要分析对象显然不够与时俱进，不足以了解英国在北极地区的最新动向。

梳理英国北极政策的演进历程有助于在一个较长的时间范围内，以一

[①] 参见 Duncan Depledge, "Assembling a (British) Arctic," The Polar Journal, Vol. 3, No. 1, 2013; 鲍文涵：《利益分析视域下的英国北极参与：政策与借鉴》，《武汉理工大学学报（社会科学版）》2016 年第 1 期；陈燕：《英国北极政策的变化》，《战略决策研究》2022 年第 2 期。

[②] 参见徐俊、王箫轲：《近北极国家的北极政策比较研究》，《辽宁大学学报（哲学社会科学版）》2022 年第 2 期。

[③] 参见 Su Ping, Marc Lanteigne, "China's Developing Arctic Policies: Myths and Misconceptions," Journal of China and International Relations, Vol. 3, No. 1, 2015; 赵宁宁、周菲：《英国北极政策的演进、特点及其对中国的启示》，《国际论坛》2016 年第 3 期。

[④] 参见华寄霞：《16—19 世纪英国人对西北航路的探索》，四川师范大学 2021 年硕士学位论文；Duncan Depledge, "The UK and the Arctic: Forward Defence," Nov. 12, 2019, https://arcticyearbook.com/images/yearbook/2019/Scholarly-Papers/18_AY2019_Depledge.pdf; Martin Siegert, Sheldon Bacon, David Barnes, et al., "The Arctic and the UK: climate, research and engagement," Jun. 30, 2020, https://nora.nerc.ac.uk/id/eprint/528043/; Maxim I. Gutenev, "Science diplomacy of Great Britain in the Arctic," Mirovaia ekonomika i mezhdunarodnye otnosheniia, Vol. 64, No. 2, 2020。

个更为宏观的视角加深对英国北极政策的认识；分析其在北极地区的立场变化同样有助于增加对英国整体对外政策及其外交关系的认识。因此，本文将以三份英国的北极政策框架文件为分析主体，分析英国北极政策演进脉络、发展变化的动因，对其北极参与的前景做出展望。

一、英国北极政策的演进

英国先后于2013年、2018年和2023年发布了三份北极政策框架文件。该三份文件的内容之间呈现出继承与发展的特征。21世纪英国北极政策的演进过程主要有四个阶段：前北极政策时期（2000—2012年）、路径探索时期（2013—2017年）、战略转型时期（2018—2021年）与危机驱动时期（2022年至今）。

（一）2000—2012年：前北极政策时期——北极重回战略视野

在两次世界大战之后，随着英国自身实力相对衰落，英国的全球影响力呈现收缩趋势。尤其在二战后，英国殖民帝国在全球非殖民化浪潮的冲击下迅速瓦解，极大地削弱了英国在全球事务中的参与能力。因此，20世纪时英国整体上在北极地区的活动相对较少，主要出于两个原因：第一，英国更多将治理重心放在国内的战后恢复和经济社会秩序重建上；第二，英国缺乏更强盛的经济影响力和独立的全球军事投射能力。直至进入21世纪的最初几年，英国对北极地区的关注度仍然保持在较低水平。

直到2006年，随着英国的北约盟友挪威开始在北极地区举行"寒冷反应"军事演习，北极才逐渐回归英国的战略视野。影响英国对北极态度的关键事件发生于2007年，俄罗斯海底"插旗"事件使北极重回地缘政治的关注焦点，英国国内对北极的关注度再度提升，开始引发英国国内关于是否需要制定北极政策以协调英国在北极的利益的讨论。

2008年3月，英国外交部召开了"北极-英国利益攸关者"会议，讨论了英国在北极地区涉及气候变化、环境保护、渔业、航运等多个方面的利益，审查了英国过往在北极地区活动的情况。2011 年 12 月，科学技术基金会发布了《知识付诸行动：北极地区的发展》圆桌讨论的会议记录，其附件中包含一份由英国外交和联邦事务部署名的名为《英国与北极：英国政府政策摘要》的文件，该附件内容表明了英国政府在北极关注的重点议题为北极治理与合作、北极科考、气候变化、航运、能源矿产资源、原住民权益和环境保护。① 虽然这份附件文本没有在政府官方网站发布，仅作为会议记录的附件出现，受到的社会关注度较低，但是"外交和联邦事务部"的署名仍然表明了该文本的官方性质。《英国与北极：英国政府政策摘要》中只将关键要点列出，内容较为单薄简练，可以看出仅是一份雏形文件。不论内容详细与否，《英国与北极：英国政府政策摘要》是英国政府首次以文本形式落实了英国在北极地区的关注事项，简单阐明了其在北极地区的利益关切。

基于此份《英国与北极：英国政府政策摘要》，2012 年 9 月 12 日，英国下议院环境审计委员会发布了《保护北极》报告，本报告可以被视作英国即将出台北极政策的先兆。《保护北极》报告阐述了北极环境变化的影响和英国的具体关切，称英国对作为"国际公认的环境保护区"的北极拥有保护责任，但英国在北极事务参与中的角色仍然有待商榷；认为英国可以充当调解北极理事会成员与其他国家之间的关系的调解者，同时充分利用英国先进的北极科学技术和研究成果作为加强环境保护合作的基础，以及建立英国政府的北极战略。②

（二）2013—2017 年：路径探索时期——明确北极治理方针

2013 年 1 月 9 日，英国政府发布对下议院环境审计委员会的报道的回

---

① "Knowledge into action: development in the Arctic Region," The Foundation for Science and Technology, https://www.foundation.org.uk/getattachment/f06d4a55 - 96d0 - 44ff - bb96 - 9835562cb892/20111214_summary.pdf.

② "Protecting the Arctic - Second Report," The House of Commons Environmental Audit Committee, https://publications.parliament.uk/pa/cm201213/cmselect/cmenvaud/171/17102.htm.

应,该回应中明确了英国政府对英国在北极事务中的定位。回应对英国在北极事务中的地位进行了表述——英国是"在该地区拥有悠久历史和环境、政治、经济与科学利益的近邻",是"北极和北极国家的好邻居"。在本次回应中,英国政府认为其制定类似于北极国家制定的北极战略是不合适的,因为英国政府对北极没有管辖权;但出于对英国在北极的利益的考量,英国政府计划在2013年制定并发布一份"北极政策框架"文件。此外,在该回应中,政府也表达了在未来参与北极事务的方向:英国将以北极环境保护和北极科学研究作为其北极治理的切入点,倾向于和北极国家在北极事务中保持密切的合作,并高度重视其作为北极理事会观察员国的地位,确保其利用这一身份为北极理事会的工作作出贡献。①

基于《保护北极》报告及其回应的相关内容,英国政府于2013年10月17日出台第一份北极政策框架文件《适应变化:英国对北极政策》。英国发布《适应变化:英国对北极政策》是非北极国家首次出台北极政策。英国政府在回应中提到的英国在北极事务中的身份定位——"北极的近邻",在该政策框架中以白皮书的形式落实成文,成为英国后续在北极事务参与中的身份与合法性基础。

此外,《适应变化:英国对北极政策》阐明了英国在北极关注的利益重心是气候变化、环境保护和经济发展;② 并确立了英国参与北极治理的根本性原则,即英国在北极开展国际合作的方式建立在三大支柱之上:第一,尊重北极国家的主权,尊重在北极生活和工作的人们的观点和利益;第二,在应对气候变化和国际科学合作等领域上发挥领导作用;第三,与所有其他北极利益相关者的合作。

(三) 2018—2021年:战略转型时期——安全逐渐成为重心

英国外交和联邦事务部于2018年4月4日发布了一份名为《超越冰

---

① "Protecting the Arctic: Government Response to the Committee's Second Report of Session," UK government, https://publications.parliament.uk/pa/cm201213/cmselect/cmenvaud/858/85804.htm.

② "Adapting to Change: UK policy towards the Arctic," Foreign & Commonwealth Office, https://assets.publishing.service.gov.uk/government/uploads/system/uploads/attachment_data/file/251216/Adapting_To_Change_UK_policy_towards_the_Arctic.pdf.

层：英国对北极政策》的北极政策框架。《超越冰层：英国对北极政策》的基础原则和《适应变化：英国对北极政策》相同，即尊重北极原住民和北极国家的权利和利益，同时在合作科学方面发挥领导作用。[1]

在继承了《适应变化：英国对北极政策》内容的基础上，《超越冰层：英国对北极政策》的整体结构也有所调整，主要体现在两个方面：第一，《超越冰层：英国对北极政策》将"全球英国"愿景列为其内容版块之一，将英国的北极活动与其"全球英国"政策的外交事务方式联系起来，在北极地区参与科学研究、商业投资、环境保护和国际合作等领域的事务，将确保英国在脱欧后的北极事务中继续发挥积极作用，构建其全球影响力；第二，《超越冰层：英国对北极政策》的目录中已经出现了"国防"这一用词，并在"国防"这一小节中表达了对"北极国家在北极的军事能力建设使未来变得不确定"的担忧。[2]

因此，英国自2018年起，将维系北极地区的和平与稳定作为其对全球治理的贡献，其以提升在脱欧后的全球影响力为出发点，对北极事务的安全防务方面表现出了明显的偏好。从英国的表态与行动上看，英国开始在官方表述中声索英国在北极地区的国家安全利益。2018年8月15日，英国下议院国防委员会单独发表了《薄冰之上：英国在北极的防御报告》，强调了在高北地区发展国防的重要性。[3] 同年9月30日，英国防长加文·威廉姆森宣布英国即将发布北极防御战略，承认英国在该地区军事活动增

---

[1] "Beyond the ice: UK policy towards the Arctic," Foreign and Commonwealth Office, https://assets.publishing.service.gov.uk/government/uploads/system/uploads/attachment_data/file/697251/beyond-the-ice-uk-policy-towards-the-arctic.pdf.

[2] "Beyond the ice: UK policy towards the Arctic," Foreign and Commonwealth Office, https://assets.publishing.service.gov.uk/government/uploads/system/uploads/attachment_data/file/697251/beyond-the-ice-uk-policy-towards-the-arctic.pdf.

[3] "On Thin Ice: UK Defence in the Arctic," UK Parliament Ministry of Defence, https://publications.parliament.uk/pa/cm201719/cmselect/cmdfence/388/38802.htm.

其参与北极事务的首要地位。《展望北方：英国和北极》作为第三份英国北极政策框架文件，整体框架继承自《超越冰层：英国对北极政策》。然而，相较于《超越冰层：英国对北极政策》温和的、倾向于实现国际合作的价值取向，《展望北方：英国和北极》则具有明显的意识形态竞争色彩，包含了对"北约"、西方"民主价值国家"与俄罗斯之间在北极治理中的明显对立局势的塑造；并基于北极国防目标，再次重申了英国在北极的安全利益，对2022年英国高调军事进入北极进行政策化表述；《展望北方：英国和北极》明确了英国在北极的基础设施和人员是英国的最重要的安全利益关切，属于国防范畴，并且强调英国在北极持续增长的国家利益需要与北约盟友建立更紧密的合作来实现。

因此，在俄乌局势恶化后，英国的北极事务参与以《英国高北地区的防务贡献》和《展望北方：英国和北极》两份文件的内容为主基调，以安全利益与意识形态利益为首要关切，大幅增加在北极地区的安全防务作业。作为英国北极国防战略的一部分，英国向北极派遣配备专门监视技术的P-8"波塞冬"海上反潜巡逻机，专门用于监视俄罗斯的潜艇活动。①除派遣巡逻机与增加水面潜艇等进入北极以外，英国协同其北约盟友在2022年开展了多次军事演习；与北极非北约的伙伴国家也开展联合军事训练、增加在军备部署方面的协同：2022年11月，英国派遣"机警"号核潜艇和"诺森伯兰"号护卫舰参与芬兰、挪威举行的"群舰2022"军演；② 2022年12月，英国、德国与瑞典签订联合采购436辆贝宜系统BvS10型号全地形车的协议，该类新型地形车可以穿越雪、冰、岩石、沙子、泥浆或沼泽，以及陡峭的山区环境，具备水陆两用性质，保证了三国在北极作战中运送人员和物资的能力以维持战略、战术和作战的机动性。③

---

① "New British Arctic Strategy: Deploying Submarine - Hunting Aircrafts to the Arctic," High North News, https://www.highnorthnews.com/en/new-british-arctic-strategy-deploying-submarine-hunting-aircrafts-arctic.

② "Large Army and Navy Exercises in the Nordic Region This Late Fall," High North News, https://www.highnorthnews.com/en/large-army-and-navy-exercises-nordic-region-late-fall.

③ "Sweden, Germany, United Kingdom jointly acquire 436 BAE Systems BvS10 all-terrain vehicles," BAE Systems, https://www.baesystems.com/en/article/sweden-germany-united-kingdom-jointly-acquire-436-bae-systems-bvs10-all-terrain-vehicles.)

近期，英国皇家海军于 2023 年 3 月 8 日宣布已与挪威达成协议，在挪威北部特罗姆瑟以南约 120 公里处的厄瓦勒格德村附近建立一个新的北极作战行动基地，作为对英国 2023 年新北极政策框架文件中加强对高北地区安全承诺、增强与北约盟友合作的实际举措。①

英国在 2022 年以高调的形式强势增加在北极地区的事实军事存在，在 2023 年公布的《展望北方：英国和北极》中树立了俄罗斯作为北极稳定的威胁源头的形象，一方面反映了英国在俄乌局势恶化导致北极安全秩序紧张的背景下的危机应对，另一方面也反映了英国作为北极"近邻"，事实上成为了北极七国以北约或双边的防务协议的形式拉拢重新建构北极安全秩序的"伙伴"，以制衡俄罗斯作为北极"超级大国"的安全威胁。英国与北极地区盟友当前的安全利益高度重合，共同将俄罗斯等国视为北极地区安全秩序恶化的诱因。加强与北极地区"志同道合"的盟友与伙伴国家的安全联系符合英国与北极七国重塑北极地区安全秩序的共同愿景。

然而，《展望北方：英国和北极》以意识形态划分北极国家、将安全利益确定为英国在北极地区的最高关切，实际上冲抵了《适应变化：英国对北极政策》《超越冰层：英国对北极政策》两份文件中确定的经济利益和环境利益的重要性，打破了前两份文件确定的促进北极国际合作的原则，在低政治领域确保和北极国家展开全面合作成为英国北极政策中的次要议题。英国北极政策框架文件成为服务于传统权力政治和意识形态竞争的单薄文本。

三、英国北极政策阶段性特征转变的动因

英国的北极政策框架文件是由外交部制定与发布的，属于英国对外政策的一部分。总的来讲，制定和修订对外政策的动因都基于彼时彼刻作为

---

① "New Arctic operations base for UK Commandos," Royal Navy, https://www.royalnavy.mod.uk/news-and-latest-activity/news/2023/march/08/230308-campvikingnorway.

统一行为体的英国的全局利益考量。国家对于对外政策一般有七种利益期待：保护海外公民、塑造海外身份、维持稳定、促进繁荣、就海外干预做出决策、达成一个稳定的国际秩序和保护全球公共事务。[1] 英国对其北极政策的期待同样如此。制定北极政策、满足利益诉求成为推动英国北极政策演进的首要动因。

此外，英国作为国际社会的一个行为单元，国际社会中的危机事件对国际环境的改变将对英国政府决策造成影响。在对外政策决策研究中，国际危机通常被定义为威胁或改变决策者的优先目标的情景，并且在该情境下决策时间通常较短。国际危机对对外政策最显著的影响是改变了国际环境，从而影响了决策者对国家利益的初始判断。[2] 适应危机事件带来的国际环境变化成为推动英国北极政策演进的第二大动因。

（一）利益驱动

进入21世纪以来，随着气候变暖和科技进步，北极地区的可利用价值愈加显露。英国将自己定位为"北极的近邻"，地理位置的邻近性也使得英国在北极地区有众多的利益关切。英国在北极的利益诉求驱动英国政府制定北极政策框架文件，参与北极事务。

英国在北极最重要的关切可以分为三种：第一，经济利益，主要诉求为参与和促进能源和航道开发，满足英国对繁荣和稳定的需求。第二，安全利益，主要体现为应对北极地缘形势的变化，与北约盟友合作应对来自俄罗斯的安全威胁，满足英国对国土、盟友和公民安全的保障需求。第三，环境利益，在北极地区扩大对气候变化议题的参与，一方面有利于英国塑造环境议题中"全球领导者"的海外身份形象；另一方面有利于降低国土与公民可能受到的潜在的来自气候变化的负面影响。

---

[1] ［英］克里斯托弗·希尔著，唐小松、陈寒溪译：《变化中的对外政策政治》，上海人民出版社2007年版，第46—47页。
[2] M. J. Driver, "Crises in Foreign Policy: A Simulation Analysis," American Political Science Review, Vol. 64, No. 3, 1970.

1. 经济利益：开采已探明的能源矿产和开发潜在的新航道

经济利益是进入 21 世纪后北极地区重回英国战略视野的重要原因。英国在北极地区潜在的经济利益主要集中于能源和航道两个方面。

（1）能源利益

英国希望可以通过北极解决其能源问题。20 世纪中叶，在巴伦支海地区发现了大量油气资源。据美国地质调查局估计，北极圈内可能蕴藏着 1600 亿桶石油和地球上 30% 的未探明天然气。① 北极地区的能源逐渐被探明，英国的北海油田却逐渐到达开采量极限，英国本土能源矿产产量不断下降，导致英国能源产量和需求之间产生巨大缺口。在 21 世纪，英国逐渐成为世界上天然气和石油能源进口量最大的国家之一，② 但其境内的跨国公司，如英国石油公司，仍然拥有着世界先进的石油和天然气开发技术和设施。在这种情况下，涉足北极的能源开采对英国的能源安全建设具有重要的战略意义。为此，英国石油公司活跃于北极地区，通过建立子公司和与其他公司交换股权的方式，与俄罗斯、挪威的国有石油企业在北极地区展开能源合作。自 2011 年以来，英国石油公司持有俄罗斯石油公司 19.75% 的股权，在喀拉海地区石油勘探和开采中有多项合作项目；③ 2021 年，英国进口天然气中约 77% 来自挪威。④

（2）航道利益

北极有待开发的潜在航道对英国未来的全球经济版图布局具有重要利益。在航道方面，随着科技进步和全球气候变暖，进入 21 世纪之后开辟北冰洋航线的可能性逐渐上升。英国的地理位置位于北大西洋，靠近北冰洋

---

① "Who owns the Arctic and should they drill for oil and gas," BBC, https://www.bbc.com/news/world-61222653.

② "United Kingdom 2021 Primary energy data in quadrillion Btu," US. Energy Information Administration, https://www.eia.gov/international/overview/country/GBR.

③ "Rosneft and BP form global and arctic strategic alliance," British Petroleum, https://www.bp.com/en/global/corporate/news-and-insights/press-releases/rosneft-and-bp-form-global-and-arctic-strategic-alliance.html.

④ "Imports of fossil fuels from Russia," House of Commons Library, https://commonslibrary.parliament.uk/research-briefings/cbp-9523/.

与北大西洋的交汇处，位于探索北极新航线的有利位置。作为岛国，英国对外贸易对海运的依赖极强。开辟北极航线有利于缩短大西洋与太平洋之间的时空距离，使英国的进出口贸易成本显著下降。据估计，相较于通过巴拿马运河和苏伊士运河的远洋航线，北极航线预计使欧亚海运成本下降11.6%—27.7%。[1] 为此，英国在苏格兰北部的奥克尼群岛建立了大型的集装箱转运港口，以期在将来最大限度发挥苏格兰地区的地理优越性，成为全球自由贸易的转运中心。

因此，经济利益是英国制定北极政策框架文件演进的重要驱动因素。英国在2013年制定《适应变化：英国对北极政策》政策框架为英国声张其在北极地区的能源利益提供了便利，英国企业也凭借该政策框架获取政府的大力支持开始活跃在北极地区。与英国官方在《适应变化：英国对北极政策》中将"环境保护"作为英国参与北极事务中的切口相对应的是，英国石油公司同样以实现可持续发展、推动能源结构绿色转型作为其参与北极能源开采的重要原则，通过英国在石油开采领域拥有的尖端技术为减少碳排放、建立绿色新产业作贡献。此外，在2018年的《超越冰层：英国对北极政策》政策框架中，英国主张北极是其实现"全球英国"愿景的重要方面。这与英国在北极的航道利益相辅相成。对于英国而言，北极航线的成功开辟，一是将再次推动英国成为欧亚贸易转运集散的地理中心之一，带来巨大的过境利益的同时提振英国在全球贸易中的运输地位；二是可以促进英国苏格兰地区北部靠近北极圈一带的旅游业发展，给英国放缓的经济活力提供新的增长点。

2. 安全利益：应对北极地缘形势变化和俄罗斯的安全威胁

由于国际环境的变化，北极地区的国防安全问题引起英国政府的注意，推动了英国北极政策的战略转型。在2014年乌克兰危机之后，西方国家与俄罗斯之间出现外交对峙。英国与俄罗斯之间分歧增加、关系恶化，俄罗斯潜在的对英国防与安全的威胁引起英国上下的关注。2017年，英国

---

[1] 张侠、屠景芳、郭培清、孙凯、凌晓良：《北极航线的海运经济潜力评估及其对我国经济发展的战略意义》，《中国软科学》2009年第S2期。

防长公开表达了对俄罗斯潜艇在北大西洋活动的担忧,特别是在"格陵兰-冰岛-英国"缺口地区的活动。[1]"格陵兰-冰岛-英国"缺口地区对英国皇家海军尤其重要,因为欧洲北方的国家如果要进入大西洋海域有两条路径,一是通过防守容易的英伦海峡,二是通过冰岛两侧的其中一条航道,"格陵兰-冰岛-英国"缺口地区即为后者。此外,"格陵兰-冰岛-英国"缺口海域还保有大量欧洲和北美之间的海底通信线路,一旦受到破坏,将重创国际金融贸易与网络通信。这种担忧使英国政府关注到俄罗斯在北大西洋的潜艇活动与北极直接相关,因为俄罗斯北方舰队的基地位于科拉半岛。此外,自2017年底以来,中美双边关系战略竞争态势愈加明显,中美关系下行。作为美国的亲密盟友,英国开始对中国在北极地区提出的冰上丝绸之路主张、中俄在北极航线开辟中的合作等动作予以密切关注。

在乌克兰危机爆发、英俄关系恶化和中美战略竞争态势明朗化三大背景下,北极地区地缘竞争以美俄为首的两极分化态势也愈加明显。作为北约成员国,与北约盟国加强安全防务合作,增强对俄罗斯的延伸威慑是英国国防战略的核心之一。[2] 俄罗斯在北极地区的军事建设和2022年俄乌冲突愈加激化了在北极地区的地缘竞争。英国在北极地区的国防安全问题触及到英国政策制定者的神经,最终促使英国北极战略转向深入涉足高政治领域的安全议题,并通过深化与北约盟友的合作,进一步在防务上制衡俄罗斯作为唯一北极军事大国的地位。

3. 环境利益:降低气候变化负面影响和发挥全球领导作用

气候变化是一个全球性问题,对全球具有广泛影响。作为高纬度海洋性气候国家,英国极易受到北极天气变化的影响。例如,在气候变暖、冰川融化加速的影响下,自20世纪初以来,英国周围的平均海平面每年上升

---

[1] "Russia a 'risk' to undersea cables, defence chief warns," BBC, https://www.bbc.com/news/uk-42362500.
[2] "Defence in a competitive age (accessible version)," UK Ministry of Defence, https://www.gov.uk/government/publications/defence-in-a-competitive-age/defence-in-a-competitive-age-accessible-version.

约1.4毫米；2009年和2010年苏格兰地区的极端寒冬是北极温度变化的结果。极端天气和海平面上升都直接对英国的生态系统产生了负面影响。①照此趋势继续下去，可能会影响英国的区域经济，如苏格兰渔业。气候变化对英国产生的直接影响使英国公众关注到北极地区对英国的重要性，促使英国政府从环境利益着手切入北极事务。北极理事会在2010年认识到北极气候变化的影响超出了该地区，因此不在北极范围内的其他国家政府也在北极气候中获得了一定话语权，作为北极理事会观察员国的英国抓住了机会，利用观察员身份和英国先进的科研设施与能力，从环境领域介入北极治理，并于2013年出台《适应变化：英国对北极政策》。在2013—2023年的三份政策框架文件当中，保护北极环境、减轻气候变化的影响始终是英国北极政策框架文件的政策目标之一。

此外，英国还致力于在应对气候变化问题上发挥全球领导作用。气候变化一直是英国对外政策中一个被"工具化"和"地缘政治化"的议题。② 英国外交部曾在2008年发布的《更好的世界，更好的英国》部门报告中强调，由于气候变化问题的全球性，发挥英国在应对气候变化问题上的关键作用是英国"成为21世纪世界中心"政策目标的关键组成部分。③在"全球英国"政策中，继续保持在气候变化领域的国际领导角色是持续发挥英国全球影响力的重要手段。④ 北极地区由于其气候脆弱性，以及与英国的地理邻近性，成为英国建构其气候变化议题上全球领导者形象的关键一环，英国在北极环境保护议题上的利益不可小觑。英国的北极政策致

---

① "Changing Climate," Scotland's Environment, https：//www. environment. gov. scot/our - environment/climate/changing - climate/.

② Irma Indrayani, Dinar Iftinan, "Constructivism's Relevance to the United Kingdom as A Global Climate Leader: A Case Study Of Climate Change Issue As UK's Foreign Priority In 2021," Journal of Governance, Vol. 7, No. 4, 2022.

③ "Departmental Report 1 April 2007 - 31 March 2008: Better World, Better Britain," Foreign & Commonwealth Office, https：//assets. publishing. service. gov. uk/government/uploads/system/uploads/attachment_data/file/228807/7398. pdf.

④ "Global Britain in a Competitive Age: The Integrated Review of Security, Defence, Development and Foreign Policy," UK Government, https：//assets. publishing. service. gov. uk/government/uploads/system/uploads/attachment_data/file/975077/Global_Britain_in_a_Competitive_Age - _the_Integrated_Review_of_Security__Defence__Development_and_Foreign_Policy. pdf.

力于通过维护北极地区的多边气候合作、确保进入该地区获取资源的途径的安全、可持续和环境友好，在北极环境和气候事务中发挥作用。

（二）危机驱动

2013—2023 年，英国脱欧改变了英国北极参与的方式，使英国在北极成为独立的域外行为体；俄乌局势恶化使得北极地区安全秩序中美俄对立倾向加剧，安全关切和地缘竞争成为英国北极政策的优先事项。英国脱欧和俄乌局势恶化对国际环境的改变，使得这两大国际危机成为影响英国北极政策决策的关键事件，是推动英国北极政策特征产生变化的重要动因。

1. 英国脱欧

2016 年 6 月 23 日脱欧公投结果公布对英国对外政策决策产生了巨大的连锁效应。对英国国内而言，脱欧将英国国内政党政治碎片化、金融经济的不稳定性、国家分裂等问题暴露出来，英国政府将花费部分时间与精力以稳定国内社会的情绪、应对苏格兰的独立问题。对于国际社会而言，脱欧之后的英国将全面退出以欧盟整体角色参与的国际机制，面临着与数十个国家的贸易协定重新谈判等问题。表现在北极治理当中：英国将不再作为欧盟的北极政策的成员之一，英国将不再适用于欧盟北极政策中共同渔业政策的部分，英国和欧盟成员国的海洋疆域边界将变得实体化，随着英国加入欧盟而被暂停的渔业纠纷可能会重新浮出水面，[①] 英国和欧盟之间的北极科研合作的资金问题也变得复杂起来。[②]

在脱欧背景下，一方面，英国内政受到脱欧冲击动荡不安，在不稳定的经济社会环境下有多少精力可以分配给北极治理是一个亟待讨论的问题；另一方面，英国在北极治理中的参与能力因为不再受到欧盟的加持，

---

① "Fears grow of new 'Cod wars' under no‑deal Brexit," AL Jazeera, https：//www.aljazeera.com/features/2019/1/10/fears‑grow‑of‑new‑cod‑wars‑under‑no‑deal‑brexit.

② "UK scientists dropped from EU projects because of post‑Brexit funding fears," The Guardian, https：//www.theguardian.com/education/2016/jul/12/uk‑scientists‑dropped‑from‑eu‑projects‑because‑of‑post‑brexit‑funding‑fears.

显得更加势单力薄。因此，脱欧给英国带来的最显著的特征是其在北极事务中的参与能力受到直接冲击。在这种情况下，英国在脱欧之后选择与其北约盟友中的北极国家，包括美国、丹麦、挪威、冰岛和加拿大，开展更加紧密的合作。英国在2018年《超越冰层：英国对北极政策》中明确表示，北约盟友是其北极成员国之间合作的"核心支柱"。① 2018年10月25日至11月7日，英国参与北约在北极举行"三叉戟接点2018"大规模军事演习。本次演习是北约1991年以来最大规模的演习，约5万名士兵、250架战机、65艘战船和1万多辆战车参与其中。② 2020年9月，英国与美国、挪威等北约盟国组建联合部队进入巴伦支海活动，成为冷战后进入该海域规模最大的北约特遣部队。③

2. 俄乌局势紧张

2022年2月24日，俄乌局势的陡然紧张使北极治理框架发生断裂，北极地区地缘竞争加剧、治理机制停摆等问题冲击着北极地区的安全秩序，以美国为首的北极七国与俄罗斯之间的对峙使北极地区的权力结构愈加趋近于"俄罗斯－北约"的二元结构。④ 在这种安全秩序的转变当中，英国是美国最亲密的盟友；而英俄关系在2014年乌克兰危机后一直处于历史低点，英国在2021年3月发布的综合评估报告中，直言不讳地将俄罗斯称为对英国安全的"最严重威胁"。⑤ 因此，尽管英国作为北极域外国家，但与北极国家之间千丝万缕的关系仍然将英国卷入了失衡的北极安全秩序当中。英国与俄罗斯之间在北极地区能源、科研、合作开发新航线、渔

---

① "Beyond the ice: UK policy towards the Arctic," Foreign and Commonwealth Office, https://assets.publishing.service.gov.uk/government/uploads/system/uploads/attachment_data/file/697251/beyond-the-ice-uk-policy-towards-the-arctic.pdf.
② "Trident Juncture 2018," NATO, https://www.nato.int/cps/en/natohq/157833.htm.
③ 《伦敦带领自冷战以来最大规模的北约特遣部队进入巴伦支海》，极地与海洋门户，2020年9月17日，http://www.polaroceanportal.com/article/3337。
④ 参见徐庆超：《建构主义视角下的俄乌冲突与北极国际合作：新的断裂期?》，《俄罗斯研究》2023年第1期；徐广淼：《从"例外论"到"长和平"：变局中的北极秩序前景展望》，《俄罗斯研究》2023年第1期。
⑤ "The Integrated Review 2021," UK Government, https://www.gov.uk/government/collections/the-integrated-review-2021.

业、适应气候变化和环境保护等领域具有共同利益。① 由于危机而中止合作对英国而言代价高昂，最显著受到冲击的是英国的能源供给。在危机背景下，英国的能源供给受到影响，境内天然气和电力供应价格在2022年4月高达54%，创下了自1988年的系列记录以来的最大涨幅。②

然而，作为危机响应，英国的态度却十分坚决，对英俄之间所有负面影响和共同利益视而不见。英国与俄罗斯的北极官方接触全部暂停，至今仍未恢复。英国石油公司宣布出售其拥有的俄罗斯石油公司的18.75%的股份，并暂停双方共同在北极的合作。③ 在《展望北方：英国和北极》中也直言俄罗斯是导致北极在高政治领域史无前例的紧张的首要原因。英国在北极事务中的参与全然倒向北极七国。

四、前景展望：未来英国北极参与的影响因素

在2022年9—10月特拉斯任首相期间，英国经济动荡、债务成本飙升、英镑暴跌。苏纳克首相上台后，至今仍然没有可靠的战略来稳定国内经济秩序。中美战略竞争、新冠疫情和俄乌冲突三大国际背景使英国脱欧的经济成本越来越明显。英国国家统计局称，2023年英国国内生产总值仅增长了0.1%。如果将受疫情影响的2020年排除在外，这是自2009年以来最糟糕的表现。④ 在英国经济运行状况不佳的情况下：一方面，经济下行压力增大使英国财政重心转向公共投资、偿还债务和应对通货膨胀，截至2023年2月底，英国公共部门净债务为25073亿英镑，约占国内生产总值的99.2%，债务与国内生产总值之比处于自20世纪60年代以来的最高

---

① Natalia Eremina, "UK – Russia relations in the Arctic: from damage limitation to a cooperative agenda," The Polar Journal Vol. 11, No. 1, 2021.
② "Domestic energy prices," House of Commons Library, https://commonslibrary.parliament.uk/research-briefings/cbp-9491/.
③ "BP to exit Rosneft shareholding," British Petroleum, https://www.bp.com/en/global/corporate/news-and-insights/press-releases/bp-to-exit-rosneft-shareholding.html.
④ "Britain falls into recession, with worst GDP performance in 2023 in years," CNN Business, https://edition.cnn.com/2024/02/15/economy/britain-falls-into-recession/index.html.

水平，①英国的赤字财政能否支持英国继续维持高强度的北极事务参与尚存疑；另一方面，英国中止与俄罗斯在北极地区的合作，对英国境内能源供应造成较大压力，能源价格居高不下，给本就脆弱的经济带来更严重的负面影响。尽管2023年2月9日出台的《展望北方：英国和北极》是英国为了平稳度过脱欧后自身北极事务参与能力下降、俄乌局势恶化后北极地缘格局两极化的两大威胁的一种权宜之计，但其明显表现出的意识形态上的反俄色彩，实际上威胁到了英国在北极通过与俄罗斯在能源和航道开发领域合作可能带来的经济利益。

综上所述，当前英国北极政策存在着经济与政治意识形态之间的利益二律背反，对英国北极政策的后续走向增加了更多不确定性。从短期来看，英国北极政策面临的两大现实背景很难发生改变：第一，受到《展望北方：英国和北极》的影响，英国通过北极参与攫取经济利益缓解国内经济压力的方案难以实施，使英国北极参与的利益驱动因素中，经济利益这一重要组成部分的驱动力显著下降。第二，俄乌局势恶化对北极安全秩序的溢出效应，北极地缘环境紧张使传统安全议题成为影响北极治理的关键因素，英国的北极安全利益受到来自俄罗斯的严重安全威胁，安全关切在俄乌局势正常化前仍然会显著上升。因此，在未来短期内，英国的北极参与可能主要有两个动向：一是在经济利益不再明显、国内经济下行压力增大的情况下，英国在北极地区主要以科研为主的单独活动频率面临着进一步下降，来自官方的资金支持可能面临预算问题受到裁减；二是在安全防务方面，更加依赖以北约框架展开的防务协作，英国可能进一步增加与北约北极国家的防务协作，包括增加军演频次、扩大军演规模、在北极地区增设更多共同的战略资产等。

从长期来看，英国制定北极政策将最主要受到其在北极地区的根本利益的影响，包括其在北极潜在的经济利益、安全利益与环境利益。经济利益是驱动英国参与北极事务的重要一环。因此，英国在当前国际环境的压力逼迫下，在北极事务参与中做出全面倒向美国、构建北极北约、排挤俄

---

① "Public sector finances, UK：February 2023," Office for National Statistics, https：//www.ons.gov.uk/economy/governmentpublicsectorandtaxes/publicsectorfinance/bulletins/publicsectorfinances/february2023.

罗斯等战略决策，为英国北极参与的前景埋下了隐患。在英国的经济利益诉求长期难以满足的情况下，英国很难维系在北极事务中的参与能力。因此，在更长远的未来，英国的北极政策仍然可能回归到以合作为导向的主线上，争取通过参与北极事务获取更多在能源和航道领域的利益。

结　语

英国在进入 21 世纪后对北极地区的关注度回升，其对北极政策的演进先后经历前北极政策时期（2000—2012 年）、路径探索时期（2013—2017 年）、战略转型时期（2018—2021 年）与危机驱动时期（2022 年至今）四个阶段。2013—2023 年，英国总共发布了三份北极政策框架文件，文件内容的发展变化反映出其北极政策完成了从"将低政治议题作为北极参与的主线"到"以安全与意识形态利益为首要关切"的转变。

英国北极政策演进的过程中，利益因素始终是最主要的驱动因素，满足英国在北极的经济、安全和环境利益需求构成了英国北极政策的主要支柱。然而，当前北极安全秩序受到俄乌局势恶化的溢出效应冲击，英国对北极安全利益的需求空前高涨，维护其在北极地区的传统安全利益成为英国北极政策决策的主导因素。英国把俄罗斯塑造成其在北极的敌人和北极稳定的最大威胁，在北极事务中向美国及其他北约盟友一边倒，加剧北极权力两极化的趋势。对于英国而言，当前其北极政策一方面背离了其在北极的能源利益诉求，北极参与的经济利益价值大打折扣；另一方面在北极治理中完全与俄罗斯脱钩，为将来潜在的低政治领域的北极治理合作制造阻碍。英国当前的北极政策为其将来北极参与的可持续性带来了前所未有的挑战。

未来，在内外部环境没有明显转变的短期内，英国北极政策将仍然主要受到俄乌局势恶化的溢出效应影响下高涨的安全利益诉求的驱动，英国将深化与其北约盟友在北极地区的防务合作。长远来看，英国在北极的综合利益诉求将回归成为其北极政策的主要驱动因素。因此，在危机解除的情况下，在经济、安全和环境三大利益诉求的驱动下，英国的北极政策将回归以促进合作为主线，否则经济利益的长期缺失将使得英国参与北极事务的整体意愿下降。

图书在版编目（CIP）数据

北极问题研究 / 王树春，朱燕主编 . —北京：时事出版社，2024.6
ISBN 978-7-5195-0593-6

Ⅰ.①北… Ⅱ.①王…②朱… Ⅲ.①北极—政治地理学—研究 Ⅳ.①K912

中国国家版本馆 CIP 数据核字（2024）第 079027 号

出 版 发 行：时事出版社
地　　　址：北京市海淀区彰化路 138 号西荣阁 B 座 G2 层
邮　　　编：100097
发 行 热 线：（010）88869831　88869832
传　　　真：（010）88869875
电 子 邮 箱：shishichubanshe@sina.com
印　　　刷：北京良义印刷科技有限公司

开本：787×1092　1/16　印张：17.5　字数：280 千字
2024 年 6 月第 1 版　2024 年 6 月第 1 次印刷
定价：115.00 元
（如有印装质量问题，请与本社发行部联系调换）